Um livro obrigatório para se tornar um mestre em coaching de Equipes. Uma jornada única para o coaching de equipes brilha a cada página deste livro.

> – Ruth Wageman, Autora e Diretora da "6 Team Conditions"

Ser bem-sucedido em um espaço complexo e de tamanha incerteza como no coaching de equipes exige coragem e convicção. Isso, combinado com aspectos do Ser que só pode emergir através da experiência e reflexão é fomentado pela inspiração e insights de pessoas relevantes.

Georgina Woudstra é uma pessoa relevante nessa disciplina e eu realmente recomendo este livro para qualquer pessoa interessada no coaching de equipes.

> – Paul Laurence, Codiretor, Centre for Coaching in Organizations

Georgina Woudstra ao escolher "A Arte e Maestria do Coaching de Equipes" como título deste seu livro não poderia ser mais feliz. Afinal trabalhar com equipes, potencializando o seu poder criativo e de entrega de valor e resultado é tarefa para verdadeiros artistas do invisível, os coaches de equipes. Neste trabalho o campo do invisível, do sutil, matéria prima do coaching de equipes, é abordado de forma clara e abrangente nas suas diversas facetas e possibilidades. Tudo isso de forma generosa e com uma linguagem precisa e envolvente que com certeza instigará muitos profissionais a se interessarem mais e mais por essa nova abordagem delicada, profunda, contemporânea e cada vez mais necessária que é o trabalho com equipes, o trabalho que favorece o encontro com outros seres humanos a partir da conexão com um propósito comum e construindo laços de confiança. Arte e Maestria do Coaching de Equipes é um livro para ser lido!

> – Marcus Baptista, Coach de equipes ACTC pela ICF e CTPC pela Team Coaching International

Georgina Woudstra, em "A Arte e Maestria do Coaching de Equipes", convida o leitor de forma pratica, objetiva e profunda a refletir a respeito da complexidade deste tema tão desafiador para os coaches, própria para o coaching de times. De forma clara e expressiva traz os conteúdos do coaching executivo transformando em uma abordagem única para o coaching de times. Aborda todo o processo desde a contratação do trabalho com os principais envolvidos, o objetivo, o como, resultados e contribuição dos envolvidos. Explora com o time seu relacionamento, seu desejo de mudança, convidando o próprio time a assumir suas "conversas difíceis". Traz exemplos claros do desenvolvimento da individuação de cada membro integrando ao processo do time e assim se tornando um "time". Este livro é significativo, importante como guia para todo o profissional coach, mas também para aquele que trabalha com desenvolvimento organizacional, lideranças em todos os níveis, trazendo insights, percepções e, o desfio principal de ter o seu autoconhecimento como abordagem para o sucesso de seu próprio trabalho. "Decifra-me ou te devoro", tendo como resposta "Conhece-te a ti mesmo"

– Margarete De Boni, Sócia Diretora do ICP – Institutho dy Crescere Personas

Em "A Arte e Maestria do Coaching de Equipes" Georgina Woudstra cria uma obra envolvente onde mergulha fundo no mundo do coaching de equipes oferecendo uma abordagem abrangente e prática para desenvolver a excelência na liderança e no trabalho em equipe. Com base em sua experiência, ela explora os desafios e as oportunidades únicas que surgem ao desenvolver equipes, criando condições para insights perspicazes e exemplos reais que ajudam os leitores a aprimorar suas habilidades de coaching e criar ambientes colaborativos de sucesso. Este livro é um guia indispensável para coaches, líderes e profissionais que desejam aprofundar sua compreensão sobre como maximizar o potencial das equipes por meio da aplicação ou uso eficaz do coaching de times.

– Renato Morandi, Sócio Diretor do ICP – Institutho dy Crescere Personas

A ARTE E MAESTRIA DO COACHING DE EQUIPES

Um guia abrangente para liberar o poder, propósito e potencial em qualquer equipe

GEORGINA WOUDSTRA

A Arte e Maestria do Coaching de Equipes

Repensando o Sucesso dos Negócios

ISBN 978 1 838467 63 0

eISBN 978 1 838467 64 7

Publicado em 2021 pela Team Coaching Studio Press

@Georgina Woudstra 2021
A Roda da Metodologia da Team Coaching Studio @ TCS

Revisão técnica e tradução realizada por Caroline Souto e Helena Schmidt

SUMÁRIO

AGRADECIMENTOS

De pé sobre os ombros de gigantes

Este livro esteve em gestação, durante muitos anos, portanto é impossível agradecer a todos que contribuíram e influenciaram minha vida e meu trabalho. Escrever não é fácil para mim, e é em parte por isso que demorei tanto tempo. No fundo, sou mais uma praticante do que uma autora, e, como muitos que se dedicaram à sua arte, o verdadeiro aprendizado acontece na arena em que eles praticam. Para que esta experiência tácita – não escrita e não examinada – se transformasse gradualmente em conhecimento que pudesse ser refinado e compartilhado, eu precisava entender o que estava fazendo e porque, além de compreender o que funcionava e o que não funcionava.

Ao longo do caminho, tenho sido abençoada por encontrar muitos professores e colegas que me ajudaram no processo de dar sentido às minhas experiências na arena e refiná-las em uma abordagem que funciona. Eu não teria tido sucesso sem eles e sou eternamente grata. Gratidão aos meus muitos mestres, especialmente Sally Denham-Vaughan, Marie-Anne Chidiac, Rosemary Napper, Trudi Newton, Christine Thornton, Dorothy Siminovitch, Ruth Wageman, Krister Lowe e muitos outros.

A abordagem descrita neste livro é também o legado dos precursores do coaching: Thomas Leonard, Sir John Whitmore e Laura Whitworth, todos os quais me iluminaram em torno do coaching como um catalisador para revelar o potencial das pessoas. Atualmente, o coaching é mais vital do que nunca. No entanto, precisamos ir além do indivíduo e desbloquear o potencial em nível de grupo, equipe, organização e sociedade.

Além disso, agradeço à minha amiga Katherine Tulpa, CEO global da *Association for Coaching*, por escrever o prefácio deste livro. Ela é uma luz guia no coaching e tem trabalhado incansavelmente durante os últimos 20 anos para dar credibilidade profissional ao nosso trabalho.

A criação da Team Coaching Studio (TCS) e as ideias contidas neste livro também são bons exemplos de trabalho em equipe. Estou profundamente agradecida a todos que fizeram parte desta jornada.

Obrigada Annie Bennett, Bob Shearer, Sebastian Fox e Carroll Macey por acreditarem, apoiarem e encorajem esse mergulho. Sou eternamente grata ao Declan Woods, um companheiro pioneiro que se uniu à TCS, desde os primeiros dias, com igual dedicação ao domínio e à formação do campo de coaching de equipes. Ele me apoiou incondicionalmente.

E um profundo agradecimento ao Allard de Jong, um coach imensamente talentoso, pensador e escritor inspirador, colaborador e amigo genuíno. Ele garante que eu nunca tenha que pensar sozinha e me ajuda a traduzir ideias complexas em uma forma útil e prática. Ele também me faz rir – muito – e isso é mais valioso do que ouro.

Em sincero reconhecimento, estendo minha profunda gratidão à Caroline Souto e Helena Schmidt. Sua dedicação, sabedoria e cuidado na tradução deste trabalho foram indispensáveis. A eloquência e trabalho meticuloso deram às minhas palavras uma passagem graciosa para chegar a outras regiões. Obrigada por sua contribuição imensurável.

Também quero reconhecer a crescente comunidade de pessoas ao redor do mundo que estão comprometidas em evoluir no campo do coaching de equipes. Durante a próxima década, a contribuição destas pessoas será muito mais significativa do que este livro. Sinto-me muito encorajada em ver tantos se juntarem a nós neste movimento.

Além disso, Sue Richardson da *The Right Book Company*, que segurou a minha mão durante todo este processo, Simon Rae que me ajudou a contar histórias e Chloe Robertson por suas maravilhosas ilustrações.

Pamela, minha mãe, me ensinou que você pode conseguir qualquer coisa que se proponha a fazer – este tem sido um dos presentes mais significativos em minha vida. Meu pai, Laurence, me deu todo seu coração e amor. Minha irmã Sara, que proporciona abundantemente amor e apoio à nossa família e a todos que ela conhece. Agradeço profundamente à minha filha, Jasmine, que é a alma mais bela que eu já conheci. Sua capacidade de pensar filosoficamente e de viver de acordo com seus valores é uma lição para todos nós.

E ao meu marido, Dan, que me encoraja a seguir meu coração e a cumprir a minha missão. Ele oferece uma ajuda e um apoio inabalável. Ele é minha rocha e, sem ele, este livro não existiria.

Finalmente, obrigada a VOCÊ por generosamente dedicar seu tempo e atenção ao meu trabalho. Espero sinceramente que ele lhe sirva bem.

PREFÁCIO A EDIÇÃO BRASILEIRA

Conhecemos a Georgina Woudstra em momentos semelhantes da nossa carreira, na nossa busca constante por conhecimento, por intermédio do ICP – Instithuto dy Crescere Personas, quando o Renato e a Margarete a trouxeram presencialmente para o Brasil nos anos de 2017 e 2018.

Incrivelmente, nos conhecíamos apenas em nossos papéis de líderes voluntárias da *International Coaching Federation* (ICF), no Brasil. Mesmo sem nos conhecermos diretamente naquela época, tivemos a mesma impressão: além da riqueza de conteúdo, a postura da Georgina como coach de equipes se sobressaía. Ambas sentimos a importância de destacar esta abordagem de coaching de equipes a fim de instrumentalizar os coaches no Brasil, alavancando a excelência da nossa profissão no país.

Compartilhamos uma filosofia comum, acreditamos no potencial humano e temos o coaching como uma abordagem valiosa na nossa "caixa de ferramentas". Vivemos um mundo em constante mudança, com desafios complexos cujas soluções dependem da colaboração dos indivíduos, muitas vezes em contextos e culturas diferentes. Por isso acreditamos que o futuro do coaching é o coaching de equipes, onde o todo é maior que a soma das partes.

Em 2022 surgiu a ideia de trazer a Team Coaching Studio para o Brasil, nos tornando parceiras globais e ao mesmo tempo também uma equipe. Temos muito orgulho do que estamos construindo. A iniciativa de traduzir o livro e disponibilizar esse valioso conhecimento para líderes, coaches e consultores que atuam no desenvolvimento de pessoas e organizações é um reforço do nosso compromisso com a educação de excelência disponível a todos.

Como pioneira no tema no mundo, Georgina ajudou a construir um arcabouço robusto que hoje está materializado neste livro, além dos programas da Team Coaching Studio no mundo e no Brasil.

Este livro é um convite para criar sua jornada de desenvolvimento, composta de conhecimentos, vivências, reflexões e experimentos. Como Georgina sempre enfatiza, não é uma receita pronta. A partir do mergulho no seu próprio SER, misture e adicione os ingredientes nas medidas adequadas à sua própria filosofia e postura. Desejamos que suas descobertas sejam tão potentes para você quanto tem sido para nós.

Boa leitura!

Caroline Souto, PCC e Helena Schmidt, PCC

PREÂMBULO

Por Katherine Tulpa

> Não pode haver crescimento se não permanecermos abertos e vulneráveis ao que é novo e diferente.
>
> – John O'Donohue

Como um executivo, CEO de uma firma global de gestão de ativos multibilionária, orientada pelo propósito, me revelou: "Estou agora em uma fase em que estou em busca de um coach que seja mais artista do que cientista.". Após trabalhar com cinco coaches ao longo de sua carreira, ele estava buscando um significado mais profundo em sua vida – ou em seus termos, mais 'alma' – para viabilizar a evolução de futuras empresas e gerações, e irem além.

Da mesma forma, havia um grande orgulho e convicção que ele evocava quando descrevia suas equipes de liderança. Reconhecendo que, para que eles pudessem ir nesta jornada ao seu lado, cada um deles precisaria pintar sua própria obra, de modo que coletivamente estivessem criando um mosaico que inspirasse outros a florescer e crescer – com sua própria criação de sentido e "ação correta" – para que outros pudessem então superar os que vieram antes.

Especialmente em nossos tempos de renovação tão necessária.

Na Association for Coaching (AC), muitas vezes nos referimos a isto como o "efeito cascata" que os coaches, em todas as suas formas – por exemplo, coaches executivos, coaches de equipes, coaches internos; e o líder ou "líder coach" – criam ao aplicar uma mentalidade ou a abordagem de coaching em suas interações com outros. Essas "ondas" têm sido sobre o conhecimento e a prática do coaching, em nossa própria busca como profissão para aprender os ingredientes que compõem um coach excelente.

Estamos também em uma fase em que os crescentes desafios globais estão acelerando a necessidade e o valor do coaching. Para alguns isso está se manifestando – usando as palavras de sabedoria do antepassado Sir John Whitmore – em "uma crise de significado". Nos 19 anos desde que a AC foi estabelecida como uma instituição que cuida do conhecimento sobre coaching – e em minha própria prática como executiva *C-level* e coach de equipes – o trabalho que fazemos nunca foi tão cheio de propósito.

Além disso, as empresas grandes e pequenas procuram se manter à tona durante este tempo de incerteza, em proporções épicas. É preciso que os líderes e especialmente as equipes se unam, alinhem-se em uma visão e colaborem como nunca. O trabalho ágil e remoto é a nova norma em muitos sistemas e estruturas organizacionais agora ultrapassadas; onde ainda predominam principalmente o pensamento racional (por exemplo, a ciência) ou aquilo que pode ser visto.

Precisamos agora de uma "atualização", pois as organizações experimentam suas próprias crises de significado em nível sistêmico. Isto abre o caminho para uma maior cocriação, conexão e cuidado (daí *a arte*), para causar um maior impacto em seus negócios e culturas.

Para o campo do coaching – e especialmente coaching de equipes – este é um convite para avaliar e 'ir além' do conhecimento e prática do coaching, em busca contínua de excelência e maestria. Ser vulnerável e aberto à arte do coaching, confiando no que não pode ser visto.

É nisto que este livro muito especial e relevante, *A Arte e Maestria do Coaching de Equipes*, está aqui para nos guiar. Na verdade, Georgina fez uma contribuição significativa para nossa profissão, contribuição esta generosamente compartilhada dentro destas páginas. Isto vem em um momento dentro de nossa profissão em que a demanda por um coaching de equipes eficaz está aumentando, exigindo que os coaches estejam preparados para lidar com todas as complexidades, e sejam o melhor que podem ser.

Tendo conhecido Georgina por mais de duas décadas, como amiga, colega, coautora e oradora em conferências e *masterclasses* da AC, ninguém está mais bem equipada para escrever este livro, na forma autêntica que ele assume. A busca de Georgina em expandir nossa consciência para o trabalho em equipe em um sentido mais amplo e sistêmico e incutir uma sensação maior de calma interior e autoeficácia é evidente.

A Georgina é exemplo do que foi elegantemente capturado nos ensinamentos neste livro, através de anos de estudo e aplicação de sua 'arte' com equipes na prática. Inerente em sua abordagem está sua paixão por expandir o conhecimento, a prática e agora a arte de coaching equipes.

Apropriadamente, *A Arte e Maestria do Coaching de Equipes* também vem em um momento em que a AC está lançando seu novo conceito de Credenciamento de Coaching de Equipes. Portanto, este livro fornecerá um recurso valioso para aqueles que demonstram interesse e reforçam seu foco nesta área.

Em resumo, sei que falo por tantos colegas em todo o mundo para dizer o quanto somos gratos a Georgina por trazer sua sabedoria, conhecimento profundo e experiência de trabalho com equipes e acender a nossa chama. Cabe agora a nós expandir estes ensinamentos, enriquecer ou pintar nossa própria obra, como qualquer bom mestre passa para os outros.

Isto, por sua vez, aumentará as contribuições coletivas que fazemos para permitir que as equipes inovem, sejam vulneráveis e surfem as próximas ondas de mudanças à sua frente. Tudo isso de forma a criar um espaço de confiança, onde a voz de cada pessoa seja valorizada para que a equipe possa cocriar e florescer plenamente. Aproveite!

Katherine Tulpa

CEO e cofundadora, *Association for Coaching*

Fevereiro 2021

INTRODUÇÃO

> Historicamente, as pandemias forçam os humanos a romper com o passado e imaginar seu mundo de novo. Esta pandemia não é diferente. É um portal, um acesso entre um mundo e o outro.
>
> – Arundhati Roy, "A pandemia é um portal", *Financial Times*

Todos os humanos deste planeta sentiram o impacto da Covid-19 por causa dos efeitos imediatos que ela teve na vida diária. Estamos, no entanto, sujeitos a ameaças muito maiores que acontecem desde antes da pandemia e que, se não forem enfrentadas, levarão a uma devastação irreversível e catastrófica. Precisamos atravessar o abismo de uma história marcada pela ganância, destruição e fragmentação para um futuro sustentável inspirado pelo bem-estar coletivo e planetário.

Otto Scharmer (2018) fala de três grandes divisões. A *divisão ecológica* de uma economia, que consome os recursos de 1,5 planeta, resultando na destruição ambiental sem precedentes e na perda da natureza. A *divisão social*, onde um pequeno grupo de bilionários possui até a metade do dinheiro do resto da humanidade. A *divisão espiritual*, em que mais de 800.000 pessoas cometem suicídio a cada ano. Ele diz: "Em essência, estamos criando coletivamente resultados que (quase) ninguém quer.". Estes resultados incluem a perda da natureza, a perda da sociedade e a perda do Eu.

O desafio é tão extraordinário que requer uma nova abordagem para a liderança e a forma como solucionamos problemas. Embora uma liderança política inspiradora seja desesperadamente necessária, estamos muito além do ponto em que qualquer indivíduo, ou conjunto de indivíduos, por mais dinâmico, focado e carismático que seja, possa virar o jogo. Os problemas são simplesmente extensivos e complexos demais para serem resolvidos pelos velhos modelos de autoridade hierárquica de cima para baixo.

A colaboração é a chave para resolver os desafios futuros em todos os níveis, desde o global até o local. Ela também será fundamental para o sucesso das organizações do amanhã, todas precisando de orientação para ajudar a limpar a bagunça que criamos.

É claro que há cínicos que darão prioridade aos ganhos de curto prazo, qualquer que seja o custo a longo prazo; há aqueles que negarão as evidências, mesmo enquanto as regiões polares continuam a derreter e o nível do mar continua a subir; e ainda outros que aceitarão passivamente a devastação com um encolher de ombros desesperado. O pessimismo é fácil, até mesmo um conforto sombrio. Ao invés disso, deixemo-nos guiar pelas palavras de Maya Angelou, que diz: "A esperança e o medo não podem ocupar o mesmo espaço. Convide um para ficar.".

A esperança é nossa única chance, nosso guia e nossa inspiração. Ela deve impulsionar nosso desenvolvimento de uma nova e revolucionária maneira de fazer as coisas em conjunto. Mas esta não é uma opção fácil. A colaboração é tão difícil, complexa e desafiadora quanto vital.

O reconhecimento desta verdade vem aumentando na esfera do coaching de negócios há vários anos. Como um dos decanos no campo, Peter Hawkins (2011) coloca isso de forma impressionante: "O mundo atual nos desafia como espécie a encontrar uma forma de trabalharmos juntos, para além de disciplinas e fronteiras, além dos interesses locais e do próprio interesse, de uma forma nunca alcançada. Ao trabalharmos juntos precisamos gerar novas formas de pensar, pois, como Einstein tão memoravelmente apontou, não se pode resolver um problema com o mesmo pensamento que o criou.".

E, para prosperar, precisaremos abraçar a nova história com uma nova lente para entender o mundo, além de desenvolver uma nova mentalidade de trabalho para o bem coletivo, em vez do lucro da empresa ou do domínio do mercado. É uma história de "nós" ao invés de "eu", e nos convida a reconhecer que tudo está interligado – os problemas do mundo e suas soluções.

Para sobreviver – e prosperar – as empresas contratarão de um mercado global; elas crescerão com uma força de trabalho diversificada e virtual, terão um foco intersetorial e construirão projetos e negócios mais curtos e mais flexíveis. Aqueles que florescerem serão motivados por um propósito tão convincente que atrairá os melhores talentos de todo o mundo. Estes novos ecossistemas serão adaptáveis e flexíveis, com a capacidade de responder com confiança e rapidez às demandas e desafios emergentes.

Uma mudança radical assim não é fácil, mas já existem milhares de profissionais treinados para ajudar nesta transição vital. O próprio coaching de equipes evoluiu do coaching individual, pois a necessidade de tirar o máximo proveito do conjunto de talentos em cada empresa tem impulsionado a ênfase do indivíduo para a equipe.

Acredito que precisamos aumentar o número de coaches de equipes, fazendo parcerias com equipes e redes de equipes a fim de liberar seu potencial para colaborar de forma mais eficaz. E é na esperança de contribuir para este processo de grande importância que escrevi este livro.

Em 2017 fundei a Team Coaching Studio (TCS), uma organização dedicada ao desenvolvimento de coaches de equipes ao redor do mundo, melhorando consistentemente a forma como as equipes trabalham e colaboram. Nossa crença principal na TCS é de que as equipes são criativas e com muitos recursos. No seu melhor, elas são cruciais para a inovação, a solução de problemas e o desenvolvimento.

No entanto, às vezes, as equipes ficam aquém de seu potencial. Um dos problemas é que muitos dos líderes atuais são produto da cultura do individualismo, na qual o sucesso pessoal (como definido pelos salários de vários milhões de libras e um lugar na lista de pessoas mais ricas do jornal *Sunday Times*) é o objetivo final. Este culto à superestrela empresarial há muito sustenta o modelo de liderança em pirâmide, no qual as decisões políticas são tomadas por poucos e então cascateadas até uma força de trabalho subserviente abaixo.

Este modelo está agora obsoleto e deve ser substituído pela colaboração e pelo trabalho em equipe. A boa notícia é que as habilidades necessárias são identificáveis e podem ser desenvolvidas. Os coaches de equipes orientam e desafiam as equipes a trabalharem mais efetivamente juntas, tanto dentro de sua própria equipe, quanto com outras equipes através de alianças e parcerias.

Mas uma nota de cautela. O coaching de equipes não é para os de coração fraco. Trabalhar com uma equipe durante um dia afora para dar forma a uma nova visão ou elaborar sua estratégia pode exigir uma facilitação hábil. Mas penetrar na superfície da dinâmica da equipe, da política, do poder – as barreiras para uma colaboração bem-sucedida – requer um verdadeiro coaching de equipes. O coaching de equipes é desafiador e imprevisível e não se pode controlar o resultado. Ele pode levá-lo ao limite de sua capacidade, aos limites de sua coragem e à profundidade de sua vulnerabilidade. Ser um grande coach de equipes requer que você trabalhe em si mesmo e sua capacidade de criar um recipiente suficientemente forte para o trabalho, de *"seating in the fire"*[1] quando o calor aumenta e de usar você mesmo como um instrumento de consciência, escolha e mudança; é aqui que está a magia. Como diz Bill O'Brien, ex-CEO da seguradora Hanover, "O sucesso de uma intervenção depende da condição interior do interventor.". (Citado em Scharmer (2018))[2]

O coaching de equipes é sobre a criação de espaços onde as equipes possam se conectar, pensar e recriar a forma como trabalham juntas. Não é algo que se faz a uma equipe; é algo que se faz com uma equipe. Você deve desenvolver a abordagem dentro de si mesmo, e modelá-la para os outros, para ser eficaz na sua aplicação às equipes.

Tornar-se um coach de equipes bem-sucedido é uma longa e árdua jornada na qual você sem dúvida será testado. É preciso tempo, humildade, autoconhecimento, autocompaixão – e muitas horas de estudo e prática. Com o tempo, você desenvolverá as habilidades e a resiliência para transformar como as pessoas se reúnem e colaboram para alcançar um resultado que seja maior do que qualquer indivíduo poderia conseguir.

Este trabalho é de vital importância e todos nós fazemos parte de um movimento que tem a capacidade de ajudar a navegar através dos

---

1 Nota do Tradutor (NT): Expressão idiomática que quer dizer "sentar no fogo", no sentido de suportar o calor ou, no caso do encontro com um time, suportar a pressão de um momento desafiador. Para mais informações, ver Glossário.
2 NT: No Brasil, o leitor pode encontrar o livro do Otto Scharmer em português com o título "O Essencial da Teoria U: Princípio e Aplicações Fundamentais".

problemas e desafios que nos confrontam. Você não precisa fazer tudo sozinho. Junte-se a nós e torne-se parte de uma comunidade global que trabalha para trazer colaboração para a mudança ao redor do planeta.

Escrever um livro sobre coaching de equipes[3] é, de certa forma, uma contradição em si mesmo; afinal de contas, os livros devem ser vistos como autoridades e, como autora, eu deveria ter todas as respostas. Isto pode levá-lo a apressar-se a extrair o "como fazer" destas páginas. O coaching de equipes não funciona desta maneira. É uma experiência vivida entre as pessoas e muitas vezes leva os envolvidos a lugares que não poderiam ter imaginado antes de começar. Meu objetivo neste livro é oferecer um roteiro, sem ser excessivamente prescritiva, para ajudar você a encontrar seu próprio caminho.

Começarei por estabelecer o contexto para "o trabalho". O mundo ao nosso redor está sempre mudando, colocando novas exigências nos líderes e nas equipes. A circunstância em que nos encontramos precisa enquadrar e moldar nossa abordagem ao coaching de equipes, de modo que nenhum projeto deve ser sempre o mesmo. Se você se encontrar fazendo uma abordagem estilo "receita de bolo" no coaching de equipes, então você pode estar esquecendo a singularidade de cada situação.

O restante do livro é dedicado ao complexo papel do coach de equipes. Além de divulgar a metodologia e a filosofia do coaching de equipes como praticada por todos nós na TCS, decidi compartilhar amplamente minhas próprias experiências pessoais para ilustrar os muitos desafios que vocês podem encontrar (note que estas histórias são compostas de experiências reais, então para preservar a confidencialidade do cliente algumas informações foram trocadas). Minha esperança é que esta franca exploração dos altos e baixos da minha própria experiência seja estimulante e tranquilizadora. Ninguém acerta tudo o tempo todo, mas se aprendermos com os erros – nossos ou de outras pessoas – seremos melhores profissionais e de maior valor para nossos clientes. E ver como uma situação difícil pode ser transformada em um sucesso retumbante deve gerar a autoconfiança para fazer o mesmo.

---

3 NT: Os termos "equipe" e "time" são usados de forma intercambiável em todo o livro, sem distinção de significado.

Ao final de cada capítulo, você é convidado pelo Dr. Declan Woods a se engajar em uma "pausa para reflexão". Se sua intenção é acelerar a leitura a fim de chegar ao próximo livro na pilha ao lado de sua mesa, então você pode se sentir tentado a pular esta seção. Entretanto, se você está em busca de alcançar a maestria no coaching de times, então eu o encorajo a não ignorar esta etapa de sua jornada, pois sua eficácia como coach de equipes está diretamente relacionada à sua capacidade de recuar, refletir e pensar por si mesmo. E, se você ainda não encontrou uma prática reflexiva que funcione para você, então recomendo o artigo de Declan sobre "Prática reflexiva como forma de aprendizado para coaches" (Woods, 2011).

Um bônus para este livro é o *website* que acompanha o livro, contendo materiais auxiliares, artigos, exercícios e ferramentas indicadas por este símbolo. Isto lhe proporcionará uma experiência mais interativa, encorajando-o a acompanhar o que lhe interessar. Os *links* serão continuamente revisados e atualizados para manter o livro na vanguarda da disciplina do Coaching de Equipes.

Finalmente, seria negligente da minha parte não mencionar o crescimento do coaching de times em ambientes virtuais. Muitos coaches e times têm crenças limitantes em torno do que é possível quando se trabalha *on-line*. Eles assumem que não se pode criar o mesmo grau de contato, conexão e profundidade em sessões virtuais. Alguns defendem que você deve manter as sessões curtas e usar tecnologia e ferramentas para prender a atenção das pessoas. Pessoalmente, descobri que o oposto é verdadeiro e experimentei que você pode alcançar experiências de aprendizado profundas, emocionais e ricas *on-line*. Ao criar um espaço seguro e buscar desacelerar o compasso, as pessoas podem se reconectar entre si e umas com as outras. Quase todos os conceitos deste livro são aplicáveis tanto para o coaching de equipes realizado de forma presencial quanto para o *on-line*. Para mais informações sobre este assunto, veja o artigo de Allard de Jong "Coaching de Equipes em um mundo virtual" (de Jong, 2020) no *site* do livro.

Há muito mais para compartilhar e explorar sobre o crescente campo do coaching de equipes do que eu posso oferecer em um livro. Se você gostaria de conhecer nosso corpo docente e nossa crescente comunidade de coaches de times ao redor do mundo, então junte-se à nossa comunidade de prática gratuita em www.

teamcoachingstudio.com, onde você pode participar de sessões *on-line* sobre uma ampla gama de tópicos relacionados. No Brasil, você também pode acessar **www.teamcoachingstudio.com.br**.

Em resumo, você está segurando em suas mãos um portal para o mundo do coaching de equipes.

Seja bem-vindo!

Georgina Woudstra, MCC, ACTC

Team Coaching Studio

www.teamcoachingstudio.com

www.teamcoachingstudio.com.br

1 Equipes Importam

Não é o time com os melhores jogadores que ganha, mas os jogadores com o melhor time.

– Anon

Enquanto escrevo essas palavras, não estou sozinha em imaginar como será nosso mundo futuro. Nunca havíamos experimentado o caos em uma escala tão global. É como navegar em um navio sem nada além de mar por quilômetros e sem-terra à vista. Neste espaço de transição, estamos cientes de que a costa da qual embarcamos mudou para sempre e não é possível reconhecer o destino com clareza. Algumas pessoas prosperam ao viver no espaço entre o passado e o futuro; outras ficam paralisadas pela incerteza. Uma coisa é clara para mim: estamos evoluindo para uma nova era. As organizações ainda podem criar planos de três a cinco anos, mas provavelmente acabarão com resultados muito diferentes do que imaginavam hoje, já que o futuro não é mais previsível.

Em alguns meses, as empresas se tornaram virtuais. O que inicialmente era uma solução temporária para ajudar a mitigar a propagação de um vírus trouxe uma mudança de paradigma que resultou em uma mudança duradoura na forma como as pessoas trabalham, que exige que aprendamos e estabeleçamos novas formas do poder, propósito e potencial das equipes. Uma equipe pode ser como outra família. As relações crescem criando um senso de lealdade e de pertencimento. Experimentamos uma enorme satisfação ao conseguirmos juntos mais do que podemos sozinhos. A formação de vínculos humanos acontece organicamente em equipes que se encontram e se estabelecem de forma presencial – como eles se formarão em um mundo virtual?

Quando nossas interações se tornam muito transacionais e tudo se resume a tarefas e fazer as coisas, o coração e a alma da conexão humana são reduzidos a menor importância. O que resta é uma forma de Taylorismo, na qual os trabalhadores se tornam como máquinas em uma fábrica, processando uma série de tarefas. Uma força de trabalho motivada e produtiva precisa ser sustentada por encontrar sentido, pertencimento e engajamento em seu trabalho, e isto vem das relações humanas combinadas com a oportunidade de fazer real diferença.

A maneira de conseguir isso é através de equipes que estão sempre em processo de tornar-se equipe, ou seja, são fluidas, criativas e capacitadas para aproveitar as oportunidades à medida que elas surgem. As equipes não podem mais ser receptáculos passivos das decisões do líder. Ao invés disso, elas devem se tornar parcerias formadas para agregar valor através da colaboração e inovação. É provável que os membros da equipe sejam uma mistura de funcionários em tempo integral, estagiários e contratados *freelance*. Não mais limitados pela geografia, o talento será recrutado a nível global e um fator determinante na seleção de talentos será a capacidade das pessoas de colaborar como membros de equipe.

As equipes e o trabalho em equipe serão mais vitais do que nunca para o sucesso organizacional. No entanto, as equipes muitas vezes sofrem para atingir seu potencial. Pesquisas variadas revelam uma narrativa de insucesso, com apenas 10-20 por cento das equipes operando em alto desempenho. Isto não é surpreendente, uma vez que as equipes são frequentemente jogadas juntas e simplesmente espera-se que funcionem, o que é como colocar na mesa da cozinha os melhores ingredientes e esperar que eles milagrosamente se transformem em uma refeição digna da estrela Michelin. As melhores cozinhas do mundo praticam o trabalho em equipe; todos, desde o chef até o cozinheiro, conhecem seu papel e todos precisam trabalhar juntos para entregar a sua magia culinária. Inegavelmente, o futuro das organizações está nas mãos das equipes, e os coaches de times são a chave para aumentar a colaboração, que é o principal impulsionador do desempenho da equipe.

O poder da colaboração

"Colaboração" tornou-se uma palavra corporativa da moda, pois é a colaboração que faz com que o trabalho em equipe tenha sucesso. Colaboração eficaz é a habilidade de trabalhar em conjunto para atingir um propósito ou meta comum. Ela acontece quando um grupo de pessoas se reúne e contribui com sua criatividade, conhecimento e habilidades para fazer algo acontecer. Esse "algo" precisa ser *mais* do que os indivíduos podem alcançar por si mesmos. Se não for, é um desperdício do tempo de todos.

A maioria das organizações reconhece que são necessárias equipes para alcançar resultados reais. Mas, embora seja relativamente fácil pegar um grupo de pessoas brilhantemente talentosas e dar-lhes uma tarefa coletiva, não é de forma alguma simples fazê-las colaborar de forma produtiva. Quando pessoas fortes não estão alinhadas, elas se fragmentam, perdendo o foco nos resultados coletivos, e, ao invés disso, voltam sua atenção aos interesses e objetivos individuais. Então, como os membros da equipe colaboram bem entre si, e como as equipes colaboram bem com outras equipes gera um grande impacto no sucesso de qualquer projeto e, portanto, de qualquer organização.

Todos os projetos experimentam intercorrências, mas essas intercorrências podem ser resolvidas quando uma equipe usa sua sabedoria coletiva, conhecimento, habilidades e experiência, descobrindo novas possibilidades de seguir em frente. Equipes que colaboram aprendem umas com as outras e aprendem juntas. Com o tempo, a competência da equipe cresce exponencialmente, juntamente com sua capacidade de enfrentar desafios maiores.

Equipes que trabalham bem naturalmente confiam mais umas nas outras, o que faz com que o local de trabalho seja mais aberto, conectado e comprometido. Isto, por sua vez, aumenta a motivação da equipe e de outras equipes com as quais ela trabalha. E é evidente que uma excelente cultura é o que atrai e retém as melhores pessoas. Queremos trabalhar com pessoas em quem confiamos, onde nos sentimos valorizados e onde estamos causando um impacto que vale a pena. Criar um local de trabalho colaborativo leva tempo, mas os resultados valem o esforço. Isto acontece assegurando que todas as equipes de trabalho se transformem de blocos em um organograma organizacional em unidades de colaboração.

O que é uma "equipe"?

Empresas, ONGs e departamentos governamentais estão organizados em equipes, mas é importante entender o que é uma equipe para obter o melhor delas. Em *The Wisdom of Teams*, Katzenbach e Smith (1993) definem *equipes reais* desta forma:

> Uma equipe é um pequeno número de pessoas com habilidades complementares que estão comprometidas com um propósito e objetivos de desempenho comum e abordagem pelos quais se responsabilizam mutuamente.

Esta é uma definição acadêmica, portanto, vale a pena explorar as partes componentes:

Pequeno número:

Fui solicitada a fazer coaching de "times" com até 25 membros, embora a maioria tenha menos de 10. Sem muita consideração ou desenho definido, muitos líderes simplesmente chamam seu grupo de liderados diretos de equipe. Com muita frequência, o resultado são equipes com muitos *chefs* na cozinha. Grandes grupos têm dificuldade de se comunicar eficazmente, e muito mais de tomar decisões. "Equipes" grandes se dividem naturalmente em subgrupos ao invés de funcionarem como uma equipe.

Uma *equipe real* tem o tamanho ideal para realizar seu trabalho. Se uma equipe precisa tomar decisões estratégicas, então pesquisas apontam que o número ideal de membros é entre cinco e oito. Menos de cinco e a equipe pode ter falta da diversidade de pensamento necessária para um debate e uma tomada de decisões de alta qualidade. Mais de oito atrasa a tomada de decisões, e a equipe rapidamente se torna um peso nas asas da organização. Equipes muito grandes frequentemente recorrem a reuniões de atualização de informações, com o líder sendo o "decisor". Nesta situação, o líder pode facilmente se tornar um gargalo, diminuindo o fluxo de trabalho, criando ineficiência e frustrando os membros e projetos da equipe. Nenhuma destas situações é passível de criar as condições para a eficácia da equipe.

Habilidades complementares:

Uma *verdadeira equipe* tem as habilidades necessárias para atingir seus objetivos. Há três categorias de habilidades:

➤ *Técnica ou funcional*: **o conhecimento especializado e as habilidades necessárias para sua área – por exemplo, uma equipe de gestão em uma empresa de desenvolvimento de** *software* **provavelmente precisará das habilidades complementares de engenharia e marketing.**

➤ *Resolução de problemas e tomada de decisões*: **incluindo identificação de problemas, avaliação de opções e tomada de decisões.**

➤ *Habilidades interpessoais:* **comunicação eficaz, conflito construtivo, tomar riscos, curiosidade, apoio e desafio, tudo isso é vital para uma colaboração bem-sucedida.**

Os membros da equipe são frequentemente recrutados por seus conhecimentos técnicos ou funcionais, e as habilidades interpessoais são ignoradas. No entanto, com demasiada frequência os líderes de equipe reclamam: "Contratei os jogadores mais fortes e inteligentes na área, então por que eles não podem trabalhar juntos?". Felizmente, a colaboração é uma habilidade que pode ser aprendida; mas alguns estão mais bem equipados para isso do que outros.

Comprometidos com um propósito e objetivos de desempenho comuns:

Se uma equipe não tiver clareza sobre sua razão coletiva de ser, seu sucesso será em grande parte devido ao acaso. Um objetivo significativo e compartilhado é o condutor, mas muitas vezes ouço um líder de equipe perguntar por que sua equipe não consegue "se conectar" ou se tornar "coesa". No entanto, quando perguntado sobre seu propósito, a equipe em dificuldades é confusa a respeito do tema – ou se esconde atrás de palavras como "executar nosso plano de negócios".

Equipes verdadeiras se unem ao redor de aspirações desafiadoras e metas significativas. Com isso, os projetos e tarefas em que precisam estar colaborando também se tornam claros.

Uma abordagem pela qual eles se responsabilizam mutuamente

Por 'abordagem', Katzenbach e Smith significam formas de trabalho bem desenvolvidas. Não caia na armadilha de acreditar que um bando de pessoas altamente remuneradas e inteligentes *deve*, naturalmente, trabalhar em conjunto. A realidade é muito diferente, pois sem tempo e esforço dedicados à elaboração e incorporação de formas de trabalho, os membros provavelmente mudarão sua atenção para tarefas mais operacionais administradas por seus próprios departamentos ou funções. Perguntas úteis a serem exploradas são:

➤ **Quem lidera o quê?**

➤ **Que habilidades podem estar faltando? Como as lacunas serão cobertas?**

➤ **Como as agendas serão cumpridas?**

➤ **De que informações a equipe precisa? Como isto será atualizado?**

➤ **Como serão tomadas as decisões?**

Naturalmente, muitas outras perguntas precisarão ser respondidas à medida em que a equipe evolui suas práticas de trabalho.

As decisões são inúteis sem responsabilidade. Equipes inexperientes ou inseguras dizem – ou pensam – "o líder me responsabiliza"; equipes maduras e eficazes dizem com confiança "nós nos responsabilizamos". Sem responsabilidade mútua, não há equipe. Katzenbach e Smith dizem:

> Em sua essência, a responsabilidade da equipe é sobre as promessas sinceras que fazemos a nós mesmos e aos outros, promessas que sustentam dois aspectos críticos das equipes: compromisso e confiança.

Em *equipes reais*, cada membro da equipe tem o direito de expressar suas opiniões sobre qualquer aspecto relacionado ao trabalho da equipe e de ter suas opiniões ouvidas e consideradas.

Uma cadeira à mesa

O que dá direito a um membro da equipe a ter uma cadeira à mesa? Apenas ter um papel em um organograma e um cargo correspondente não é suficiente para jogar no time. Ser um membro da equipe deve ser tão valorizado quanto ser um membro da seleção brasileira de futebol. Então, o que faz com que as pessoas tenham direito ao lugar, e como continuarem a ser merecedoras da membresia? Além disso, o que os faria perder o direito à cadeira?

Aqui estão algumas perguntas que você pode fazer às equipes para ajudá-las a avaliar se elas são, ou mesmo se querem ser, uma equipe real:

➤ As fronteiras da equipe estão claras? (por exemplo, todos sabem quem é membro da equipe e quem não é?)

➤ Existe estabilidade suficiente para que os membros da equipe aprendam a trabalhar juntos de forma eficaz ao longo do tempo? (Cada mudança requer que o processo de formação da equipe seja reiniciado.).

➤ Qual é o propósito claro e convincente de seu trabalho conjunto *como equipe?*

➤ A equipe tem as pessoas certas, com as habilidades, conhecimentos e mentalidade colaborativa necessários para atingir seus objetivos?

➤ Qual é o trabalho de colaboração que os membros da equipe precisam fazer para atingir seu objetivo?

➤ Até que ponto a equipe aproveita os conhecimentos, habilidades e pontos fortes de cada membro da equipe?

➤ A equipe é coletivamente responsável pelos resultados, ou seja, "nenhum de nós é bem-sucedido a menos que a equipe seja bem-sucedida"?

➤ Até que ponto a equipe administra coletivamente as relações com o sistema mais amplo? (Tantas vezes isso é visto como somente o papel do líder da equipe.).

➤ Até que ponto os membros gerenciam coletivamente os processos, dinâmicas e relacionamentos da equipe? (Novamente, muitas vezes empurrados até o líder da equipe.).

Quando um novo diretor financeiro global, Frank, ingressou na empresa, seu foco inicial era um plano de reviravolta e atingir resultados. Ele havia reestruturado a equipe com alguns novos colaboradores recrutados para se juntar àqueles que já estavam no negócio há algum tempo. Historicamente, os diretores financeiros (DF) das unidades se reportavam a diretores executivos (DE) de divisão e operavam muito em seus próprios silos. Agora eles se reportavam a Frank e eram obrigados a trabalhar juntos como uma única equipe financeira. Como função, as finanças estavam passando por mudanças consideráveis desencadeadas por uma lei de regulamentação e segurança predial, principalmente em torno de processos e armazenamento de dados. Membros individuais da equipe de liderança sênior estavam à frente de subprojetos em torno destas mudanças, revelando questões sobre como a equipe trabalhava em conjunto.

Uma reunião anterior fora do local de trabalho foi realizada sobre seu foco enquanto equipe de liderança sênior, e agora eles precisavam estabelecer como iriam trabalhar juntos como um time. Fui informada pelo RH de que havia uma falta de compartilhamento aberto de informações e dificuldades quando um indivíduo era obrigado a comprometer sua equipe para o bem maior. Havia também uma tendência de voltar a assuntos de reuniões anteriores, o que atrasava a resolução dos problemas.

Disseram-me que Frank estava planejando dois dias fora da empresa para a equipe e estava procurando um coach para apoiar a equipe a:

➤ compreender o que os estava impedindo de trabalhar em conjunto de forma consistente e confiável como um só time;

➤ estabelecer como a equipe de liderança sênior iria trabalhar em conjunto como time (normas de equipe);

➤ passando do trabalho individual a operar como uma só equipe;

➤ incentivando os membros da equipe a colaborar de acordo com os pontos fortes uns dos outros.

Comecei realizando entrevistas individuais com cada membro da equipe. Tendo sido informada originalmente que a equipe tinha 12 membros, fiquei surpresa quando me pediram para entrevistar 17 pessoas. Os dados da entrevista revelaram que as pessoas não sabiam quem eram membros 'oficiais' da equipe e quais eram suas funções; de fato, eles sabiam pouco uns dos outros. Além disso, eles mostraram pouco entusiasmo para se conhecerem, vendo isto como uma perda de tempo. Disseram que estavam extremamente ocupados e que tinham "trabalho suficiente liderando suas próprias equipes". Um respondente disse que não estava claro se deveria estar trabalhando para Frank ou para os diretores executivos, que tinham a tendência de ver as finanças como "um mal necessário".

Havia muitos outros pontos, sendo o mais significativo destes que eles não tinham conhecimento de nenhum objetivo comum que exigisse que trabalhassem juntos como uma única equipe. Dentro da empresa, eles não eram percebidos como equipe, mas sim como pequenos grupos que lideravam várias funções dentro das finanças.

Perguntei à equipe de que forma Frank poderia estar contribuindo para a eficácia da equipe, ou falta dela. Soube que ele estava cada vez mais frustrado com a falta de trabalho em equipe. Ele tinha um curto tempo de atenção, frequentemente se desconectando das conversas e não escutando. Um dos membros da equipe me disse: "Ele continuamente ataca a equipe – bate na mesa, grita e pragueja. Não tenho certeza de que isto atinja o que ele espera alcançar.". Outro disse: "Ele tenta usar táticas de intimidação, ameaçando despedir pessoas se elas não estiverem "desempenhando'.". Isto fez com que as pessoas ficassem receosas e não se arriscassem, certamente com muito medo de se aproximar dele.

Apesar do acordo de que ele estaria na sessão durante os dois dias, pois era sua equipe, ele só apareceu na primeira hora, depois disse que algo importante tinha surgido e desapareceu. Acredito que ele sentiu que a equipe deveria trabalhar em conjunto porque ele lhes disse, e que não tinha mais nenhum papel a desempenhar ali. Porém, os membros do time não tinham senso de si mesmos como tal e, compreensivelmente, não confiavam em Frank como seu líder.

Qual é a moral desta história? Não se pode fazer coaching com os membros de uma equipe para serem uma equipe quando eles não veem razão nisso. De modo geral, as pessoas só estão dispostas a dedicar o tempo e o esforço necessários para trabalhar em equipe se sentirem compelidas por resultados significativos.

Como coach, não é sua responsabilidade dizer ao cliente o que faz uma verdadeira equipe. Mas geralmente ajuda oferecer uma estrutura de possibilidades como começo para uma reflexão. Usar uma linguagem adequada para a equipe com a qual você está trabalhando pode ser muito mais eficaz do que citar o livro do "que deveria ser". Aqui está uma citação que muitas vezes parece ajudar equipes que gostam de um conceito mais positivo e inspirador do que seja uma equipe: "Temos uma equipe quando juntos alcançamos mais do que poderíamos individualmente". Eu poderia compartilhar este conceito e depois convidar os membros da equipe a dialogar sobre o que isto significa para eles.

O que acontece nas equipes à medida que elas crescem e mudam?

As equipes crescem e mudam ao longo de seu ciclo de vida, e um dos modelos mais conhecidos para entender o que acontece em grupos é o 'Etapas de Desenvolvimento de Grupos' de Tuckman (1965), também conhecido como "Formando, tumultuando, normatizando, desempenhando". Na mesma época, Eric Berne (1963), o criador da análise transacional, desenvolveu uma teoria de processo grupal. Juntos eles oferecem uma forma abrangente de entender a jornada percorrida para a maturidade e o desempenho da equipe.

Berne diz que há duas maneiras de mapear grupos:

1. **estrutura pública** – o que todos sabem e veem em relação ao grupo (portanto, mais comportamental);

2. **estrutura privada** – o que se passa dentro de cada indivíduo (portanto, mais sobre pensamentos e sentimentos não expressos ou não conscientes).

Ele se refere a esta estrutura privada como uma "imago grupal", uma imagem ou foto em nossa mente de qualquer grupo ao qual nos associamos ou do qual fazemos parte. Esta imago é profundamente pessoal, com raízes em nossa primeira experiência grupal, nossa família de origem. Ela é, então, moldada por nossa experiência vivida de grupos dos quais participamos ao longo da vida. Nossa experiência de novos grupos é colorida por esta imagem e por tudo o que ela significa para nós. Chegamos com uma imagem "esperada" do que o grupo é ou como deve ser baseada em uma mistura de experiência passada e esperança ou fantasia.

Todos nós temos necessidades comuns ao entrar em um grupo, sendo as primárias:

➤ Uma necessidade de *segurança psicológica* (que muitas vezes é fornecida inicialmente em grupos pela estrutura).

➤ Uma necessidade de *familiaridade*: uma necessidade de comunicar e operar de uma forma que seja familiar (também conhecida como "normas" de grupo).

➤ Uma necessidade de *estímulo*, proporcionada por "reconhecimento". Um jeito de pensar sobre essa necessidade é refletir em como você dá atenção, talvez através de um olhar, gesto ou interação. Os estímulos fornecem estímulo a um indivíduo, e é por isso que muitas vezes não entramos realmente em um grupo e nos tornamos presentes até que tenhamos falado ou feito algum contato direto e significativo com outra pessoa.

➤ Uma necessidade de *intimidade,* ou de proximidade social.

O modelo de Tuckman coloca mais ênfase no que está acontecendo em nível comportamental, ao que Berne se refere como a *estrutura pública.* Berne nos ajuda a entender o que pode estar acontecendo sob a superfície, na *estrutura privada.*

Com o passar do tempo, os grupos se desenvolvem através de um processo de ajuste que envolve *diferenciação* à medida que os indivíduos expressam suas ideias, esperanças e desejos e através da *coesão grupal*, onde os membros procuram manter a harmonia e a familiaridade. O processo de ajuste se desenvolve em quatro etapas.

Vejamos os estágios de desenvolvimento tanto no nível comportamental quanto psicológico.

Primeira etapa: Formando / Imago Provisória

Nível comportamental: O foco de cada membro da equipe é o líder, buscando a orientação e autoridade do líder e mantendo uma relação educada, mas distante, com os outros. A equipe está se orientando, e os membros estão se comportando no seu melhor. Eles se reúnem para aprender sobre objetivos e tarefas e para conhecer seus colegas. A discussão se concentra em como definir e abordar os projetos e tarefas.

Nível psicológico: Nesta fase, o foco dos indivíduos está mais no "eu" do que em "nós", e eles estão preocupados consigo mesmos e com seu relacionamento com o líder do grupo. A menos que já sejam conhecidos uns dos outros, os demais membros estão em um subgrupo indiferenciado.

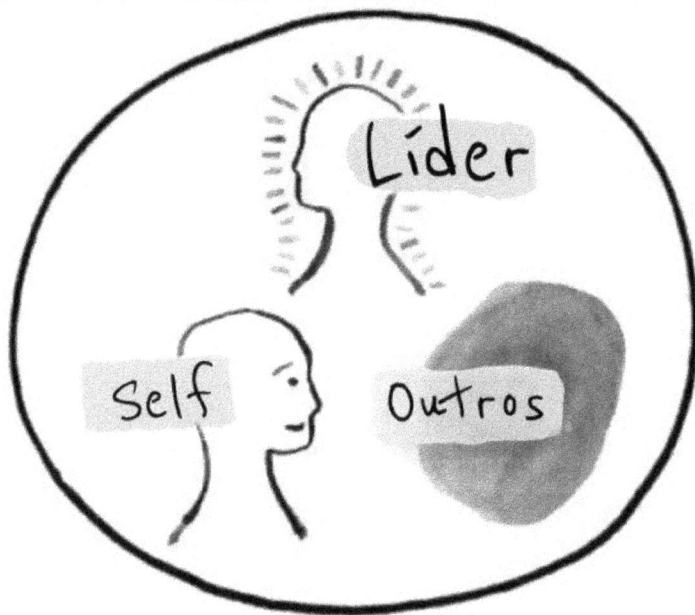

Formando/ Imago Provisória

Os indivíduos sentem alguma ansiedade em revelar demais de si mesmos, preferindo trocas 'seguras' enquanto vigiam internamente a situação, tentando elaborar as 'regras de envolvimento'. O relacionamento dos membros com o líder é uma grande preocupação, pois, em última análise, eles são fortemente dependentes dele. O líder está frequentemente sujeito às projeções dos membros sobre o que "um líder" deve ser.

O papel do líder: Nesta fase, é preciso que haja alguém que esteja claramente no comando. O líder pode precisar ser mais diretivo, proporcionando clareza ao estabelecer a finalidade e os objetivos da equipe, definindo papéis e expectativas e ajudando os membros da equipe a ver como eles se encaixam na equipe. Um líder hábil também investe tempo escutando e procurando entender, e modela os valores e comportamentos que eles querem incorporar à equipe.

Segunda etapa: Tumultuando / Imago Adaptada

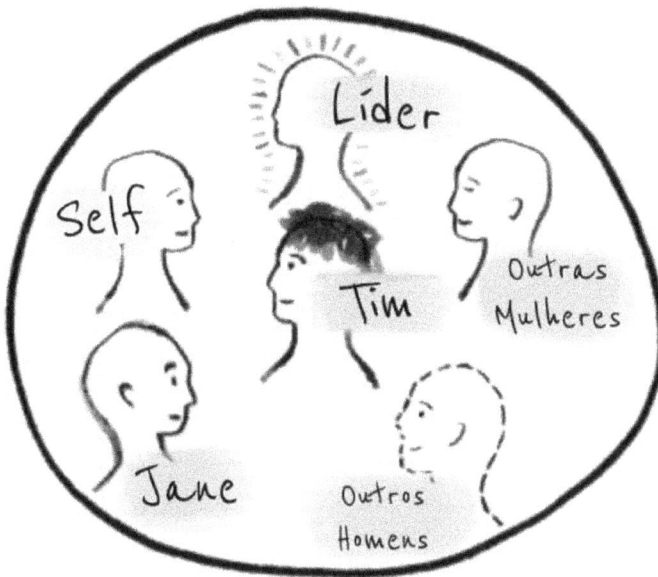

Tumultuando / Imago Adaptada

Nível comportamental: Gradualmente os membros da equipe começam a mostrar mais de si mesmos, expressando opiniões diferentes. À medida que as pessoas trabalham umas com as outras, elas aprendem sobre estilos de trabalho individuais.

Podem surgir conflitos e ocorrer 'tumultos', talvez sob a forma de *e-mails* ríspidos, comentários bruscos ou rompantes em reuniões. Os membros disputam a atenção do líder, às vezes procurando agregar mais valor e, às vezes, de forma menos útil, atropelando os colegas. A autoridade do líder também pode ser desafiada ou testada, seja abertamente ou através de comportamentos passivos, como retirar-se da conversa (uso do silêncio de forma não efetiva), falta de energia, atrasos ou não comparecimento. Este é o estágio onde silos e "guerras territoriais" podem se desenvolver à medida que os membros procuram obter decisões tomadas por fora, pois ainda não têm certeza do que pode ser dito nas reuniões, ou que apoio receberão por suas ideias. Se a equipe não crescer além desta etapa, estes silos podem se tornar profundamente arraigados.

Nível psicológico: À medida que o tempo passa e as pessoas começam a se sentir mais seguras no grupo, ocorre um processo de ajuste. Os indivíduos se tornam mais conscientes das outras pessoas e procuram espíritos semelhantes. As pessoas procuram saber mais sobre os outros membros do grupo, falando sobre o que é importante para elas e como se sentem. Os subgrupos começam a se formar naturalmente, baseados em pessoas que compartilham ideias e valores e com quem se sentem mais seguras. Esta é uma etapa importante, e a formação de subgrupos não é algo para ser interrompido, pois a intimidade e a confiança estão se desenvolvendo.

Este é o estágio em que as lutas pelo poder começam a acontecer à medida que os membros começam a expressar ou atuar mais nas necessidades individuais, o que pode colidir com a necessidade de coesão da equipe. Berne chama isto de "imago adaptada", pois os membros frequentemente agem da mesma forma como quando crianças à autoridade dos pais e na união e rivalidade entre irmãos.

O papel do líder: Um líder hábil concentra o esforço da equipe na construção da confiança e do diálogo, e navegação e trabalho através do conflito, pois esta é a chave para avançar para a próxima etapa. Eles deixam de lado as pequenas coisas e incentivam as pessoas a fazer tudo à sua própria maneira, sempre que possível.

Terceira etapa: Normatizando / Imago Operativa

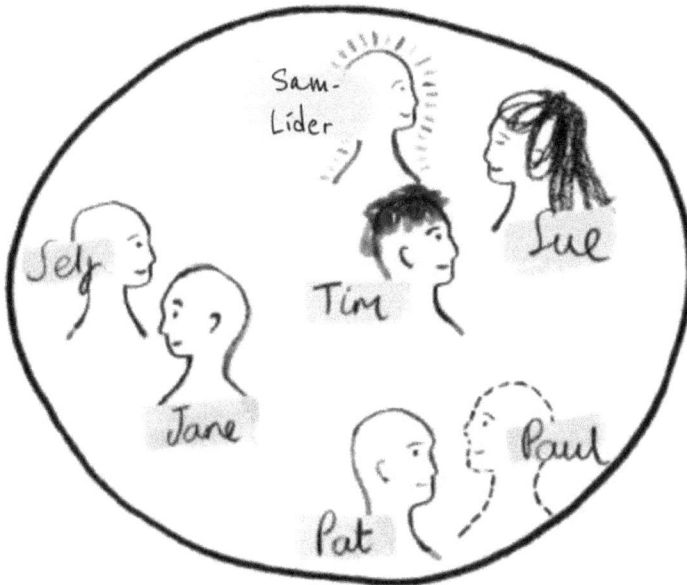

Normatizando / Imago Operativa

Nível Comportamental: Infelizmente, algumas equipes nunca ultrapassam a fase de "tumulto". Entretanto, se chegarem à fase de "normatizar", elas podem começar a florescer. A equipe é mais estável e deve estar progredindo. As metas são claras e os relacionamentos são mais estabelecidos, permitindo que os membros aproveitem os pontos fortes uns dos outros e liberando-os para que as coisas aconteçam de forma colaborativa. As 'normas' da equipe, ou hábitos de comportamento e trabalho em conjunto, tornaram-se bem estabelecidas, de modo que a equipe não precisa mais investir energia em como fazer as coisas acontecerem.

Nível psicológico: Nesta fase, os membros da equipe são mais diferenciados entre si, mas há também um senso muito maior de "nós". As pessoas são vistas por quem elas são, incluindo seus valores, forças, fraquezas e padrões comportamentais. Não há problema em serem elas mesmas no grupo, com tudo o que isso significa. Elas desenvolveram alguma confiança em sua capacidade de resolver desentendimentos e choques de personalidade, e surge uma grande intimidade e espírito cooperativo.

Cada equipe tem sua própria cultura ou personalidade: algumas podem estabelecer estruturas e regras bem formadas, enquanto outras operam com espontaneidade e caos criativo. Líderes naturais surgem, e a liderança é, portanto, mais distribuída. Esta é uma etapa importante onde a coesão do grupo é forte, a capacidade da equipe cresce e a eficácia aumenta à medida que o subgrupo de trabalho compartilha a carga. Entretanto, o perigo aqui é que os membros podem estar tão empenhados em preservar a harmonia, que podem estar relutantes em se opor ou desafiar uns aos outros, resultando potencialmente no "pensamento grupal".

O papel do líder: Nesta fase, o líder pode recuar um pouco e deixar os membros do time assumirem mais a liderança na equipe, embora seja sábio não se retirar demais. Os líderes precisam continuar estimulando um debate saudável para ajudar a equipe a se desenvolver ainda mais e alcançar a próxima etapa.

Quarta etapa: Desempenhando / Imago Secundariamente ajustada

Desempenhando / Imago Secundariamente Ajustada

Nível comportamental: Com papéis e normas estabelecidos, a equipe se concentra em atingir seu objetivo coletivo. Os membros da equipe são competentes, autônomos e capazes de lidar com a tomada de decisões sem supervisão. Agora é o momento para a equipe se desafiar a si mesma, desafiando o *status quo* e identificando as suas metas mais do que audaciosas. (Collins & Porras, 1994).

Nível psicológico: Mais uma vez, com o passar do tempo, os membros da equipe se tornam ainda mais diferenciados entre si. Os membros podem ir além de compartilhar pensamentos e ideias, podendo também ser vulneráveis uns com os outros, pedindo ajuda e oferecendo apoio. Os membros sentem um forte senso de pertencimento e empoderamento e são capazes de concentrar sua energia na realização do propósito da equipe, já que não estão gastando-a em conflitos e brincadeiras inúteis. Entretanto, se não forem definidos objetivos que desafiem os membros, a equipe pode se tornar muito confortável, desgastando gradualmente a motivação e a satisfação.

O papel do líder: Nesta fase, a equipe pode funcionar de forma interdependente, com um mínimo de supervisão do líder. Com o desempenho da equipe agora, o líder pode focar mais energia para fora e para cima, olhando para influências externas, para o mercado, concorrência, e assim por diante. Ao mesmo tempo, o líder estimula a equipe para assumir objetivos maiores e um trabalho pioneiro significativo.

Conforme discutido, relativamente poucas equipes têm alto desempenho. Apoiar equipes a colaborarem efetivamente em conjunto rumo ao que é mais importante é um dos trabalhos mais significativos que eu posso imaginar. Em muitas organizações, na falta de um propósito convincente que nosso "eu" se renda a um "nós" maior, as pessoas se concentram em si mesmas e em suas metas e aspirações pessoais de carreira. Isto alimenta as condições em que as organizações não conseguem aproveitar o poder coletivo das equipes – e o potencial que existe muito além do que qualquer pessoa possa fazer sozinha. Este potencial não é um sonho, ele se tornou um imperativo existencial, um imperativo que requer um futuro em que cada equipe tenha um coach em parceria para ser o melhor possível.

No próximo capítulo, vamos analisar mais profundamente o que isto significa e o papel do coach da equipe. O Dr. Declan Woods irá agora guiá-lo através da sua primeira pausa para reflexão.

Pausa para Reflexão

Qual é o papel e a contribuição do coaching de equipes para a natureza sempre mutável do mundo? A verdadeira mudança vem por meio de novas mentalidades. Qual é a sua mentalidade como coach de equipe? Você está pronto e tem coragem suficiente para a complexidade do verdadeiro coaching de equipes? Se estiver, vamos começar.

Este capítulo explica por que as equipes são mais importantes do que nunca. Como profissionais, estamos à beira de um campo emergente, ajudando a criá-lo e a moldá-lo. Essa é a oportunidade perfeita para pensar sobre o coaching de equipes. Esta é uma oportunidade perfeita para pensarmos sobre o que o mundo e as equipes precisam e qual é o nosso lugar e a nossa contribuição para isso, já que somos pioneiros juntos.

Pergunte a si mesmo:

➤ Como você vê o futuro das mudanças nas organizações?

➤ Quais são as implicações disso para o seu trabalho com equipes?

➤ Como você está se desenvolvendo como coach de equipes para o futuro que está surgindo?

➤ À medida que mudamos cada vez mais para formas virtuais de trabalho, como você se adaptará? Você entende os desafios do "trabalho em equipe" virtual e como a tecnologia pode ser usada para permitir isso e para a forma como você trabalha com as equipes?

Se as equipes realmente importam, é importante que tenhamos nossa própria perspectiva sobre elas como profissionais. Pergunte a si mesmo:

➤ Por que as equipes são importantes?

➤ Por que você escolhe trabalhar com elas?

➤ Por que você quer ser um coach de equipes?

➤ Que objetivo ou necessidade (sua) isso atende?

➤ Qual é a sua definição de equipe?

➤ O que faz de uma equipe uma equipe?

➤ O que torna uma equipe eficaz?

Com referência a Berne, desenhe uma imagem de:

➤ sua primeira equipe (poderia ser sua família de origem);

➤ sua melhor equipe;

➤ sua pior equipe.

Como essas equipes são semelhantes e diferentes? Elas estão conectadas? De que forma(s)?

Como essas imagens impactam suas crenças sobre equipes e sua prática de coaching de equipes? Pense na última equipe em que você trabalhou ou liderou.

➤ Quais eram as suas necessidades pessoais ao entrar nessa equipe?

➤ Como as suas necessidades pessoais de pertencer a uma equipe se manifestam no seu trabalho com equipes?

➤ O que isso pode significar se que você presta mais ou menos atenção durante o coaching de equipes?

➤ Quais são as implicações disso para os papéis que você pode desempenhar como coach de equipe? (Veremos isso com mais detalhes no Capítulo 2).

2 O Papel do Coach de Equipes

Não é para os fracos de coração...

Há cerca de 20 anos, um CEO com quem eu estava fazendo coaching me perguntou se eu poderia trabalhar com sua equipe. Pensei que este seria um ótimo novo desafio, então concordei. Para me ajudar na preparação, comprei todos os livros que pude encontrar sobre equipes e facilitação, embora tenha procurado em vão por títulos especificamente sobre coaching de equipes. Assim, comecei a criar dias de imersão, focados, principalmente, em ajudar os membros da equipe a se conhecerem melhor, para que pudessem desenvolver a confiança mútua e o respeito dos quais depende todo o bom trabalho em equipe. Elaboramos uma declaração definindo o propósito da equipe, e desenvolvemos um estatuto da equipe determinando como eles trabalhariam juntos.

Recebi ótimos *feedbacks*, o que foi obviamente gratificante, mas, muitas vezes, estes dias de imersão fora da rotina do trabalho, que eram bem-sucedidos, provaram ser apenas uma solução a curto prazo. Fiquei cada vez mais desiludida quando, alguns meses mais tarde, a maioria das equipes havia voltado a trabalhar como de costume, esquecendo seus acordos de trabalho, não acompanhando as ações e não se responsabilizando de forma a mutuamente prestarem conta dos combinados. Eu não tinha esta experiência com meus clientes de coaching individual, então, o que era diferente? Clientes individuais floresceram em sua confiança, foco, conjunto de habilidades, e assim por diante. Por que não pude alcançar os mesmos resultados com uma equipe?

Voltei-me para a sabedoria de Sir John Whitmore (1997), fundador de nossa profissão e o que significa ser um coach, que diz que "o coaching e o alto desempenho vêm da *consciência* e da *responsabilidade*". Ter uma abordagem de coaching significa ajudar o cliente a esclarecer seu propósito, objetivos e a aumentar a consciência do cliente sobre sua situação e considerar opções – depois ajudá-los a definir ações e desenvolver suas próprias estruturas de responsabilidade.

Percebi que eu não havia feito coaching de equipes. Tinha me colocado em um papel muito diferente: o de facilitadora – a organização de eventos fora da rotina, a pessoa que se certificou de que o quadro branco estava limpo e que haviam pranchetas e lápis suficientes à disposição das pessoas. Eu tinha caído na tentação de facilitar equipes, quando precisava entender como fazer coaching com elas. Esta foi uma das compreensões mais importantes de minha carreira, e passei as duas últimas décadas trabalhando nisso.

Como em todos os campos emergentes, há uma confusão significativa em torno do que é realmente o coaching de equipes. A comparação entre papéis de coach, consultor, professor e facilitador, pode facilmente gerar confusão, dificultando a percepção de importantes distinções entre eles.

Uma definição de coaching de equipes

O coaching se espalhou por todas as áreas da vida. Há inúmeras escolas e abordagens para apoiar indivíduos que buscam maior significado e propósito em suas vidas. É uma grande responsabilidade definir coaching de uma forma que ofereça clareza em torno do papel e do trabalho do coach, ao mesmo tempo em que acolhe as mais diferentes abordagens disponíveis, tais como coaching de desempenho, coaching focado em soluções, coaching com base na neurociência, coaching narrativo, coaching integrativo, coaching para resiliência e bem-estar, parceria de pensamento, sistêmico e, também, *gestalt*. Estas são gotas no oceano de possibilidades disponíveis para os coaches, e, embora algumas abordagens afirmem ser melhores do que outras, não há um caminho certo. O que funciona para um cliente não funciona para outro.

O que conecta todas essas abordagens como uma profissão unificada é uma filosofia baseada em um conjunto central de crenças. O maior órgão profissional global para coaching, a *International Coaching Federation* (ICF), defende que o coaching honra o cliente como especialista em sua vida e trabalho, e acredita que cada cliente é criativo, engenhoso e inteiro. Partindo desta base, a responsabilidade do coach é a de:

➤ descobrir, esclarecer e alinhar-se com o que o cliente deseja alcançar;

➤ incentivar a autodescoberta do cliente;

➤ obter soluções e estratégias geradas pelo cliente;

➤ manter o cliente como responsável pelo seu desenvolvimento.

O coaching é diferente de outras profissões que prestam serviço, tais como aconselhamento, mentoria, consultoria e treinamento. É um processo orientado pelo cliente, ou seja, o cliente escolhe o foco da conversa enquanto o coach ouve, faz perguntas e compartilha observações. A interação do coaching é projetada para criar consciência como um catalisador para o aprendizado e crescimento. O coaching acelera o processo de aprendizagem, ao fornecer foco e aumentar as opções do cliente; o cliente é responsável por fazer escolhas e por tomar qualquer atitude. O coaching concentra-se em onde o cliente está aqui e agora, e em como ele chegará aonde quer estar no futuro. Os resultados vão depender das intenções, escolhas e ações do cliente estimuladas pelo processo de coaching.

A ICF define coaching como: "Parceria com os clientes em um processo instigante e criativo que os inspira a maximizar seu potencial pessoal e profissional".

Então, com isto em mente, o que é coaching de times?

Algumas das definições que você pode encontrar são mais prescritivas do que a definição da ICF e, em graus variados, orientam o coach a se enquadrar em um papel de especialista, que é mais o domínio dos consultores. Na TCS, acreditamos que nossa definição oferece flexibilidade suficiente para adotar abordagens diferentes, enquanto trabalhamos com a pauta do cliente (ou seja, a equipe) e honramos os princípios e crenças que sustentam nossa profissão:

> **Parceria com uma equipe para liberar seu poder coletivo, propósito e potencial para se conectar e colaborar.**

(Agradeço a Silvia de Ridder pela adição da ideia de "conexão", que traz um aspecto humano muito importante para a definição.)

Como o papel de coach de equipes difere de papéis similares

Uma equipe não é um problema que precisa ser analisado e resolvido, mas um potencial a ser desdobrado.

– Daniel Meier (2005)

Alguns dizem que não importa o que você chama de "o trabalho". Mas importa. A forma como definimos o trabalho a ser feito estabelece os parâmetros do que fazemos e como nos comportamos. Coaching, treinamento, aconselhamento, facilitação e consultoria, todos têm seus próprios padrões de atuação, treinamentos específicos e órgãos profissionais distintos. Os conhecimentos, habilidades e comportamentos de cada papel são diferentes, e cada um tem uma intenção diferente. Se você não tiver clareza sobre seu papel, então o cliente também não terá e, o mais importante, seu impacto será diluído.

A clareza de papéis é essencial para os coaches, as equipes com quem eles fazem coaching e para as organizações que patrocinam o trabalho, pois orienta nossa mentalidade e nossas crenças, nossas habilidades e competências. Vamos olhar as atividades de cada uma das quatro funções: consultor, facilitador, treinador e coach. A distinção entre os papéis é clara, mesmo em uma grande variedade de culturas, e pode ser tabulada desta forma:

PAPEL	DESEMPENHO
CONSULTOR	Pesquisar, diagnosticar, analisar, assessorar, resolver problemas, apresentar relatórios...
INSTRUTOR/ PROFESSOR	Desenvolver currículo, conceitos de ensino, habilidades, conhecimentos, estratégias, ferramentas...
FACILITADOR	Elaborar uma agenda e gerenciar o processo de reunião, permitindo que a equipe se concentre no conteúdo...
COACH DE EQUIPES	Parceria, sustentação do espaço, contratar, ouvir, questionar, comunicação direta, criar consciência, verificar o progresso...

Diferentes intervenções de grupo

Quando você permite que as distinções entre os diferentes papéis se confundam, você pode se encontrar assumindo tarefas que são realmente *de responsabilidade da equipe*, tais como tomar decisões, digitar notas de reuniões, presidir/liderar reuniões, registrar ações e acompanhar o progresso. Você também define as expectativas dos clientes e se torna visto como "pau para toda obra". Uma vez que o cliente esteja acostumado com você, facilitando reuniões, resolvendo problemas e oferecendo soluções, ele continuará a olhar para você para realizar estas tarefas. Isto pode parecer uma boa ideia a curto prazo, mas prejudica a necessidade central da equipe de reconhecer, desenvolver e possuir as habilidades necessárias para agir no mais alto nível de desempenho.

Como evitar confusão de papéis e assumir inadvertidamente um número excessivo de tarefas? Primeiro, tenha muito claro para você o que significa o papel de coach de equipes. Depois, decida se você está preparado para desempenhar papéis relacionados. Em caso afirmativo, pergunte a si mesmo o que o motiva a desempenhar esses papéis adicionais, que limites você estabelecerá em torno de cada papel e como você sinalizará cada mudança ao acessar diferentes papeis na mesma conversa.

Note que o fato de seu cliente poder lhe pedir para desempenhar esses papéis não é necessariamente uma razão para fazê-lo. Podemos facilmente ser puxados para preencher vazios na equipe, quando a lacuna realmente precisa ser preenchida por um membro da equipe.

Uma coach de quem eu pude ser supervisora me disse que, recentemente, ela havia concordado em montar um RACI (responsável/aprovador/consultado/informado – um gráfico para identificar papéis e responsabilidades) para a equipe. Ao refletir, ela se sentiu atraída para organizar isto, porque parecia haver uma duplicação significativa e confusão em torno de quem possuía vários projetos e tarefas. Ao aprofundar a reflexão, ela tomou consciência de um vazio de liderança, onde havia uma falta de clareza sobre objetivos e prioridades, bem como sobre papéis e responsabilidades. Em vez de assumir ela mesma esta tarefa de liderança, ela direcionou o coaching para o líder da equipe, para que ele liderasse, criando, assim, uma capacidade maior de liderança para o futuro.

Processo versus conteúdo

> Como coach de equipes, estou mais interessada no "como"
> do que no "o quê".

Os papéis que se tornam os mais confusos são de facilitador e coach. No entanto, estes são papéis diferentes, com um propósito claro e distinto entre eles. Um facilitador administra o 'processo' de uma reunião ou evento (como eles trabalham juntos), permitindo que os membros da equipe se concentrem no 'conteúdo' (a tarefa em mãos). O objetivo da facilitação é geralmente chegar a um 'resultado', em outras palavras, concluir uma tarefa – como definir uma visão e estratégia para a organização, tomar uma decisão crítica ou resolver um problema.

Os membros do time precisam trabalhar sempre juntos no conteúdo e, para serem eficazes como um time, precisam desenvolver sua capacidade de administrar o processo por si mesmos. O objetivo de um coach de equipes é ajudar a equipe a aumentar sua consciência e propriedade sobre seu processo, guiando-os, assim, em um caminho de aprendizagem de como administrar a si mesmos de forma mais eficaz e mais autônoma. Chamamos isto de "devolver a propriedade do seu processo (de desenvolvimento) à equipe".

Chegar a um acordo sobre uma visão ou tomar uma decisão são resultados incrivelmente úteis para uma equipe; no entanto, se seus membros usam um facilitador sempre que precisam tomar decisões como equipe, não estão aprendendo como administrar a si mesmos de forma mais eficaz.

Gallwey (2000), em "O Jogo Interior do Tênis", oferece uma fórmula simples em torno do desempenho humano e do que se interpõe no caminho: Desempenho = Potencial – Interferência, ou D = P – I. Em equipes, a 'interferência' mais comum é como seus membros trabalham juntos como uma equipe, por exemplo:

➤ como eles estruturam e gerenciam as reuniões;

➤ como eles se engajam no diálogo;

➤ como eles tomam as decisões;

➤ como eles se envolvem com as partes interessadas;

➤ como eles se envolvem com outras equipes;

➤ como eles trabalham com ambiguidade e mudança;

➤ como eles se desafiam e se apoiam uns aos outros;

➤ como eles se responsabilizam uns aos outros;

➤ como eles aprendem conscientemente e continuamente como uma equipe.

A ideia de 'processos e conteúdo' é parte integrante de uma compreensão do papel do coach da equipe. Ela deriva do trabalho de Kurt Lewin, um psicólogo social que fez pesquisas intensivas sobre o funcionamento de grupos durante os anos 40. Ele observou centenas de grupos e descobriu que a maioria era o que ele chamou de demasiadamente "hipnotizados pela tarefa"; em outras palavras, eles estavam excessivamente preocupados com qualquer que fosse a tarefa que estavam tentando realizar, mas prestavam pouca ou nenhuma atenção à forma como a estavam realizando, muitas vezes resultando em processos de trabalho ineficazes. Ele percebeu que a maioria dos problemas que os grupos encontravam não tinha a ver com a tarefa propriamente dita, mas com a maneira como estavam realizando a tarefa. Os grupos bem-sucedidos foram os que intencionalmente gerenciaram tanto o conteúdo quanto o processo – o *quê* e o *como*.

Portanto, quando um facilitador trabalha com uma equipe, não é de se admirar que a equipe se torne mais eficaz porque o facilitador está gerenciando o processo da equipe. Entretanto, a equipe não está realmente se tornando mais eficaz *como equipe* – ou seja, aumentando a capacidade dos membros de colaborar para alcançar resultados coletivos. Para aumentar sua força de colaboração como equipe, eles precisam se sobressair no processo de trabalho em conjunto, sem a necessidade de um facilitador para gerenciar isso para eles.

No entanto, sem perceber, muitos coaches se transformam em facilitadores quando trabalham com equipes. Assim, poderíamos dizer que, enquanto um 'típico coach de equipe' gerencia o processo da equipe – desenhando uma oficina e trazendo conteúdo (como avaliações e exercícios) – um grande coach de equipes fica curioso sobre os processos da equipe, gerando consciência e responsabilidade na equipe para um trabalho de equipe eficaz. Desta forma, a equipe aprende a se tornar muito mais poderosa e intencional, e a desempenhar melhor como um time.

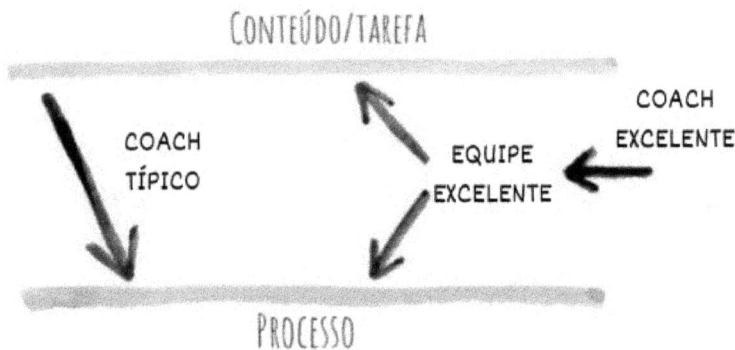

CONTEÚDO/TAREFA

COACH
TÍPICO

EQUIPE
EXCELENTE

COACH
EXCELENTE

PROCESSO

Fazer coaching com uma equipe é desacelerar, mas os ganhos superam em muito o investimento de tempo. O coaching de uma equipe é sobre diminuir a velocidade da equipe, a fim de realmente acelerá-la.

"Estamos procurando um coach de equipes para trabalhar com a equipe de liderança de nossa divisão de engenharia", disse o diretor de RH. "A equipe passou por um ano turbulento; eles estão exaustos e descontando suas frustrações uns nos outros, de modo que suas relações interpessoais poderiam se beneficiar de algum trabalho de desenvolvimento". Outras discussões revelaram que a organização pretendia fornecer coaching de equipes para equipes estratégicas em toda a empresa, para impulsionar o desempenho. Além disso, eles queriam que cada equipe seguisse a mesma abordagem passo a passo, começando com um conjunto prescrito de avaliações, seguido por um workshop de dois dias, em que eles receberiam feedback sobre as avaliações e trabalhariam através de uma sequência de sessões sobre o propósito da equipe, objetivos, estilos de liderança e construção de confiança.

Quando você lê este resumo, que papel você acha que a equipe está realmente procurando?

Na minha opinião, eles estão procurando um facilitador de equipe. Eis o porquê:

1. O trabalho era obrigatório, não voluntário. A natureza voluntária do coaching é parte de nosso código de ética como coaches, e é essencial para construir confiança e engajamento no processo de coaching. O coaching de equipes coloca a responsabilidade de agir sobre os ensinamentos das sessões como uma atribuição da equipe.

2. Foi um evento único. O coaching é uma jornada que acontece com o tempo. Por quê? Porque os seres humanos não aprendem, mudam ou crescem da noite para o dia. O mesmo princípio se aplica às equipes, de forma exponencial.

3. O trabalho não foi cocriativo ou mútuo. Tudo foi projetado pela equipe de RH, e a equipe estava sujeita a este projeto. Isto dificilmente criará um senso de propriedade e empoderamento.

Não estou dizendo que qualquer facilitação desta equipe será uma perda de tempo. Entretanto, se o resultado desejado for um melhor trabalho em equipe, resultando em maior desempenho, eles precisarão mais do que uma oficina facilitada.

Então, da próxima vez que você for convidado para 'fazer coaching com' uma equipe e o líder lhe der um resumo para um dia fora da rotina e disser que a equipe precisa se conhecer melhor e se tornar mais coesa como uma equipe, o que você pode fazer a respeito?

Diferentes intervenções com equipes

Quando você recebe um convite para fazer coaching de equipes, é útil poder reconhecer o que o cliente está pedindo, para que você possa estruturar seu trabalho com a necessidade declarada pelo cliente. Além disso, muitas organizações não têm clareza sobre o que é o coaching de equipes, assim, podem pedir isso, já que se tornou um termo popular, mas seu quadro de referência e, portanto, sua expectativa é realmente o desenvolvimento ou facilitação de equipes.

Intervenções em equipe

Olhando para essa tabela, você pode ver que cada intervenção é bastante distinta. Muitos livros descrevem "coaching de equipes" como tudo o que foi dito acima. Pessoalmente, prefiro maior clareza sobre o que estou fazendo, pois isso significa que tenho mais chances de ser bem-sucedida.

Coaching de grupo	Facilitação da equipe	Formação de equipes	Desenvolvimento da equipe	Coaching de processos em equipe	Coaching de equipes	Coaching ao vivo
Coaching de indivíduos em um contexto de grupo, como em conjuntos de aprendizagem de ação.	Gerenciar o processo de uma reunião, liberando a equipe para se concentrar na tarefa.	Ajudar uma equipe a se formar nas primeiras etapas de seu desenvolvimento.	Desenvolver uma equipe para progredir nos estágios em direção à maturidade da equipe.	Proporcionar reflexão e melhorar o modo de funcionamento da equipe.	Sessões específicas de coaching da equipe, geralmente focadas nos objetivos de aprendizado da equipe.	Coaching com a equipe ao seu lado, aqui e agora, enquanto a equipe realiza seus negócios normais.

Coaching em grupo: Aqui o foco é a aprendizagem e o desenvolvimento dos indivíduos do grupo. A experiência individual é aprimorada pelo aprendizado em um contexto de grupo. Isto é semelhante à maioria dos cursos de coaching onde, como participante, você tem suas próprias metas e resultados de aprendizagem, e faz parte de um grupo de aprendizagem. O coaching em grupo está crescendo em popularidade, pois muitas vezes é mais eficaz e econômico do que oferecer coaching individual em uma empresa. Conheço várias organizações que utilizam o coaching em grupo, agora mesmo, para apoiar líderes em diversas pautas de desenvolvimento, como agilidade, resiliência, liderança virtual, mulheres líderes e mudança.

Coaching de grupo	Coaching de equipes
Os clientes são os indivíduos do grupo. Eles estão recebendo coaching em grupo e se beneficiando do compartilhamento com outros.	O cliente é a equipe e não os indivíduos que compõem a equipe. A equipe está se beneficiando do foco na equipe como um todo.
O objetivo é o desenvolvimento e o aprendizado dos indivíduos do grupo.	O objetivo é o desenvolvimento e o aprendizado da equipe.

Facilitação da equipe: Eu já discuti isso exaustivamente. A origem da *facilitação* significa "o ato de tornar algo mais fácil". Ao facilitar a equipe, você está facilitando o trabalho deles, gerenciando o processo de como eles trabalham juntos em seu nome.

Formação de equipes: Trata-se de ajudar uma equipe a se formar como equipe. Muitas vezes, isto envolve algum tipo de 'dia de lançamento da equipe', permitindo que os membros da equipe se conheçam melhor e criando um estatuto da equipe onde o propósito, visão, objetivos, papéis, valores e normas da equipe são acordados. As normas às vezes são referidas por outros nomes, como "acordos de trabalho", "procedimentos operacionais", "regras básicas" ou, o meu favorito, "regras de ouro".

Desenvolvimento da equipe: Aqui você está fazendo coaching com a equipe através dos estágios de maturidade da equipe. Este poderia ser o modelo de desenvolvimento de equipe de Tuckman 'formando, tumultuando, normatizando, desempenhando', a 'imago grupal' de Berne, o modelo de desenvolvimento de equipes construído por Declan Woods chamado *'TeamSalient'* (ver www.teamsalient.com) ou *'pontuated equilibrium'* (Gersick, 1988). O que você escolhe depende do que faz mais sentido para você e para as equipes com as quais você está trabalhando.

Coaching de processo de equipe: Aqui você está permitindo que a equipe reflita e melhore sobre como seus membros estão trabalhando juntos. O trabalho é frequentemente focado em torno de metas de aprendizado da equipe mapeadas, tais como reuniões eficazes, diálogo, tomada de decisões e trabalho com conflitos.

Coaching de equipes ao vivo: Esta é uma intervenção muito poderosa, onde você está fazendo coaching com uma equipe aqui e agora, enquanto os membros estão realizando seus negócios normais juntos. Neste sentido, as equipes estão "em campo" e você está à margem.

Seu foco depende do contrato para a sessão e dos objetivos de aprendizado da equipe; no entanto, é provável que inclua fazer e compartilhar observações e convidar a equipe a experimentar novas formas de trabalho em conjunto.

Em última análise, você decidirá como definir o Coaching da equipe e a gama de intervenções que oferece. Espero que isto o encoraje a refletir sobre as distinções entre cada um e as implicações de seu papel em cada um deles.

Pausa para Reflexão

Este capítulo apresenta os diferentes tipos de intervenção ou modalidades quando se trabalha com equipes e os papéis que podemos assumir e desempenhar, inclusive, como coach de equipe.

Como a clareza de papéis é vital para o coaching de equipes eficaz, vamos refletir sobre isso. Qual é a sua experiência de trabalho com grupos e equipes até o momento? Escreva suas experiências e anote as funções que desempenhou. O que você percebeu?

➤ Quais funções você assumiu – e por que isso aconteceu?

➤ Quais funções você não assumiu – e por que isso aconteceu?

➤ Se não estiver facilitando ou prestando consultoria a equipes, o que está fazendo com uma equipe?

➤ Como o padrão das funções que você desempenhava mudou:

  ➤ Ao longo do tempo?

  ➤ Em um único compromisso ou trabalho com um grupo ou equipe?

  ➤ Essas mudanças de função simplesmente aconteceram ou foram uma escolha ativa? O que influenciou essa escolha?

Considerando a sua filosofia de coaching de equipe (abordaremos isso em mais detalhes no Capítulo 3). Quais são suas crenças sobre:

➤ equipes?

➤ desenvolvimento de equipes?

➤ mudança?

➤ o papel do coach de equipes?

Reflita sobre sua experiência de trabalho em uma organização antes do coaching.

➤ Que influências dessa experiência você extrai que informam seu trabalho com equipes agora?

➤ O que mais informa o seu pensamento sobre equipes?

➤ O que mais informa a sua prática de coaching de equipes com equipes?

3 O Tao do Coaching de Equipe

O mistério da existência humana não está apenas em permanecer vivo, mas em encontrar algo pelo qual viver.

– Fyodor Dostoyevsky, *Os Irmãos Karamazov*

Nos últimos 20 anos, o coaching tem provado ser uma das profissões que mais cresce no mundo inteiro. Tornou-se parte integrante das organizações como uma abordagem para o desenvolvimento de líderes, melhorando as culturas e acelerando o crescimento. Tornou-se também um estilo de liderança e gestão, uma mudança dramática da liderança de "comando e controle" amplamente valorizada no passado. Vemos agora a necessidade de cultivar a liderança em todos os níveis das organizações e desbloquear o potencial das pessoas para impulsionar seu próprio desempenho. Fazemos isso ajudando as pessoas a pensarem por si mesmas e permitindo que as pessoas aprendam em vez de dar todas as respostas. Como diz Sir John Whitmore, "Afinal, como você aprendeu a andar? Sua mãe ou seu pai o instruiu? Todos nós temos uma capacidade intrínseca de aprendizagem, natural, que é muitas vezes perturbada pela instrução.".

O coaching funciona devido à natureza única da relação entre coach e cliente – uma parceria. Ao contrário de um mentor, cujo papel é transmitir tudo o que sabe, os melhores coaches não precisam ter uma grande experiência no que o cliente quer aprender. De fato, muito conhecimento pode minar a dinâmica da parceria, colocando o profissional em uma posição superior, passando o conhecimento para o cliente, o destinatário desta sabedoria. Em vez disso, como coach, você é um especialista em coaching, não no assunto em questão. Em essência, a relação de coaching é uma parceria de colaboração criada para descobrir e despertar o potencial do cliente.

Hoje em dia, a maioria dos coaches executivos bem treinados aprendeu a incorporar esta mentalidade de coaching em seu trabalho. Por alguma razão, o coaching de equipes se desviou desse caminho. Muitos 'coaches de equipe' estão praticando algo muito diferente do coaching como eu o definiria. Mas eu posso me relacionar com isto, e o seguinte relato de uma experiência do início da minha carreira demonstrará como é mesmo fácil se desviar.

À medida que o novo milênio surgia, eu me via cada vez mais sendo solicitada a fazer coaching de equipe. Fiquei entusiasmada, pois isso apresentou oportunidades fantásticas para trabalhar com novos clientes em uma grande variedade de setores. Ao mesmo tempo, fiquei impactada pelo medo. O que eles estavam esperando de mim? O que eu deveria fazer? E se não funcionasse? Eu não estava sozinha nesta experiência. Muitos coaches compartilharam comigo o pavor de trabalhar com uma nova equipe. Não acredito que os facilitadores de equipe estejam aflitos da mesma forma, porque seu papel carrega a expectativa de liderança. Eu queria me sentir mais competente e em controle, e estava procurando por qualquer coisa que impedisse que meus joelhos tremessem e minha boca secasse. Por isso, eu procurava uma cura milagrosa na forma de ferramentas, modelos e exercícios que orientassem meu trabalho e levassem, é claro, a resultados surpreendentes.

Em minha busca, descobri uma fábula brilhante sobre disfunções de equipe. Era a história de um líder que precisava unir uma equipe antes de a empresa vir a falir. A história era tão convincente e o modelo tão simples e claro. Esta seria minha varinha de condão. Encontrei o site do autor e, para meu deleite e com grande custo, comprei o kit inteiro deles em uma caixa!

Na primeira oportunidade que se apresentou, eu comecei a usar o kit. O kit tinha tudo: manuais para os membros da equipe, uma pauta de oficina com horários, exercícios e slides de apoio. Para meu espanto, ele veio até com um roteiro de facilitador.

A oficina estava sendo realizada em uma bela mansão rural, situada em hectares de parque com árvores antigas, lagos e jardins esculpidos. No interior, havia salas de painéis de madeira com lareiras abertas e estofados macios. O serviço "cinco estrelas" foi impecável, e fui acompanhada até nossa suíte de eventos, que foi grandiosa, ao mesmo tempo em que tive a sensação despretensiosa de um retiro de fim de semana. O ambiente estava perfeito, eu estava toda equipada e finalmente me senti no controle. O dia começou muito bem, com a chegada de todos na hora certa e com um clima positivo. O CEO abriu a sessão respondendo ao propósito da oficina e por que agora. Eles tinham se formado como uma equipe havia um ano, mas ele acreditava que poderiam trabalhar mais efetivamente juntos: eles não eram bons o suficiente para dar prioridade e o ritmo em que estavam operando era insustentável.

Segui, traçando a agenda para os dois dias, conforme prescrito no kit. O dia começaria com um olhar sobre o modelo de disfunções da equipe e depois reveríamos os resultados de uma avaliação da equipe que cada membro havia completado antes da oficina. Depois disso, trabalharíamos através dos elementos do modelo, começando com a construção da confiança.

A equipe estava relativamente engajada durante meus 20 minutos de jornada pelo modelo. Eles fizeram algumas perguntas, e eu respondi bem. Eu estava fazendo sucesso. Depois olhamos os resultados da avaliação da equipe. Havia uma hora na agenda para isso, o que parecia ser uma boa quantidade de tempo. A avaliação revelou que a equipe tinha pouca confiança e que os membros da equipe não reconheciam suas fraquezas uns aos outros, nem pediam desculpas uns aos outros, admitiam erros ou pediam ajuda uns aos outros. Depois de dar-lhes dez minutos para ler o relatório individualmente, eles então passaram outros 15 em pares, discutindo os resultados antes que cada par compartilhasse ideias para melhorar seus resultados em plenário. Pedi ao primeiro par que compartilhasse suas reflexões e recomendações. Uma pessoa falou por eles e ofereceu um longo monólogo, criticando o relatório e fazendo recomendações sobre como o relatório poderia ser melhorado. Perguntei que percepção tinham sobre sua equipe, e eles responderam que o relatório não era representativo e repetiram suas críticas.

Na hora seguinte, outros membros da equipe se juntaram para jogar o mesmo jogo, e eu caí na armadilha de defender o modelo e a ferramenta de avaliação. Senti que precisava que estivesse certo, pois o resto dos dois dias foi projetado em torno de elementos do modelo. Senti minha credibilidade e confiança diminuindo, e meus pensamentos se voltaram para quantas horas mais havia até o final do dia.

No intervalo do almoço, eu tive algum tempo para respirar e pensar. Percebi que, ao usar o kit, eu estava completamente presa dentro da minha cabeça. Eu tinha me desligado da equipe, de mim mesma e do meu coach interno. Resolvi mudar de rumo e abri a sessão da tarde com um pedido de desculpas, seguido de um check-in. Comecei a me conectar com a equipe e a criar confiança. A partir deste espaço, pude fazer coaching com a equipe no que eles queriam da sessão, ao invés do que eu queria para eles.

Aprendi que a ideia de ter um *kit* completo com uma oficina pré-desenhada não era coaching de equipes; nem era "eu". Embora o modelo de disfunções fosse verdadeiramente inovador, em vez de procurar um processo "garantido" passo a passo, eu precisava desenvolver a arte de trabalhar no momento e encontrar os membros da equipe onde eles estão.[4]

O verdadeiro coaching de equipes é ir além da pauta, ferramentas e técnicas pré-planejadas para o processo de 'emergência segura' (Fritz Perls, 1951). Para fazer isto, você deve ser capaz de criar um contêiner seguro – suficiente para atender a cada momento e trabalhar de forma emergente com a equipe a serviço do aprendizado aqui e agora –, tal como você faria no coaching individual. A maestria como coach de equipes é quando estas habilidades estão na alma, guiando cada pensamento e movimento. O coaching de equipes se torna uma expressão única sua e uma prática que é verdadeiramente congruente com quem você é.

Ser um coach de equipes

> A lua não luta. Ela não ataca ninguém. Ela não se preocupa. Ela não tenta esmagar os outros. Ela segue seu curso, mas, por sua própria natureza, ela influencia suavemente. Que outro corpo poderia puxar um oceano inteiro de costa a costa? A lua é fiel à sua natureza e seu poder nunca é diminuído.
>
> – Deng Ming-Dao, *Todos os dias Tao*

O que será necessário para que você se torne um verdadeiro coach de equipes? O que você precisa aprender para ser capaz de criar um contêiner suficientemente seguro e sustentar a pressão com uma equipe quando o clima esquentar? O que você precisa para encontrar cada momento à medida que as situações acontecem, sem precisar mudá-lo ou controlá-lo? Em que você precisa acreditar para dar a si mesmo permissão para *ser* um coach de equipes, em vez de *fazer* coaching de equipes?

Os princípios antigos no Taoísmo se preocupam em observar os padrões naturais e o movimento da natureza e se ajustar a este fluxo. Da mesma forma, o coach da equipe está observando e trabalhando com os padrões conforme eles acontecem, ajudando a equipe a se ajustar a um fluxo em constante mudança.

---

4 NT: Aqui, o sentido é menos geográfico e mais emocional.

O trabalho de um verdadeiro coach de equipes vem do coração. Ele emana de uma profunda confiança em si mesmo e no processo de coaching. Isto exige que você conheça a si mesmo – no que você acredita e defende. Kets De Vries (2018) diz que "o propósito da vida é uma vida de propósito". Nós defendemos coisas que consideramos que valem a pena. Quando estamos envolvidos em algo que vale a pena, nós ganhamos vida. Dedicamos energia e tempo a isso, e o que estamos fazendo se torna uma expressão de algo que realmente importa.

Quando o que você faz importa, você está criando valor – e este é o trabalho de um coach de equipe. Quando você está em harmonia com seu jeito único de *ser*, você tem uma sensação de facilidade em seu trabalho, suas habilidades fluem e você se sente mais eficaz. Você se torna mais livre e animado; e a gama mais completa de sua presença se torna disponível para você. As vozes críticas em sua cabeça caem silenciosamente – aquelas que lhe dizem que você deve saber mais, fazer mais, ser mais hábil – permitindo-lhe sintonizar com o momento aqui e agora.

Conhecer a si mesmo vem da compreensão de sua filosofia e de sua percepção da realidade, ou "visão do mundo". Como coach, você precisa de uma filosofia pessoal ou corre o risco de responder a estímulos e informações aleatórios, sem nenhuma intenção clara quanto ao impacto. Sua filosofia é um conjunto de princípios que orientam seu trabalho. Ela enquadra sua perspectiva ao perceber, ouvir ou fazer perguntas e informa sua linguagem corporal, tom, estilo e escolha de palavras. Seus princípios são algo a que você se agarra, mesmo que eles o desafiem no que é essencial. No final, seus princípios serão recompensados, porque fornecem uma estrutura e um impulso que permitem que a conexão e o progresso aconteçam.

Uma filosofia de coaching de equipes

O que então nos orienta? Uma coisa, e somente uma – Filosofia.

– Marcus Aurelius, *Meditações*

Conforme falamos anteriormente, sua filosofia de coaching de equipes é profundamente pessoal, pois é uma expressão do que você acha significativo. A filosofia pode parecer uma doutrina esotérica à primeira vista, mas não é. Você pode torná-la real, ao estruturar a sua filosofia em um conjunto de princípios como um quadro de referência – uma lente através da qual você olha para seus clientes e suas situações.

Aqui estão os princípios fundamentais que me guiam como coach de equipe:

1. As pessoas são naturalmente criativas, cheias de recursos e inteiras.

2. As equipes são mais do que a soma de suas partes.

3. As equipes são entidades vivas com uma sabedoria coletiva inata.

4. Equipes eficazes se ajustam criativamente às circunstâncias em constante mudança.

5. A exploração da experiência aqui e agora cria consciência.

6. A criação de consciência é curativa – uma vez que tomamos consciência de algo, temos a opção de mudá-lo.

7. A responsabilidade individual e coletiva pela mudança desencadeia o potencial.

8. As mudanças acontecem através da experimentação ativa.

9. A capacidade da equipe cresce quando seus membros possuem sua própria pauta e gerenciam seus próprios processos.

10. O que é possível depende da situação e do contexto, da consciência coletiva e da responsabilidade da equipe e da condição interior do interveniente.

1. As pessoas, e as equipes, são naturalmente criativas, cheias de recursos e inteiras

As pessoas não estão quebradas e não precisam de conserto. Quando vemos pessoas ou equipes como problemas a resolver, diminuímos seu potencial e seu poder. Em vez disso, nos tornamos os poderosos com o *know-how* para fazê-las bem-sucedidas. Esta abordagem grandiosa muitas vezes diz mais sobre o ego do coach do que sobre o cliente. As equipes podem determinar o que é o sucesso para si mesmas, e podem encontrar suas próprias respostas. E, se realmente quiserem receber soluções, podem contratar um conselheiro ou consultor.

2. As equipes são mais do que a soma de suas partes

Babe Ruth[5] disse: "A maneira como uma equipe joga determina seu sucesso". Você pode ter o maior grupo de estrelas individuais do mundo, mas, se elas não jogarem juntas, o clube não valerá um centavo. Uma equipe torna-se mais do que uma coleção de pessoas quando um forte senso de compromisso mútuo e a necessidade de colaboração criam sinergia, gerando um desempenho maior do que o possível a partir da soma dos membros individuais.

3. As equipes são entidades vivas com uma sabedoria coletiva inata

Como um polvo, uma equipe tem muitos braços, e eles estão constantemente em movimento. Cada braço contém seu próprio "cérebro" e é capaz de agir independentemente. O polvo também tem um 'cérebro' central que faz do polvo uma entidade. Em uma equipe, esta 'entidade' contém a identidade, os valores e os padrões de comportamento da equipe. Uma equipe tem sua própria inteligência coletiva que emerge da colaboração e dos esforços coletivos.

---

5 Babe Ruth, ou George Herman "babe" Ruth, americano, foi um jogador profissional de baseball.

4. Equipes eficazes se ajustam criativamente às circunstâncias em constante mudança

O mundo ao nosso redor está em constante mudança e, como corredeiras de fortes correntezas, é turbulento e imprevisível. Grandes equipes aprendem a navegar nas águas em movimento e dinâmicas com crescente efetividade. Elas aumentam sua capacidade cada vez que completam um trecho do rio. Elas enfrentam desafios; às vezes o barco vira, mas elas voltam para cima e partem de novo, cada vez mais fortes e mais ágeis.

5. A exploração da experiência aqui e agora cria consciência

Criar sentido para questões, descobrir o que precisamos, fazer escolhas, tomar decisões e encontrar novas soluções que acontecem no "agora". Cria-se uma consciência muito maior e a responsabilidade é assumida quando nos mantemos alicerçados na experiência real. Embora seja vital entender a importância das experiências passadas das pessoas, elas são fundamentais para entender como elas estão impactando o presente.

6. A criação de consciência é curativa – uma vez que tomamos consciência de algo, temos a opção de mudá-lo

Só podemos mudar aquilo de que temos consciência; aquilo que desconhecemos, às vezes, nos controla. A conscientização é fortalecedora e dá origem a discernimento e aprendizado. Ver nosso papel como 'agentes de conscientização' traz clareza e um sentido de propósito ao nosso trabalho. A arte do coaching de equipes se torna a própria consciência; a arte é encontrada em como a presença e o uso do *self* de cada coach transforma a consciência em uma mudança significativa.

7. A responsabilidade individual e coletiva pela mudança desencadeia o potencial

A capacidade da equipe de atingir seu potencial depende da forma como seus membros trabalham juntos e do grau em que compartilham objetivos, valores, propósito e responsabilidade. Equipes que prosperam assumem a responsabilidade de criar as condições para a efetividade da equipe. A responsabilidade é um estado de espírito e começa com uma conscientização maior. Quando assumimos responsabilidade por nossos pensamentos, decisões, ações e comportamentos, nosso compromisso com eles aumenta, juntamente com o foco e o poder permanente de levar as coisas adiante.

8. As mudanças acontecem através da experimentação ativa

A transformação começa com a tomada de consciência do potencial de mudança, experimentando algo novo, aprendendo com ele e transformando-o em algo sustentável e mais produtivo. Essencialmente, a vida é uma série de experiências, todas elas convidam a novas formas de pensar e estar no mundo. Só de pensar na mudança nada muda. Passar de "falar sobre" para a aplicação em tempo real é onde a jornada realmente começa.

9. A capacidade da equipe cresce quando seus membros possuem sua própria pauta e gerenciam seus próprios processos

Se o coach conduzir o processo de diálogo ou tarefa da equipe e liderar a direção das perguntas, isto prejudicará a responsabilidade e aprendizagem da equipe. Portanto, saia do caminho e siga a pauta da equipe.

10. O que é possível depende da situação e do contexto, da responsabilidade coletiva da equipe e da condição interior do interveniente

No coaching de equipes, os resultados não são garantidos. Às vezes os resultados que uma equipe está procurando são como pedir a um *chef* que crie uma refeição estrela Michelin para 50 pessoas com uma caixa de seis ovos. As condições que mais influenciam o campo de possibilidades são: a) o contexto mais amplo, como os avanços da tecnologia ou das forças de mercado, b) a cultura da organização e da equipe, c) a mentalidade de responsabilidade coletiva pela ampliação da consciência, criação de sentido e significado, além da ação, e d) a sua condição interior, o interveniente, e sua capacidade de permanecer calmo, claro e presente.

Os princípios acima são os meus próprios. Convido-os agora a considerar e desenvolver seu próprio conjunto de princípios orientadores.

Qual é a sua filosofia?

Primeiro o porquê, depois a confiança

– Simon Sinek, palestrante no TEDx

Sua filosofia de coaching de equipes é sua visão de mundo. A filosofia nos desafia a avaliar nossas ideias e as crenças que sustentam nossa prática. Este processo pode ser desconfortável, muitas vezes surgindo mais perguntas do que respostas. Mas o retorno pode ser enorme, pois traz uma clareza de propósito e coerência à nossa prática.

Como coach de equipes, qual é sua filosofia sobre relações humanas, interações, aprendizado e mudança? Em última análise, conhecer sua filosofia é conhecer seus valores e o que é importante para você. Eu convido você a examinar, urgentemente, também a filosofia que sustenta a profissão de coaching e a considerar seus próprios valores e como ambos informam sua prática como coach de equipe.

Matthew é categórico em afirmar que o coaching de equipes tem tudo a ver com a aceleração do desempenho da equipe. Sendo um ex-atleta profissional, desde cedo, sua vida foi definida por seu próprio desempenho. Seus dedicados pais o levavam, ao amanhecer, para treinar nas pistas, e novamente após as aulas. Eles sacrificaram sua própria vida social, seus interesses e hobbies a serviço de seu progresso, nunca faltando um dia. Os treinadores de Matthew lhe estabeleceram metas que o desafiaram até a sua essência, medindo seu progresso com um rigoroso conjunto de diagnósticos que forneceram uma visão detalhada das oportunidades de melhoria.

Depois de se aposentar de uma carreira esportiva bem-sucedida, Matthew acreditava que sua experiência seria perfeitamente transferida para o local de trabalho. Ele treinou para atuar como coach com uma escola cujo foco principal eram os resultados. Com o tempo, ele aperfeiçoou uma abordagem que começava com o estabelecimento de metas escandalosamente arrojadas e depois as dividia em pedaços atingíveis. Ele trabalha com sistemas de crenças e como os humanos sabotam seu próprio sucesso. Cerca de cinco anos depois de sua carreira como coach, Matthew ingressou em uma consultoria de gestão focada na busca da excelência, trabalhando como coach em seu programa de "equipes de alto desempenho", oferecendo uma "abordagem comprovada para acelerar o desempenho da equipe". Ele descreve sete princípios-chave que regem seu trabalho:

➤ Equipes de alto desempenho não são normais.

➤ Eles são 100% claros em seus objetivos e papéis.

➤ Eles têm um plano em andamento e se comprometem com ele.

➤ Eles colocam a equipe em primeiro lugar, criando e mantendo um clima de confiança e respeito.

➤ Eles atingem objetivos superando obstáculos e barreiras e sua imunidade à mudança.

➤ Uma grande liderança tem a ver com a orientação, a resolução de conflitos e o aumento da cooperação.

➤ O papel do coach é ajudá-los a jogar no seu melhor, tanto individualmente quanto como equipe.

Ao definir estes princípios-chave, Matthew está expressando suas crenças sobre o que cria sucesso. Como você pode ver, isto é baseado em uma vida inteira de sua experiência pessoal, começando com a sua experiência desde a infância. Pessoalmente, também se trata de seu próprio desejo por desempenho – se as equipes que ele treina são bem-sucedidas, então, por padrão, ele também é bem-sucedido.

A identificação de seus próprios princípios orientadores provavelmente exigirá ciclos de prática reflexiva e auto investigação. Ao invés de um exercício de múltipla escolha ou uma atividade de lista de verificação, comprometa-se a um questionamento mais profundo de suas próprias suposições sobre a natureza humana, mudança, liderança, colaboração, poder e quaisquer outros aspectos que sustentem e definam sua prática. Veja as perguntas reflexivas no final deste capítulo para ajudar você a desenvolver seu próprio conjunto de perguntas.

Sua postura como coach de equipes

A presença é definida como: a vivência de valores de tal forma que, ao "escolher uma postura", o interveniente ensina estes importantes conceitos.

– Edwin C. Nevis (1987)

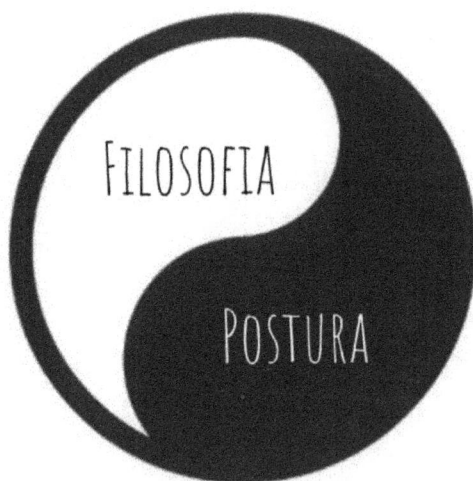

Sua filosofia informa sua postura, e juntas elas moldam você e seu papel como coach de equipes. Elas fornecem uma bússola ao longo da jornada, guiando a forma como você se relaciona com seu trabalho e com aqueles ao seu redor.

Palavra-chave	Definição	Por que é importante o coaching de equipes
Filosofia	As ideias e os princípios que sustentam sua prática, muitas vezes definidos como um conjunto de valores ou princípios.	O que é importante para você sobre equipes e coaching de equipes. Ajuda você a se tornar mais coerente e objetivo em sua prática.
Postura	Como você dá vida à sua filosofia.	Moldado por sua filosofia, sua postura é o seu modelo mental. Muitas vezes descrita como um conjunto de mantras que guiam sua maneira de ser e suas contribuições.

Enquanto sua filosofia é sobre um conjunto de princípios ou valores que você preza, sua postura é sobre tomar uma posição e agir de acordo com seus valores. Sua postura, portanto, considera ideias e as transforma em ação. A postura de um coach de times frequentemente toma a forma de um conjunto de mantras que determinam comportamentos e habilidades. Portanto, sua postura é, literalmente, *escolher posicionar-se*.

Aqui estão alguns exemplos de mantras:

MANTRAS PARA ORIENTAR SUA POSTURA COMO COACH DE EQUIPES

1. Siga a pauta do cliente (da equipe).
2. Confie no processo.
3. Contato antes do contrato.

4. Sintonize.

5. Seja curioso.

6. Sustente o espaço.

7. Evoque a consciência.

8. Provoque a experimentação.

9. Foque no aqui e agora.

10. Seja o modelo de comportamento colaborativo.

11. Abrace o não saber e vá com o fluxo.

12. Dance no momento.

Siga a pauta do cliente: O coaching é um processo emergente: o cliente (a equipe) define o que será tratado na agenda, e isto define o trabalho empreendido através da relação de coaching da equipe. Portanto, ao invés de planejar uma pauta para uma sessão de coaching de equipes, convide a equipe a definir sua própria pauta de aprendizado ou de mudança e oriente a equipe para estes resultados.

Confie no processo: Confiar no processo é aceitar sua vulnerabilidade, pois isso exige que você confie na equipe para fazer o trabalho. É normal que uma equipe se sinta frustrada quando não tem tudo resolvido, quando há lutas de poder ou quando não está alinhada. O coaching de uma equipe é sobre a criação de consciência e a construção de capacidade, confiança e competência, e isto acontece ao longo do tempo, de semana a semana. Você pode tentar acelerar o coaching de equipes a fim de "acelerar o desempenho da equipe", mas isto muitas vezes atrapalha o aprendizado e o crescimento.

Portanto, desista de salvar a equipe ou do desejo de liderar e assumir o controle. Solte a certeza porque, na presença de uma equipe momentaneamente perdida, pode ser agonizantemente tentador intervir e proporcionar um caminho com uma luz mais clara. Confiar no processo significa confiar em sua intuição, confiar em suas perguntas, confiar na sabedoria inata da equipe. Seja otimista e tenha fé de que a frustração pode se tornar a fonte da criatividade.

Contato antes do contrato: A aprendizagem exige que assumamos riscos e que vamos além do que é conhecido. Naturalmente, as pessoas não assumem riscos se não se sentem seguras. Fazer contato com outras pessoas aumenta a segurança psicológica e a confiança. Isto é essencial. Embora novos conhecimentos e conscientização possam ser extremamente úteis para uma equipe, a equipe só aprenderá se estiver aberta a assumir riscos e engajada na parceria de coaching. Não subestime o tempo necessário para fazer contato com indivíduos e com a equipe como um todo. Se você tentar estabelecer contratos com uma equipe para mudança quando não tiver um bom contato com ela, muros surgirão, tornando impossível criar consciência ou qualquer mudança significativa.

Sintonize: Preste atenção no que você está percebendo. Sintonize com seus próprios sentimentos, as reações emocionais dos membros da equipe e seu *"felt sense"* em relação à equipe.[6] Para fazer isso, você deve sair de sua cabeça e entrar em seu coração. Sintonizar é uma prática; muitas pessoas vivem em suas cabeças, seja bloqueando ou entorpecendo seus sentidos. Como bebês, pudemos sentir – na verdade, era nossa principal modalidade – e em algum lugar ao longo do caminho nos desconectamos dessa sabedoria inata. Se você está lutando para se conectar com suas emoções, então procure um terapeuta ou um coach para apoiá-lo na reconexão com você mesmo.

Seja curioso: Os seres humanos são criaturas que buscam sentido e significado. Poucos podem tolerar não saber, então, preenchemos os espaços em branco sobre o que algo significa. Por exemplo, você está observando uma reunião entre uma equipe de quatro pessoas e percebe que o líder tem falado, a maior parte do tempo, bastante alto e enfatizando as palavras com muita emoção. Você percebe a comunicação não verbal entre dois membros, que frequentemente olham um para o outro com os olhos rolando. O quarto membro é muito quieto e sem expressão. Naturalmente, você pode ter pensamentos como este:

➤ O líder é tão dominante, que está bloqueando os outros.

➤ Esses dois são como crianças da escola, agindo de forma passiva-agressiva.

➤ O quarto membro está intimidado; eu quero trazê-la de volta para a conversa, para que ela tenha voz.

---

6 NT: expressão idiomática da sensação percebida, sentida.

Gostando ou não, todos nós julgamos e interpretamos pessoas e situações. Entretanto, podemos escolher como reagimos ao nosso próprio diálogo interior. Sempre que possível, resistir a oferecer interpretações e, ao invés disso, ser curioso.

Sustente o espaço: Esta é uma das intervenções mais profundas como coach de equipes, porque o espaço é sobre ser, não fazer. No coaching de equipes, nós sustentamos um espaço no qual é seguro sermos nós mesmos e sermos reais. Ao sustentar um espaço, você está comunicando, através de seus pensamentos e ações, que 'Não há problema em ser você; não há problema em ser nós; podemos estar com o que quer que venha à tona.'. Ao sustentar um espaço, você é capaz de perceber qualquer ansiedade que a equipe está despertando em você. Você é capaz de sentar-se pacientemente com essa sensação – o que chamamos de *'seating in the fire'*, permitindo que o que precisa ser emergido surja na consciência.

Evoque a consciência: A conscientização cria escolha e responsabilidade, e ambas são essenciais para a mudança. A conscientização surge naturalmente do "processo" da equipe – da sua forma de ser e de trabalhar em conjunto em cada momento. Se deixarmos de controlar o processo de uma equipe facilitando exercícios e atividades e 'sairmos do caminho', o processo da equipe surgirá naturalmente.

Provoque a experimentação: O ponto crucial entre conscientização e mudança é a experimentação. Experimentar significa assumir riscos; significa sair da zona de conforto dos padrões de comportamento habituais, mesmo que esses hábitos sejam ineficazes. Assumir riscos requer uma atitude experimental e estar disposto a tentar algo diferente. As organizações frequentemente fazem isso criando pilotos ou criando processos para geração de uma ideia ou processo. No entanto, as equipes raramente usam esta abordagem para mudar padrões de comportamento inúteis. Como coach de equipes, você está convidando a equipe a "quebrar" seus hábitos e a 'tentar algo'. Use uma presença evocativa para sustentar o espaço e para tocar a consciência; depois mude para uma presença provocativa para estimular a experimentação.

Foque no "aqui e agora": O aprendizado acontece quando a consciência é transformada em mudança. O momento crucial entre a consciência e a mudança é criado através da experimentação ativa.

Partindo da noção de criar consciência, vamos pensar sobre o que podemos tomar consciência. Podemos criar consciência em torno de muitos tópicos, e podemos fazer isso olhando para o passado, o futuro ou o aqui e agora.

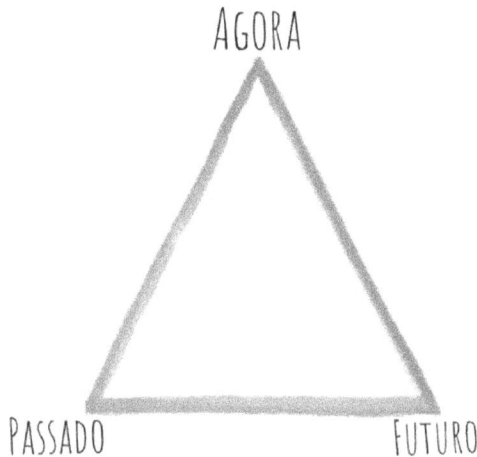

AGORA

PASSADO   FUTURO

Imagine que uma equipe com quem você está fazendo coaching quer melhorar suas decisões.

Você pode levá-los de volta para o passado: Pensem sobre uma decisão que vocês tomaram anteriormente como equipe. Como vocês tomaram essa decisão?

Ou você pode instigá-los para o futuro: Como vocês podem melhorar suas decisões em sua próxima reunião?

Ou ficar no aqui e agora: Vamos experimentar! Digam uma decisão significativa que vocês precisam tomar como equipe. O experimento tem duas etapas: primeiro, acertar um processo pelo qual vocês vão tomar a decisão; segundo, colocar o processo em ação e ver o que acontece.

Seja o modelo de comportamento colaborativo: Uma das maneiras de aprendermos é observando o que é modelado para nós. Aprendemos formas de nos expressar, formas de lidar com conflitos e estresse, formas de fazer as coisas acontecerem. Nem tudo o que aprendemos é o ideal. Muitas pessoas não cresceram em lares onde a colaboração era a norma, e esta falta de interação para alcançar resultados positivos pode impactar a vida adulta e o mundo do trabalho. Ser o exemplo de comportamento colaborativo é uma poderosa intervenção por si mesmo. Demonstrar abertamente como trabalhar através das diferenças, resolvendo problemas, dar e assumir a liderança, ser curioso, construir a partir de ideias e tomar decisões. Trabalhar com um par no coaching de equipes lhe dá uma fabulosa oportunidade de modelar essas habilidades, negociando abertamente com a equipe como testemunha.

Abrace o não saber e vá com o fluxo: Muito conectado à confiança no processo, *não saber* significa ter uma profunda convicção de que a equipe sabe melhor do que você o que é melhor para a equipe. Ficar sem saber pode ser difícil, e requer que você fortaleça sua musculatura do "não saber". Como ir à academia, quanto mais você constrói o músculo, mais ele está lá para você quando você precisa dele. A construção do 'músculo do não saber' é ajudada ao:

➤ colocar modelos e teorias de lado;

➤ não fazer interpretações ou suposições;

➤ tolerar ambiguidade e bagunça;

➤ ser surpreendido pela equipe;

➤ estar aberto ao seu próprio aprendizado;

➤ ser consciente de si mesmo; compreender seus preconceitos e proclividades.

Ao assumir uma postura de "não saber", você pode ampliar as possibilidades; ao mesmo tempo, reduz a diferença de poder entre coach e equipe e convida a equipe a pensar e se comportar por si mesma.

Dance no momento: Uma frase simples que diz muito. Às vezes você dançará uma valsa, que tem uma forma pré-determinada; outras vezes, você se move com fluidez em resposta à música. No entanto, para muitos, aprender a repetir os movimentos de uma dança específica é mais fácil do que dançar de forma livre. Como em qualquer arte, a fluidez do movimento se desenvolve com a prática. Dançar no momento requer uma resposta empática bem desenvolvida: uma resposta *afetiva* congruente (baseada em sentimentos e emoções) à experiência ou ao estado da equipe ou dos membros da equipe. As pessoas sabem quando isso acontece porque se sentem "acolhidas".

Os exemplos acima são exemplos de mantras que fazem parte da minha própria postura como coach de equipe. Esses mantras podem ser úteis para você ou não. Por exemplo, meu colega, Allard de Jong, tem um mantra "fique solto", que o lembra de estar no momento e de facilitar sua necessidade de se enquadrar a uma pauta pré-determinada com horários estabelecidos. Eu o encorajo a fazer o trabalho reflexivo e interior para criar mantras que sejam congruentes com quem você é como coach de equipes e como você pratica o coaching de equipes. Seus mantras estão lá para apoiá-lo e orientá-lo em cada momento de seu trabalho.

Pausa para Reflexão

Você pode começar pensando em sua experiência de vida até o momento; vá fundo para descobrir o que está por trás de suas respostas a perguntas como:

➤ O que o atraiu para o coaching, em primeiro lugar?

➤ Que diferença você esperava fazer para os outros e para o mundo ao se tornar um coach? Como isso é semelhante ou diferente para você como coach de equipe?

➤ Quais são suas crenças sobre a humanidade?

➤ Quem o inspirou ao longo do caminho?

➤ Que ideias ou conceitos o inspiram e influenciam seu trabalho?

➤ Quais são seus valores?

➤ Quais livros foram os mais significativos para você?

➤ O que você deseja aprender?

➤ Quais são suas suposições sobre mudanças?

➤ Quais são suas crenças sobre equipes, liderança e o papel do(s) líder(es) da equipe?

➤ Quais são suas crenças sobre as funções dos membros da equipe?

➤ Quais são as suas crenças sobre o papel do coach da equipe?

➤ Quais são as suas suposições sobre: tomada de decisões, gerenciamento de desempenho, responsabilidade e prestação de contas dentro das equipes?

➤ Quando eu digo a palavra "poder", que pensamentos ou sentimentos surgem em você? O que isso lhe diz sobre seu relacionamento com o poder?

Para todas ou qualquer uma dessas perguntas, pergunte a si mesmo "Por que acredito nisso?" ou "De onde vem isso?". Observe todas as respostas que vêm de uma voz de "deveria", pois podem ser crenças de outra pessoa ou ordens que você "engoliu como uma verdade" de alguém com autoridade (como um pai, professor, instrutor ou qualquer pessoa com poder). Se for esse o caso, dedique um tempo para analisá-las e pergunte a si mesmo: "Isso é realmente verdade?", "Que experiência pessoal tenho que confirma minha visão de mundo?" e "Qual poderia ser uma crença mais libertadora?".

Agora comece a alinhar as suas verdadeiras crenças e suposições com a sua abordagem ao coaching de equipes. Continue fazendo ajustes até que a sua abordagem seja realmente congruente com quem você é.

4 Uma Jornada de Coaching de Equipe

Coaching é sobre uma jornada e não sobre instrução ou ensino. É tanto ou mais sobre a maneira como as coisas são feitas do que sobre o que é feito.

– Sir John Whitmore (1992)

O telefone toca, você atende e, do nada, uma voz desconhecida diz: "Estamos procurando um coach de equipes e você foi altamente recomendado. Podemos conversar?". Você responde: "Tenho dez minutos agora mesmo, como posso ajudar?". A voz diz: "Meu nome é Colin e sou o diretor de recursos humanos de um banco. Foi-me pedido que encontrasse um coach de equipes para apoiar nossa nova equipe de liderança. Você pode me falar um pouco sobre sua abordagem?".

O que você diz? Talvez você responda em verdadeiro estilo de coaching, com uma pergunta: "Antes de falar sobre a minha abordagem, você pode me dizer mais sobre a equipe e o que eles querem alcançar?". Você está começando bem; você escuta até que Colin faça uma pausa. Você lhe agradece pelas informações e resume o que ouviu, depois pergunta: "O que significa para você o coaching de equipes?" – seguido de uma série de outras perguntas, incluindo "Por que agora?" e "Por que eu?". Eventualmente você percebe que os dez minutos terminaram e ainda não falou nada a Colin sobre você ou sobre sua abordagem.

Se isto soa como uma armadilha na qual você poderia cair, você não está sozinho. Ouvir, resumir e fazer perguntas está em nosso DNA como coaches. Por outro lado, ser o assunto da conversa significa estar no centro das atenções, e os coaches são hábeis em voltar rapidamente a luz para os outros! Embora aprender mais sobre a equipe e a organização seja essencial, Colin quer saber sobre você e sua abordagem, por isso, você precisa estar preparado para falar sobre isto, claramente.

Hoje em dia, muitos líderes têm experimentado o coaching de forma individual. Muitas organizações que patrocinam o coaching executivo sabem como é um programa de coaching. Algumas até mesmo prescrevem uma abordagem e esperam que os líderes e seus coaches adotem isto. O coaching é uma profissão madura, e atualmente existe todo um corpo de conhecimentos e experiência que aponta para o que parece ser bom. O coaching de equipes é uma disciplina muito mais jovem, e poucos coaches realmente sabem o que é, então, como se pode esperar que clientes potenciais sejam claros sobre o que estão esperando ou precisam? Sabemos o que vimos, ouvimos falar ou experimentamos e, embora muitos clientes tenham participado de *workshops* facilitados ou sessões de desenvolvimento de equipe, a maioria não experimentou *um verdadeiro coaching de equipes.* Além disso, muitos instrutores, facilitadores e consultores têm reelaborado seu trabalho como "coaching de equipe", contribuindo para a confusão geral.

Portanto, ao invés de esperar que os clientes em prospecção sejam claros sobre o que é o coaching de equipes e o que é ótimo, os coaches precisam desenhar uma imagem clara do que é coaching de equipes. Duas características-chave deste quadro são: a) sua definição de coaching de equipes, traduzida para uma linguagem acessível ao cliente, e b) um mapa visual da Jornada mostrando os pontos-chave ao longo do caminho. Este mapa de Jornada é um 'boneco', servindo como uma proposta inicial que, caso você concorde em trabalhar em conjunto, pode ser refinada iterativamente com a equipe. Descrever as diferentes etapas de um programa de coaching da equipe proporciona alguma estrutura, que muitos acham tranquilizadora. Cada etapa ou fase da jornada tem um foco e uma intenção diferentes. Cada uma envolve a equipe em partes distintas do trabalho, e cada uma requer uma mudança no papel do coach da equipe.

> O mapa nos parece mais real do que a terra.
>
> – D.H. Lawrence, 'Estudo de Thomas Hardy'

É essencial lembrar que o "mapa não é o território"; um mapa ou modelo é uma abstração ou implicação da realidade, e a própria realidade é muito mais bagunçada. Uma vez iniciada a jornada, é provável que ocorram todos os tipos de eventos que não poderiam ter sido previstos ao longo do caminho: negócios são comprados e vendidos; os membros da equipe saem e novos membros entram; há economias em expansão e recessões; mudanças políticas ou legais podem alterar significativamente o cenário; e os avanços tecnológicos criam oportunidades que antes nem sequer estavam no horizonte. Pense em todas as mudanças que você experimentou ao longo de qualquer período de 12 meses e você ficará maravilhado. A Jornada de coaching de equipes, portanto, precisa ser ágil e adaptável, em vez de ser escrita em pedra.

Um primeiro passo útil para projetar seu próprio mapa de Jornada de coaching de equipes é considerar como você trabalha com clientes de coaching individuais, se de fato você o faz. Traga em mente a Jornada desde o contato inicial até o final; quais são as fases distintas pelas quais você passa com o cliente?

Normalmente, os programas de coaching individual cobrem algumas ou todas estas etapas, embora não necessariamente nesta ordem:

➤ *Contato inicial:* **a primeira consulta sobre coaching.**

➤ *Reunião de engajamento:* **para esclarecer informações iniciais e estabelecer se o coach e o cliente são uma combinação (de estilo, personalidade).**

➤ *Reunião Inicial:* **compromisso e escopo do trabalho, e contratação geral sobre como coach e cliente irão trabalhar juntos.**

➤ *Conexão com os patrocinadores:* **reunir informações e contratar em torno de papéis e limites; revisões intermediárias e/ou finais.**

➤ *Descoberta:* **coleta de dados, avaliações psicométricas e outras, entrevistas em 360° etc.; observação do cliente em ação.**

➤ *Sessões de coaching:* **trabalho sobre temas que o cliente traz a serviço da agenda geral de coaching.**

➤ *Sessão final:* **revisando aprendizados, celebrando o sucesso, reconhecendo os negócios inacabados.**

Eu pedi intencionalmente que você refletisse sobre sua abordagem antes de compartilhar a abordagem TCS. Por quê? Porque as pessoas frequentemente abandonam o que pensam nessa jornada para "acertar". Não importa quão tentador possa ser ignorar a sabedoria dentro de você, lhe servirá bem basear sua prática de coaching de equipes em uma abordagem que você sabe que funciona para você. Então, olhar para outras abordagens pode ser uma fonte de inspiração sobre a qual sua prática pode evoluir, e não uma forma de descartar ou desconstruir a sua.

Mapeando a jornada

Jornada de coaching de equipes

Aqui, vou compartilhar com vocês uma típica jornada de coaching de equipes para ilustrar as diferentes fases do trabalho e o que pode ser considerado em cada fase.

Quando começo a escrever sobre nosso mapa da Jornada, percebo alguma resistência em mim. Isto se deve, em parte, ao fato de eu realmente acreditar que não existe um caminho certo para o coaching de equipes. Também porque transmite um processo que é mais sistemático e metódico do que a realidade do coaching de equipes. No entanto, a maioria dos programas de coaching de equipes que eu entreguei envolve algumas ou todas estas fases.

Agora, vejamos uma fase de cada vez.

Reuniões iniciais

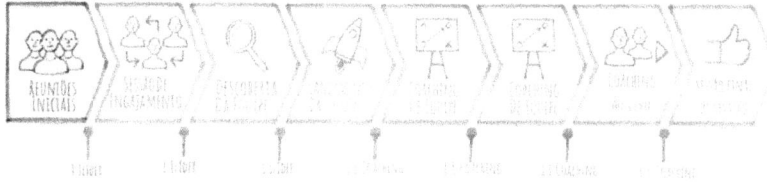

A Jornada começa com o primeiro contato, normalmente convidando você para um diálogo sobre as necessidades de coaching de equipes de um cliente. Os primeiros minutos de diálogo sobre um possível trabalho podem ser muito esclarecedores, portanto, preste atenção, além das palavras, ao que está sendo potencialmente comunicado, mesmo que indiretamente. O que você percebe sobre o tom de voz do orador, o ritmo e o senso de urgência? O que pode estar implícito em torno do poder e quem são as partes interessadas mais "importantes"? Até que ponto você está sendo cortejado ou excessivamente lisonjeado? Que obstáculos você está sendo solicitado a ultrapassar antes que qualquer trabalho possa ser acordado? Até que ponto você sente medo, fracasso, culpa ou um bode expiatório?

Recentemente recebi uma ligação de um diretor de desenvolvimento, perguntando se eu estaria disponível para fazer coaching com sua equipe executiva. Ele passou a descrever um líder que era muito experiente em seu setor e cuja equipe estava sob muita pressão para atingir resultados. Ele disse que iria me dar um resumo completo antes que eu pudesse ter uma conversa inicial com o líder. Ele então prescreveu como deveria ser o meu processo de coaching de equipes, incluindo a reunião inicial de dois dias, que tinha que acontecer em datas que já tinham sido fixadas na semana seguinte. Eu deveria começar com uma ligação com cada membro da equipe e depois uma ligação com o líder no dia anterior ao evento de dois dias, para compartilhar os resultados das entrevistas. As entrevistas eram realmente apenas para que as pessoas se encontrassem comigo, pois o programa de coaching precisava se concentrar em que os membros da equipe fossem mais responsáveis e cumprissem suas metas de desempenho. O líder 'apareceria' no início dos dois dias, mas só ficaria por uma hora, pois estava muito ocupado. Na ligação de 15 minutos, o diretor não me perguntou nada sobre mim ou sobre minha abordagem.

Mesmo sendo apenas uma chamada inicial, eu senti muita pressão. Senti que o diretor sentia a necessidade de proteger o líder. Também notei a ausência do líder, na chamada e no programa proposto. Tomei consciência da necessidade do interlocutor de controlar firmemente o coaching e a natureza prescritiva do relacionamento, o que me deixou pouco espaço para trazer minha própria experiência ou abordagem para a mesa. Conforme a chamada avançava, percebi minha própria queda de energia e falta de apetite para o trabalho.

Recusei o trabalho por não conseguir cumprir sua cronologia e não senti que poderia agregar valor suficiente trabalhando desta forma.

Você pode ser mais efetivo como coach de equipes desde o contato inicial, sendo claro no que você mais precisa saber, pois é improvável que você tenha tempo para cobrir tudo. Aqui estão algumas perguntas úteis:

Sobre a conversa inicial	Quanto tempo vocês dois têm para a conversa? O que você mais precisa da discussão? O que você quer saber sobre mim e minha abordagem?
Sobre a equipe	Que equipe está procurando coaching? Quem é(são) o(s) líder(es)? Quantos membros da equipe são? Há quanto tempo eles trabalham juntos nessa equipe? Qual é a sua relação com a equipe?
Pauta de Desen-volvimento	Que aprendizado ou mudança a equipe espera realizar através do coaching de equipes? Por que vocês estão considerando isso *agora*?
Sobre mim	Por que eu? O que o levou a entrar em contato comigo?
Sobre o coaching de equipes	Qual é a experiência sua/da organização/da equipe de coaching de equipes? O que significa para você o coaching de equipes? Que ideias você tem sobre como poderia ser um programa de coaching de equipes? Qual é o seu cronograma e orçamento?
Ação	Quais são os próximos passos?

Há sempre mais perguntas que poderiam ser feitas, mas o tempo é inevitavelmente limitado. E há o perigo de se obter mais informações do que as necessárias antes de aceitar o trabalho. Certifique-se de deixar tempo para falar sobre sua abordagem e estilo de coaching, já que é provável que o patrocinador precise disso para decidir se deve colocá-lo em contato com o líder da equipe.

Primeira reunião com o líder da equipe

Uma vez acordado o objetivo para fazer coaching de equipe, é provável que você encontre o líder da equipe (se não o fez na chamada inicial) e talvez um patrocinador. Em minha experiência, geralmente há um "líder de equipe" responsável. Entretanto, há um aumento das equipes autônomas onde a liderança é distribuída uniformemente por toda a equipe; se esse for o caso, eu me reuniria com toda a equipe.

Esta reunião inicial com o líder da equipe pode muito bem ser o primeiro ponto de contato com alguém que seja membro da equipe que vai fazer o processo de coaching. Como na conversa que você teve enquanto era recrutado para o cargo, é importante ser claro sobre seu objetivo, reunindo informações suficientes para o próximo passo, e estar preparado para compartilhar sua abordagem. Além disso, meu radar se sintoniza com outras questões e dinâmicas, como, por exemplo:

➤ O líder se vê como um membro da equipe, possivelmente se referindo à equipe como "nós" em vez de "eles"? Se não, precisarei esclarecer que uma equipe inclui o líder da equipe e que, para que o coaching seja eficaz, precisará de sua plena participação.

➤ O líder está pronto para fazer um processo de coaching como parte do coaching da equipe? Se sim, ele está disposto a receber coaching com a equipe presente? Receber coaching pode trazer vulnerabilidades à superfície, e alguns líderes não estão dispostos a tirar sua armadura na frente de sua equipe. Isto não impede necessariamente que o coaching da equipe seja útil, mas provavelmente terá maior impacto quando o processo for o mais transparente possível. Como acredito que a liderança contribui em até 50% para a eficácia de uma equipe, uma das minhas condições para assumir uma tarefa de coaching de equipes é que o líder esteja disponível para passar pelo processo de coaching (sobre como ele lidera a equipe) tanto quanto com a equipe.

➤ Quais são as crenças do líder sobre seu papel como líder de equipe? Por exemplo, um líder que vê seu papel como uma liderança hierárquica poderia ter sua autoridade minada por um coach cuja preferência é a autoridade distribuída e a tomada de decisões consensual. Isto pode ocorrer, especialmente, quando os coaches de equipes não atuam sobre suas próprias crenças e valores pessoais em relação ao tema liderança.

➤ Quem serão os principais responsáveis pelas decisões sobre o coaching da equipe? Qual será a agenda de aprendizado e mudança? Como o progresso será monitorado? E assim por diante. Estas são perguntas muito poderosas, pois a natureza da resposta muitas vezes revela uma dinâmica oculta no sistema da equipe que pode ser uma chave para a mudança necessária.

➤ Quem são os principais interessados e patrocinadores da equipe? Qual é a relação deles com a equipe? Quais são as expectativas deles em relação ao coaching da equipe? Que envolvimento eles podem ter?

Por exemplo, perguntei a um líder de uma equipe de 14 pessoas sobre como as decisões eram tomadas na equipe. Ele respondeu que eles tomavam as decisões coletivamente. Perguntei-lhe: "Como vocês tomam uma decisão se não estão todos de acordo? Ele respondeu: 'Tudo bem, nós sempre chegamos a um acordo.'. Em uma sessão inicial na equipe, notei que, quando chegou a hora de decidir, todos os membros se calaram e o líder tomou a decisão. Ninguém se pronunciou, parecendo estar alinhado com a decisão. Após a reunião, porém, poucas pessoas agiram sobre as decisões tomadas, resultando em uma dinâmica onde o líder estava continuamente verificando o progresso e desafiando a equipe sobre seu desempenho, ou falta dele. O líder era conhecido como um "pai crítico", sempre verificando os membros da equipe que, por sua vez, renegavam sua parte na tomada de decisões e no alinhamento.

Há tanta coisa que você pode explorar com um líder de equipe, incluindo descobrir mais sobre suas partes interessadas e patrocinadores e como esses se relacionam com o coaching da equipe.

O próximo passo, após minha reunião inicial com o(s) líder(es) da equipe, é normalmente encontrar a equipe como um todo em uma "sessão de engajamento da equipe".

Sessão de Engajamento da Equipe

Como uma sessão de química, ou empatia, que você pode ter com um cliente individual novo em potencial, o objetivo de uma sessão de engajamento de equipe é conhecer a equipe e explorar o que eles querem do processo de coaching e estabelecer se você é o coach certo para o trabalho. Frequentemente, descubro que muitos coaches só se encontram com a equipe pela primeira vez após um programa de coaching de equipes ter sido contratado. Eu desafio esta abordagem, pois um padrão ético no coaching profissional é que o coaching seja voluntário. Se você vê a equipe como seu cliente, então é lógico que os membros da equipe precisam encontrar o coach e entender o que eles podem esperar e o que será esperado deles. Se você estiver encontrando a equipe pela primeira vez, digamos para entrevistas individuais como parte de um processo no qual eles já tenham sido inscritos, isto pode ser contrário ao princípio do voluntariado e pode ser uma indicação tácita de que você está vendo o líder da equipe como seu cliente e não a equipe como um todo.

Eu sinto empatia com a preocupação de que levará muito tempo para que a equipe entre na sala para uma sessão de engajamento. O que eu achei que funciona melhor é perguntar quando a equipe terá a próxima reunião e pedir 60-90 minutos de sua agenda. Raramente encontro barreiras a isto, mesmo nas equipes mais poderosas e ocupadas. O grau em que eles fazem isso acontecer também pode ser uma indicação de seu apetite por coaching de equipe.

Durante a sessão de engajamento, eu os encorajo a falar aberta e apaixonadamente sobre o que é preciso para que o coaching da equipe seja bem-sucedido. Costumo dizer algo neste sentido: "O coaching de equipes pode oferecer valor real e pode ser uma das melhores experiências de sua carreira, pois é uma sensação maravilhosa fazer parte de uma equipe fenomenal. Entretanto, é preciso um compromisso total com a equipe e com o processo de coaching de equipe. Isto significa se posicionar e se envolver totalmente em sessões de coaching de equipes, acompanhar acordos e ações e ter conversas que você possa estar evitando. É preciso coragem, senso de responsabilidade para com a equipe e desejo de aprender.".

Um dos benefícios colaterais de uma sessão de engajamento de equipe é a oportunidade de observar como os membros da equipe se engajam uns com os outros, sentir a atmosfera da equipe e perceber qualquer dinâmica não falada, além de poder avaliar se há apetite e energia suficientes na equipe para o processo de coaching de equipes.

Uma das perguntas que me vem à mente durante todas as reuniões iniciais e sessões de engajamento da equipe é se a equipe está pronta para o coaching de equipes. Voltarei a este assunto mais adiante neste capítulo.

*Vá para o **site** do livro para baixar um exemplo de pauta para uma sessão de engajamento de equipe.*

Descoberta da equipe

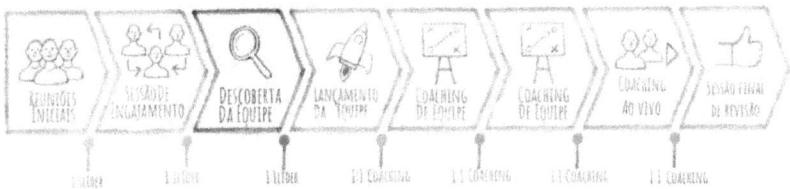

A próxima fase da Jornada de coaching de equipes se concentra na descoberta, cujo objetivo é aumentar a consciência, permitindo que a equipe identifique oportunidades de aprendizagem e mudança. O trabalho de descoberta da equipe influenciará, portanto, a concepção e o foco de todas as fases subsequentes da jornada.

Como no caso do coaching individual, os clientes muitas vezes têm a sensação de que querem algo como resultado do trabalho com um coach, por mais que estejam esclarecidos sobre o que esse algo realmente é. Os clientes frequentemente precisam que os orientemos através de um período de exploração para criar consciência de seu potencial. As equipes sabem que podem ser melhores, mais eficazes e mais coesas, mas muitas vezes precisam de alguma percepção sobre o que isso parece e alguma segurança sobre como chegar lá.

Uma fase de descoberta da equipe pode incluir qualquer número de atividades destinadas a aumentar a consciência da equipe e incentivar a responsabilidade coletiva. A seguir, algumas atividades possíveis.

Entrevista com o líder da equipe

Faça ao líder perguntas mais profundas sobre suas crenças em torno do que faz um bom líder e sobre como ele vê seu papel. Isto pode ajudar você a tomar consciência de quaisquer preocupações ou vulnerabilidades que ele possa ter sobre o desempenho de seu papel. Você também pode perguntar sobre as partes interessadas da equipe e sobre a qualidade das relações com elas.

Por exemplo, um líder de equipe me disse que era apaixonado pela visão da equipe e pelas pessoas em seus negócios. Ele acrescentou que odiava conflitos e preferia liderar através da inspiração. Esse líder não confiava num membro da equipe, pois ele dizia o que o líder queria ouvir e depois fazia o contrário. O líder não havia discutido isso com a equipe, temendo o confronto, e tinha esperança de que "ele mudaria com o tempo". O coaching individual com o líder da equipe foi incrivelmente útil para ajudá-lo a encontrar uma forma de ter 'conversas difíceis' de uma maneira que fosse autêntica para seu estilo de liderança.

Entrevistas com membros da equipe

Estas são geralmente conduzidas individualmente e de forma semiestruturada, o que significa que a todos os membros da equipe são feitas as mesmas perguntas com a opção de sair "do roteiro", se o entrevistado tiver interesses ou preocupações particulares.

Entrevistas com as principais partes interessadas

Dependendo do propósito e da missão do coaching da equipe, pode ser desejável explorar o relacionamento da equipe com suas partes interessadas. Conforme será discutido no Capítulo 10, a maioria das equipes tem um papel a desempenhar no sistema organizacional mais amplo. Embora possa ter havido clareza quando a equipe foi montada pela primeira vez, as equipes podem ser facilmente desconectadas de outras equipes e das necessidades de suas partes interessadas, tornando fundamental ajudar a equipe a se reconectar ao entender as necessidades e esclarecer o propósito a que a equipe precisa servir.

Durante nossa primeira reunião, notei a diretoria executiva de uma instituição de caridade importante falando sobre "administrar" o presidente do conselho. Eu estava curiosa sobre o que eles queriam dizer com "administrar", e eles explicaram que tentaram ao máximo manter o presidente à distância para que ele não interferisse. Eu perguntei: "Quais são as expectativas deste presidente em relação a você como diretor executivo?". A resposta dele foi que o presidente estava no cargo há apenas seis meses e era relativamente novo e, portanto, ainda estava aprendendo sobre a organização. Eu fiz a pergunta novamente; eles fizeram uma pausa, e então o CEO disse: "Para ser honesto, eu acho que não perguntei.". Naquele momento, eles tomaram consciência da desconexão e estabeleceram um plano para se envolverem mais proativamente com a presidência e os conselheiros.

Um modo de levar as vozes das partes interessadas para dentro da sala é através da realização de entrevistas. Recomendo manter a lista de perguntas curta – cerca de cinco a sete são suficientes – para dar tempo para uma exploração mais rica em torno de cada uma delas. Tenho certeza de que você pode apresentar algumas perguntas excelentes que sejam específicas para o contexto da equipe com a qual você está trabalhando.

Há várias maneiras de coletar esses dados, incluindo entrevistas conduzidas pelo coach, pela equipe, pelo RH ou pelos patrocinadores do processo. Pode ser *online* ou presencial. Na minha opinião, a abordagem mais impactante é que a própria equipe entreviste as partes interessadas e, depois, faça sentido dos resultados em conjunto. Isto aumenta a propriedade, e os relacionamentos começam a se fortalecer através do processo. Tenho a tendência de descobrir que os questionários 360° *online* neste contexto são os menos úteis, pois os dados muitas vezes exigem um diálogo maior entre a equipe e suas partes interessadas para esclarecer o entendimento, e isto poderia ser alcançado através de conversas de qualidade como um primeiro recurso.

As partes interessadas também podem ser convidadas a se reunir com a equipe como um todo para discutir o que elas precisam da equipe. Você também pode usar a técnica da "cadeira vazia" descrita no Capítulo 12. Em última análise, o valor dos dados obtidos é moldar o propósito da equipe, seu *grande porquê*.

Em uma organização de crescimento rápido do mundo digital, o conflito estava aumentando entre as equipes de marketing e de produtos. O diretor de marketing me disse: "Somos uma organização liderada pelo mercado" e passou a dizer que a equipe de produtos era o problema: eles estavam trabalhando com seu próprio conjunto de prioridades e frequentemente não cumpriam prazos. Sua opinião era que a equipe de marketing estava frustrada com a equipe de produtos. Durante a fase de descoberta do programa de coaching da equipe, os membros da equipe de marketing começaram a fazer sua própria 'pesquisa de mercado', na qual pares de membros da equipe entrevistaram diferentes partes interessadas. Eles ficaram surpresos com o que obtiveram de retorno. A equipe executiva disse que um roteiro de produtos e cronogramas foi acordado trimestralmente em uma reunião da equipe executiva, e a equipe de marketing precisava alinhar suas campanhas para apoiar o lançamento de produtos. Tanto a equipe de TI quanto a equipe de vendas viram a equipe de marketing como arrogante e chamando toda a atenção para si. O CEO ajudou a dar sentido à confusão, explicando que o marketing tinha liderado uma campanha publicitária de sucesso maciço há vários anos. Na verdade, foi tão bem-sucedida que os personagens dos desenhos animados nos anúncios eram famosos, o que aumentou diretamente o reconhecimento da marca e a fidelidade do cliente. Para comemorar, o CEO havia dito que eles eram uma organização "liderada pelo mercado", mas eles nunca haviam destrinchado o que isso significava. Através do diálogo, a equipe de marketing reconfigurou o propósito da equipe como sendo "Para que o mundo conheça o brilho de nossos produtos e para deliciar nossos clientes".

Avaliações da equipe

Quando comecei a fazer coaching com equipes, como parte de minha abordagem, tentei usar avaliações psicométricas como indicadores de personalidade e conflito, ferramentas de inteligência emocional, pesquisas sobre motivadores e satisfação, e vários relatórios sobre os pontos fortes individuais. Em geral, as equipes acharam isto útil para se conhecerem melhor.

Essas ferramentas frequentemente encorajam a compreensão das preferências e diferenças individuais, o que pode melhorar a comunicação. No entanto, faltava-lhes um impacto real na colaboração diária da equipe. Um dia, percebi que eu estava olhando a equipe com base no *indivíduo no sistema*, em vez de olhar a equipe *como um sistema*. Em outras palavras, eu estava encorajando a equipe a prestar atenção aos dançarinos em vez de à dança.

> **Uma equipe eficaz é mais do que a soma de suas partes, e as equipes não se tornam eficazes trabalhando nas partes – elas fazem isso trabalhando no todo.**

Na época, os mesmos fornecedores de avaliação começaram a produzir 'relatórios de equipe', agregando os resultados. Esta abordagem tem duas falhas:

1. Com uma equipe, o todo é mais do que a soma das partes. Você obtém a potência de cada membro da equipe quando se concentra nas partes. A potência da equipe é alavancada quando o esforço coletivo é canalizado efetivamente em uma direção, em direção ao propósito da equipe.

2. Uma pontuação média ou agregada da equipe ignora a dinâmica do poder na equipe. Um membro ou subgrupo influente da equipe, um líder dominante ou uma cultura organizacional particularmente atraente distorcerá o perfil e

as preferências de uma equipe; no entanto, isto não aparece nos relatórios onde as pontuações dos membros são médias. Com isto em mente, encorajamos o uso de avaliações que medem a equipe como um sistema, por exemplo, a *Team Diagnostic Survey* (TDS) e o TeamSalient.

Team Diagnostic Survey

A TDS é baseada em pesquisas conduzidas por Wageman, Hackman e Lehman, em Harvard, sobre as condições que promovem a efetividade da equipe. O relatório mostra a pontuação da equipe em "6 Condições de Equipe" e demonstra como estas contribuem para a efetividade das equipes. Há três condições essenciais: ter um propósito cativante, ser um time de verdade e ter as pessoas certas; e três condições facilitadoras: ter uma estrutura sólida, um contexto de apoio e, você ficará feliz em saber, um coaching de equipes.

Eles veem o papel da liderança como a criação e manutenção das condições. A TDS, portanto, proporciona aos líderes e equipes uma visão incrivelmente útil sobre como sua equipe é projetada e montada para o sucesso, e as possíveis melhorias que podem ser feitas.

Suas pesquisas, publicadas no livro, em inglês, *Senior Leadership Teams: What It Takes to Make Them Greatm* (Wageman et al., 2008), influenciou profundamente minha prática como coach de equipes. Confira seu *site* em www.6teamconditions.com e seus *podcasts*, blogs e artigos.

Quando apropriado, eu tendo a usar a TDS no início de um programa de coaching de equipes para explorar a estrutura e o desenho da equipe, pois boas bases permitem que o meu coaching da equipe tenha maior impacto.

TeamSalient

Uma ferramenta de diagnóstico projetada para medir a efetividade de uma equipe em seus diferentes estágios de desenvolvimento, o *TeamSalient* foi desenvolvido pelo meu colega Dr. Declan Woods. Ela foi codesenhada com equipes, para equipes, e se baseia em pesquisas científicas quantitativas ao longo de vários anos com testes de campo extensivos em mais de 200 equipes.

A ferramenta mede a equipe inteira no contexto: sua estrutura, processos, dinâmica de grupo e relações entre os membros da equipe, e compara isso com outras equipes. Ela mede o sucesso de uma equipe contra 16 fatores de efetividade da equipe (por exemplo, segurança psicológica) e identifica quais têm maior influência nos resultados, trazendo o foco para o desenvolvimento da equipe. Planos de ação incorporados permitem que uma equipe acompanhe o progresso à medida que ele se desenvolve ao longo do tempo.

TeamSalient enfatiza a liderança da equipe e sua dinâmica inter e intraequipe e a efetividade do trabalho conjunto de uma equipe. Eu tendo a utilizar esta avaliação com as equipes após o projeto e a estrutura da equipe terem sido estabelecidos e quando a equipe tem experiência de trabalho em conjunto. Veja **www.teamsalient. com** para mais informações.

Selfie da Equipe

Projetado pelo membro do corpo docente da TCS Allard de Jong, a *Selfie* da Equipe compreende 144 questões divididas em seis categorias: visão e direção; liderança; papéis e responsabilidades; processo/estrutura/recursos; comunicação; relacionamentos e sistema. É uma ferramenta altamente flexível e adaptável, permitindo que os coaches adaptem as perguntas com seus clientes de acordo com a organização e situação.

A *Selfie* da equipe é uma das minhas ferramentas favoritas, pois convida os clientes a trabalharem de forma cocriativa com o coach na concepção do questionário, o que, por sua vez, aumenta a propriedade dos resultados. É fantástico como uma avaliação antes e depois fornece uma medida do progresso que a equipe fez ao trabalhar com você como sua coach.

Há um número crescente de ferramentas de avaliação de equipe disponíveis, e estes são apenas três exemplos. Em vez de uma abordagem em massa para os clientes, recomendamos selecionar e projetar a abordagem com a equipe de forma colaborativa. Onde for possível, trabalhe com a estrutura de referência da equipe ou da organização, em vez de impor suas próprias ferramentas.

> ⊞ Visite o site do livro para exemplos de, por exemplo, ferramentas de descoberta de equipes, incluindo perguntas para entrevistas e, gratuitamente, uma cópia para download da Selfie da Equipe para seu uso pessoal no trabalho com equipes.

Lançamento da equipe

A próxima etapa de nossa jornada é o lançamento da equipe, e o foco está na formação da equipe e na sua configuração para o sucesso. Esta fase frequentemente inclui elementos que ajudam as pessoas a se conhecerem melhor, criando ou revisando o que chamamos de estatuto da equipe e concordando com as metas de desenvolvimento da equipe.

A beleza do lançamento de uma equipe é que ela reúne a equipe em um espaço seguro e reflexivo para vivenciar a si mesma como uma equipe. Isto às vezes é projetado como uma sessão de dois dias em imersão, proporcionando aos membros da equipe tempo social onde eles possam compartilhar histórias pessoais e começar a formar laços. No entanto, com o aumento do coaching virtual de equipes, isto pode tomar a forma de sessões interativas espalhadas por alguns dias ou mesmo uma semana. O lançamento precisa que todos os membros da equipe estejam presentes, pois eles criarão um contrato prático e psicológico juntos, que todos devem assinar.

Muitas equipes preferem realizar esta reunião longe de seu local normal de trabalho, para criar uma sensação de espaço e unidade. Como coach de equipes, peço que você mesmo não estruture e facilite toda a sessão. É muito melhor cocriar a experiência com a equipe e envolver diferentes membros da equipe em sessões de facilitação, pois isso aumenta a consciência e a responsabilidade e distribui a liderança.

Se a equipe optou por utilizar qualquer avaliação de personalidade ou comportamento, este pode ser um bom momento para compartilhar e explorar o significado para os indivíduos e as implicações para a equipe. Eles também podem começar a explorar como os pontos fortes dos membros da equipe podem ser usados a serviço do propósito e dos objetivos da equipe. Por exemplo, um membro de uma equipe executiva pode estar muito focado no cliente, trazendo a "voz do cliente" para a conversa. Outro pode ser um excelente secretário, capturando resultados e acordos e acompanhando o progresso.

O diálogo e o intercâmbio envolvidos no trabalho através dos elementos descritos no estatuto da equipe é inestimável, portanto, certifique-se de que o processo não seja apressado e o tempo seja suficiente. Com demasiada frequência, tenho visto a equipe passar um dia inteiro ou mais em avaliações e outras atividades que se concentram nos indivíduos da equipe e, em seguida, correr para dar conta do estatuto no segundo dia. O formato desses estatutos das equipes varia de equipe para equipe, e pode tomar muitas formas. Os componentes típicos incluem:

➤ *Propósito da equipe:* **Por que a equipe existe? Que trabalho a equipe realiza? Que papel a equipe desempenha na organização?**

➤ *Partes Relacionadas:* **Por quem a equipe é responsável? Com que outras equipes nos conectamos? O que eles precisam de nós?**

➤ *Objetivos principais:* **Que resultados específicos precisamos alcançar, até quando?**

➤ *Membros:* **Quem faz parte da equipe? Quais são seus papéis funcionais? Que papel cada membro desempenha para a equipe?**

➤ *Valores:* **O que é importante para nós como uma equipe? Quais são os padrões pelos quais vamos viver?**

➤ *Acordos de trabalho:* **O que esperamos um do outro? Como vamos tomar decisões? Como nos responsabilizaremos uns aos outros? Como vamos lidar com os conflitos?**

Uma vez terminado o trabalho de criação do estatuto da equipe, recomendo que você faça coaching com a equipe sobre como ela atuará como um guia vivo para o foco e as práticas de trabalho da equipe. Um estatuto da equipe que seja capturado em PowerPoint e arquivado em uma pasta compartilhada pouco fará para atuar como um guia. É somente através da disciplina que a equipe usará o que foi construído como um compromisso com o trabalho em equipe.

O lançamento da equipe também pode ser usado para explorar e acordar as metas de aprendizagem ou desenvolvimento da equipe, já que estas provavelmente formarão o foco para as sessões de coaching da equipe a acontecer na sequência. Os coaches abordam isto de muitas maneiras; no entanto, a mais comum é envolver a equipe no compartilhamento dos resultados durante a fase de descoberta e usá-los para iluminar o aprendizado e a pauta de mudanças da equipe.

Mais uma vez, eu os encorajo a cocriar com a equipe como ela irá processar e fazer uso dos dados. Quanto mais envolvida a equipe estiver em chegar a um acordo sobre a abordagem e o gerenciamento de si mesma, ao invés de simplesmente ser facilitada por uma abordagem pré-desenhada, mais a equipe assumirá a propriedade e a responsabilidade.

Um dilema ao utilizar os dados da entrevista é se você, o coach, organiza os dados em temas para transformá-los em *insights* úteis. Embora eu aprecie a intenção, ao fazer isso, você está, então, apresentando os dados por seu próprio quadro de referência, em vez de convidar a equipe a dar sentido às informações. Além disso, talvez você não esteja identificando os *insights* mais valiosos para a equipe, que poderiam ser revelados por um único comentário, em vez de um tema. Em vez disso, recomendo que a equipe se envolva no processo de mineração dos dados, até chegar nas pedras preciosas.

Uma nota final. O modelo de jornada de coaching de equipes proporciona uma visualização útil para as várias fases de um programa de coaching de equipes. Entretanto, algumas equipes podem não precisar passar por esta etapa, pois já há clareza suficiente sobre a pauta da mudança e as questões pertinentes ao estatuto do time.

Visite o site do livro para obter um exemplo de estatuto de equipe, e outras ferramentas úteis para o lançamento de uma equipe.

Sessões de coaching de equipes

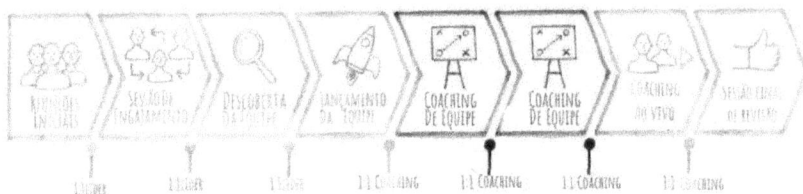

Agora estamos passando para o fascinante e muito mais exigente trabalho de coaching de equipes. Como com o coaching individual, as sessões de coaching de equipes acontecem regularmente, muitas vezes com intervalos de quatro a seis semanas, variando de algumas horas a um dia inteiro. Às vezes as sessões serão mais frequentes devido à urgência das necessidades e da situação da equipe, como na preparação para a venda do negócio ou em outro ponto de transição importante.

O foco das sessões de coaching da equipe provavelmente será nestas áreas:

➤ metas de desenvolvimento da equipe, conforme identificadas no lançamento da equipe;

➤ incorporação do estatuto da equipe a realidade da equipe;

➤ trabalhar através de qualquer dinâmica que surja e esteja impedindo o progresso da equipe;

➤ análise de horizonte e desenvolvimento de prática reflexiva e agilidade da equipe;

➤ celebrar os sucessos e integrar as lições aprendidas ao longo do caminho.

Um dos desafios para o coach de equipes é como chegar a tópicos acordados para as sessões de coaching de equipes. Este é na verdade um microcosmo de um processo contínuo e maior de acordo e manutenção das prioridades e foco da equipe. Parece que muitos coaches determinam os tópicos em si: "Hoje vamos revisar o quão efetivos vocês estão sendo seguindo o estatuto da sua equipe.". Isto pode evitar a incerteza e o desconforto dos membros da equipe tendo opiniões diferentes sobre o tópico mais urgente, mas rouba à equipe a oportunidade de aprender e aprimorar como eles passam de 'muitos para um', um processo em que eles precisarão de tempo, e tempo para trabalhar efetivamente como uma equipe.

Portanto, minha preferência é fazer coaching com a equipe para decidir que processo eles usarão para identificar e concordar com os tópicos de coaching, em vez de fornecer-lhes um processo para seguir ou facilitar. Isto levará inicialmente mais tempo do que se prescrito pelo coach; no entanto, é um grande exemplo de "desacelerar para ir mais rápido".

Sessões de coaching ao vivo

Ao contrário do coaching de equipes, onde a equipe está engajada em uma sessão de coaching focada em um tópico específico, a sessão de coaching ao vivo é sobre o coaching da equipe enquanto eles realizam seu 'trabalho normal'. O ideal é que ocorra em seu local de reunião habitual, em seu horário habitual. O coach não facilita ou conduz a reunião de forma alguma; em vez disso, ele ou ela está 'fora do campo' enquanto a equipe está em jogo. O papel do coach é contratado antes da reunião e pode incluir a observação:

➤ até que ponto os membros estão aderindo a seus valores e acordos de trabalho;

➤ sua eficácia na discussão, debate e tomada de decisões;

➤ se eles verificam alinhamento ao tomarem decisões;

➤ como eles se responsabilizam uns aos outros;

➤ como eles mantêm em mente as necessidades e expectativas das partes interessadas;

➤ como é a atmosfera que eles estão criando;

➤ como você é impactada pela equipe e pelo seu "felt sense".

Contrate claramente com a equipe em torno do que exatamente você está percebendo e quando e como isso será compartilhado. Você pode interromper a reunião para intervir, ou haverá pausas agendadas para reflexão e comentários? Ou você vai compartilhar o que você percebeu ao final da sessão? Claramente, esperar até o final é a opção menos desejável, pois a equipe precisará se lembrar de aplicar quaisquer mudanças de comportamento ou ações em reuniões futuras. No entanto, às vezes as equipes têm convidados presentes nas reuniões e é pouco provável que estejam diretamente envolvidos no coaching da equipe.

O coaching de ação ao vivo pode ser exigente e revigorante, uma vez que revela os detalhes da equipe em ação. Você não está mais com a equipe discutindo como eles trabalharão juntos no futuro; é ao vivo e aqui e agora, e isso é a fonte da mudança transformacional.

Coaching individual

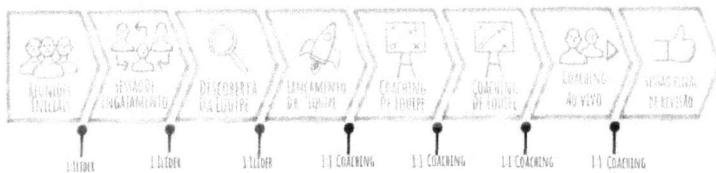

Muitas vezes me perguntam, em seminários e *workshops*, se os coaches de equipes devem oferecer coaching individual como parte de um programa de coaching de equipes. Eu sempre respondo com "depende". Alguns autores são fortemente contra a oferta de coaching individual aos membros da equipe, dizendo que o coach deve se concentrar na equipe como uma entidade e não nos seus indivíduos. Eles expressam a preocupação de que os coaches experimentarão um fenômeno chamado *triangulação* (ver Capítulo 10), onde o coach se torna o destinatário da dinâmica mais difícil da equipe e que, ao invés de abordar as preocupações diretamente uns com os outros, eles tentarão transformar o coach em um mensageiro, passando adiante informações com a expectativa de compartilhamento.

Entendo esta preocupação, mas acho que esta perspectiva é muito rígida. Ao atuar como supervisora de coaches de equipes, estas perguntas frequentemente surgem para mim:

➤ Qual é a finalidade do coaching individual?

➤ Quais os limites que precisam ser estabelecidos?

➤ Como serão mantidos os limites?

➤ Que regras de compromisso precisam ser acordadas?

➤ Até que ponto você pessoalmente tem a capacidade psicológica e de agenda para o coaching individual e de equipe?

Tudo isso é subjetivo e será informado por sua metodologia e abordagem de coaching de equipes, assim como por suas habilidades, maturidade e capacidade como coach de equipes. Somos todos diferentes e, embora eu não esteja dizendo que você deva fazer coaching com membros individuais da equipe, eu também não estou sendo contra isso. Se o coaching individual tem um propósito claro, se você pode estabelecer um contrato efetivo de coaching de equipes, estabelecer e manter limites claros, gerenciar a si mesmo e aos outros em torno de qualquer pressão para bode expiatório ou conluio, e você tem estofo para lidar com a carga relacional, então vá em frente!

Meus próprios aprendizados que, neste momento, informam minha prática são estes:

1. Assegurar que o objetivo de qualquer coaching individual esteja a serviço do contrato global de coaching de equipes e ser mais eficaz como equipe.

2. Estabelecer um limite de confidencialidade ao redor da equipe, ao invés de ao redor de indivíduos. Isto significa que qualquer coisa compartilhada no coaching individual pode ser "disponibilizada" no coaching da equipe. Na realidade, eu encorajo os membros da equipe a discutir quaisquer questões que eles tenham com outro membro da equipe diretamente. Posso também me oferecer para ajudá-los a se preparar, ensaiando a conversa. No entanto, se a tensão for mais adiante, então eu os encorajaria a trabalhar suas diferenças na sala, com a equipe como apoio ao processo. Em minha opinião, qualquer tensão em uma equipe precisa ser de propriedade da equipe, em vez de ser feita para ser sobre diferenças de estilo ou personalidade entre dois membros.

3. Ou faço coaching com todos os membros individuais da equipe ou nenhum. Uma vez cometi o erro de concordar em fazer coaching com todos menos um membro, que já tinha um coach. Isto criou uma dinâmica onde eu tinha uma relação subdesenvolvida com um membro da equipe, o que alimentou sua falta de envolvimento no coaching da equipe.

Sessão de Revisão final

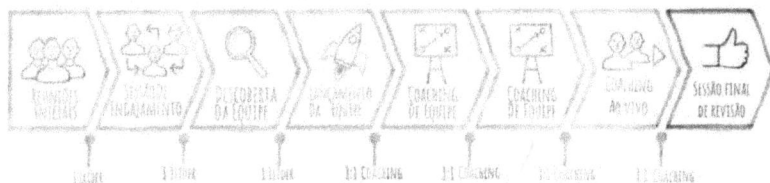

O objetivo da sessão de revisão final é celebrar o sucesso, integrar o aprendizado e fechar o projeto ou ciclo de negócios e preparar o cenário para o que está por vir.

O papel do coach aqui é apoiar os membros da equipe para se apropriarem da discussão, do processo, da atmosfera e da experiência juntos. Desta forma, evita-se a experiência entorpecida de uma equipe simplesmente passando pelas emoções, e a equipe então tem a propriedade sobre o seu desenvolvimento e investe totalmente no aprendizado.

Muitas vezes é tentador saltar ou apressar, porque a atenção da equipe está voltada para "o que vem depois", em vez de integrar o aprendizado. É tão frequentemente o caso na vida organizacional, que as pessoas e as equipes correm de uma tarefa para a outra. No entanto, é uma fase crítica, pois cria capacidade para o futuro e incentiva um ciclo de aprendizagem e crescimento contínuos.

Vai / Não vai

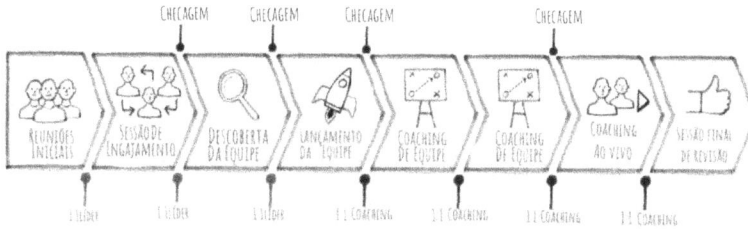

Em vez de propor um programa completo de coaching de equipes a um novo cliente em potencial, eu considero vários pontos de checagem "vai/não vai". Estes nos permitem comprometermo-nos mutuamente em cada etapa do coaching da equipe, momento em que podemos avaliar se existe valor suficiente a ser ganho e apetite para o trabalho.

Adotei os pontos de decisão de vai/não vai, como um costume, aprendendo da maneira mais difícil. No passado, eu me vi embarcada em processos de coaching planejados para mais de um ano, apenas para descobrir que a equipe não estava suficientemente comprometida com o trabalho. Isto aconteceu porque muitas equipes tinham sido informadas de que iriam fazer o coaching de equipes e alguns membros apenas 'entraram na onda', ou porque várias crises continuavam a exigir a atenção da equipe, portanto, o momento não era o mais adequado. Também é possível que uma equipe não venha a ter uma visão compartilhada das áreas de foco para o coaching da equipe ou esteja alinhada em torno do valor.

Os pontos de verificação sobre dar seguimento ou não permitem que cada parte possa finalizar a relação, respeitosamente. Muitas vezes o trabalho feito até o fechamento da fase contratada é útil; no entanto, pode não haver energia suficiente para sustentar o trabalho futuro.

Prontidão para o coaching de equipes

Ao não se preparar, você está se preparando para falhar.

– Anon

Um programa de coaching de times requer tempo e esforço consideráveis de todos, inclusive você. Portanto, vale a pena gastar o tempo para avaliar se a equipe está pronta para o coaching. Ruth Wageman, cocriadora das seis condições para a efetividade das equipes, modelo discutido anteriormente, às vezes usa a metáfora de um agricultor que tem as melhores sementes possíveis para a cultura pretendida. Entretanto, se o agricultor não preparar o solo suficientemente bem para a cultura e mantiver as condições de crescimento com nutrientes, água, luz solar e assim por diante, há pouca probabilidade de safra abundante.

A estrutura das Seis Condições é descrita com mais detalhes no Capítulo 12; ela oferece uma maneira de avaliar a prontidão do coaching da equipe, convidando a equipe a considerar se as condições estão em vigor e, se não estiverem, a tomar medidas para preparar o terreno. Você também pode usar avaliações no estilo *checklist*; você pode encontrar exemplos delas no Capítulo 12 e no *website*.

Um indicador importante é o quanto o líder e os membros da equipe estão motivados a se engajarem no coaching de equipes. Sem o "combustível suficiente no tanque", é pouco provável que o coaching tenha duração suficiente. Também é valioso descobrir se há apoio suficiente dos patrocinadores da equipe (como o chefe do líder da equipe, a equipe executiva, o RH ou o titular do orçamento) para o coaching, caso contrário, o processo pode ser interrompido a qualquer momento.

Claramente, é ideal avaliar a prontidão de uma equipe para o processo de coaching desde o início. Entretanto, dados suficientes podem não surgir até que você esteja dentro do trabalho ou mesmo através da fase de descoberta. Você pode ter necessidade de reavaliar quando estiver com mais informações e à medida que as situações mudem. Membros da equipe ou mesmo líderes de equipe podem deixar a equipe, novos membros entram, a organização se reestrutura, ocorre uma crise que precisa do foco e do tempo da equipe, o negócio é adquirido ou ocorre uma fusão – para citar apenas algumas contingências imprevistas.

Pausa para Reflexão

Este capítulo cobre muitos elementos tangíveis e práticos do coaching de equipes – tanto para a equipe quanto para o coach. Há muitas opções e escolhas para você informar e diferenciar a sua prática, e todas elas podem se beneficiar de uma consideração cuidadosa. As perguntas de prática reflexiva aqui se baseiam nas perguntas do capítulo anterior, portanto, talvez você queira relembrar suas respostas a elas antes de se envolver com as perguntas abaixo.

Você poderia começar pensando em seu coaching individual. Pergunte a si mesmo:

➤ Como a sua abordagem ao coaching individual pode informar a sua oferta de coaching de equipe? O que é igual ou semelhante? O que é diferente?

Agora pense na sua prática de coaching de equipe. Pergunte a si mesmo:

➤ O que você levará do seu coaching individual para o seu trabalho com equipes?

➤ Qual é a sua definição de coaching de equipes?

➤ Como você articulará a sua abordagem de coaching de equipes para um cliente? O que você dirá?

➤ Como é a jornada do coaching de equipes? Qual é o seu mapa da jornada?

➤ Como uma equipe vivenciará essa jornada? (Isso pode ser particularmente importante se uma equipe nunca tiver feito coaching de equipe antes.).

➤ O que é único ou diferente em sua abordagem?

➤ Quais partes da sua jornada de coaching de equipes são fixas e quais são fluidas, ou seja, quais são críticas e sempre farão parte da sua abordagem e quais são opcionais? Em quais elementos da sua abordagem você está disposto a ser flexível e, ao mesmo tempo, permanecer congruente com a sua filosofia e crenças? Quem decide – você como coach da equipe ou a equipe?

➤ Sua abordagem de descoberta é mais diagnóstica ou dialógica (conversacional)?

➤ O coaching individual faz parte da sua jornada de coaching de equipe? Você realizará algum coaching individual ou considera que isso representa um conflito de interesses? Em caso afirmativo, você encaminhará esse trabalho para outro coach?

➤ A equipe e/ou o líder da equipe estão prontos para o coaching de equipe? Como você sabe?

➤ Você está pronto para fazer o coaching da equipe?

Suas respostas a essas perguntas são uma parte vital do contrato com os clientes. O que o cliente está pedindo corresponde ao que você está disposto e é capaz de oferecer? Se você não tiver clareza sobre qual é a sua "oferta" de coaching de equipe, é muito fácil ser persuadido por um cliente a aceitar um trabalho que não corresponda à sua abordagem ou habilidades ou que não atenda às necessidades dele.

Reflita mais profundamente sobre:

➤ Quais são as suas condições para um coaching de equipe bem-sucedido?

➤ Quais são os elementos "obrigatórios" para que o coaching de equipe seja bem-sucedido?

➤ O que você precisa ter presente ser bem sucedida em um processo de coaching com uma equipe? Do que isso pode depender e o que pode precisar ser negociado com a equipe e colocado em prática antes ou durante o coaching?

5 Meta-Habilidades: Um processo de mudança

Entre o estímulo e a resposta há um espaço. Nesse espaço está nosso poder de escolher nossa resposta. Em nossa resposta está nosso crescimento e nossa liberdade.

– Stephen R. Covey, *First Things First* (inspirado em Viktor E. Frankl)

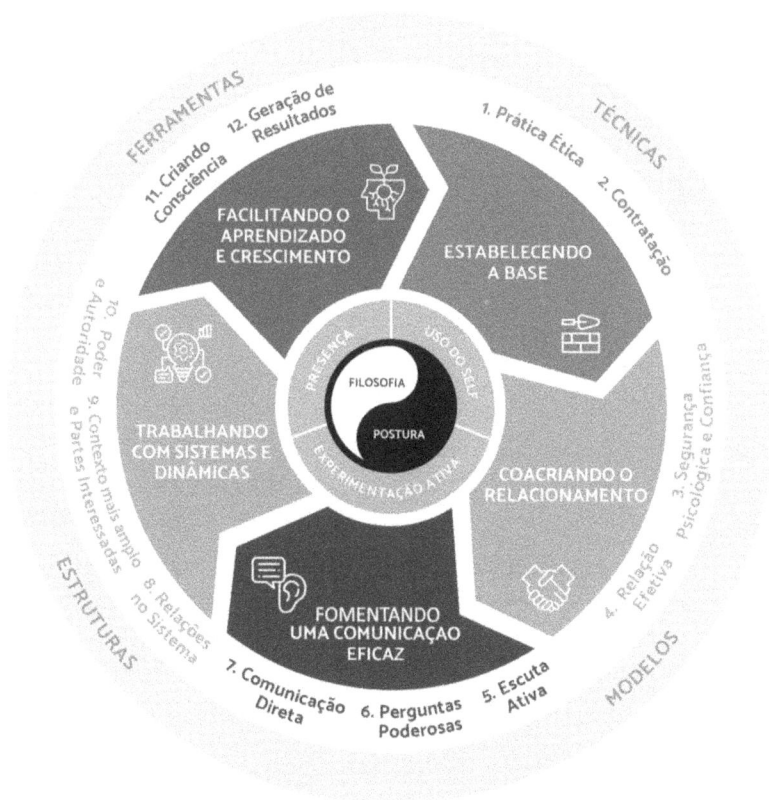

Roda da Metodologia de coaching de Equipes TCS

A Roda da Metodologia de coaching de equipes TCS foi projetada para fornecer uma bússola para os coaches, atuando como um guia para a mentalidade, habilidades e competências necessárias para a excelência no coaching de Equipes. Filosofia e Postura estão no centro da Roda da Metodologia de coaching de Equipes da TCS. Radiando a partir centro está a camada de habilidades e competências necessárias para o coaching de equipes. A camada mais próxima do núcleo contém as *meta-habilidades*: habilidades de ordem mais elevada que são essenciais para o impacto no coaching de equipes. Ao redor das meta-habilidades estão cinco grupos de competências de coaching de equipes. A camada externa representa as ferramentas, técnicas, modelos e estruturas que você utiliza em seu trabalho. Este é um modelo de dentro para fora, pois acreditamos que a qualidade de seu trabalho depende de sua própria condição interior. Portanto, não é sobre o que você está fazendo ou como você está fazendo, tudo funciona a partir da fonte de onde *você* está operando. Nesta parte do livro, mergulharei mais profundamente nas meta-habilidades com o objetivo de dar vida a elas para você.

O que são meta-habilidades?

> Meta-habilidades... são inerentes a qualquer pessoa que tenha uma orientação taoísta para a vida; ou seja, qualquer pessoa interessada em seguir o fluxo e refluxo da natureza.
>
> – Mindell (1995)

As Meta-Habilidades são habilidades de ordem superior que dão energia a todos os outros aspectos do coaching de equipes. Originárias da palavra grega *meta*, que significa "depois" ou "além", as meta-habilidades transcendem todas as outras habilidades. As meta-habilidades podem ser cultivadas ao longo do tempo, moldando sua prática. Para o iniciante, as meta-habilidades podem parecer mecânicas. Gradualmente, elas se tornarão fluidas e facilmente parte de seu próprio estilo único.

As três meta-habilidades da *Presença*, do *Uso do Self* e de *Experimentação Ativa* são essenciais para criar consciência, escolha e experimentação. Juntas, elas fornecem aos coaches de equipes uma poderosa metodologia para a mudança. Elas são entrelaçadas, cada uma dependente e energizada pelas outras.

Presença

O coach com pouca consciência de sua presença e de seu impacto está operando parcialmente cego. O coach que ainda não aprendeu a usar diferentes aspectos do eu ainda não é aquele instrumento de influência e de mudança bem afinado.

– Bluckert (2015)

Sua 'presença' é seu modo distinto de ser – e como você dá vida às habilidades de coaching. As habilidades, ferramentas e técnicas que você reúne pelo caminho são seu instrumento; a maneira única de aplicá-las é colorida por sua presença. Imagine uma sala cheia de pintores em um estúdio pintando um modelo ao vivo. Imagine que eles estão trabalhando com o mesmo papel, conjuntos de pincéis idênticos e a mesma paleta de cores. Apesar de as condições serem indistinguíveis, cada quadro será totalmente único. Isto acontece sem que eles tentem ser diferentes; eles estão simplesmente traçando seu próprio caminho. Fritz Perls e Dick Price foram dois terapeutas de Gestalt. Eles usavam a mesma metodologia, mas Price era passivo e gentil, enquanto Perls era diretivo e provocativo.

Sua presença pode ser invisível para você, mas pode ser maravilhosa para os outros. A maioria de nós tem consciência limitada de nossa presença e do impacto que ela tem sobre os clientes. Sua presença pode talvez ser pensada como seu *estilo padrão*, o "você natural" antes que ferramentas e habilidades sejam acrescentadas. Não importa o quanto você tente imitar alguém que você admire, ou se encaixar com uma certa norma, você invariavelmente voltará ao seu padrão. Esta é uma boa notícia, pois esta é uma parte crucial do que você traz para seu trabalho. É aqui que é provável que você se sinta em fluxo e experimente um profundo senso de congruência entre seu trabalho e seu *self*.

A presença é algo tão inescapável quanto inevitável, porque você a leva quando entra em qualquer relação de coaching. Mesmo que você tente se minimizar o máximo que puder, você ainda tem uma presença – você não pode ser neutro, mesmo que quisesse ser.

> Todos possuem presença, independentemente do nível de consciência do impacto dessa presença.
>
> – Nevis (1992)

Mas presença não é o mesmo que carisma, que se trata de charme, poder e persuasão – uma imagem exterior que pode ser colocada como uma máscara ou usada como um manto. A presença é mais visceral e intuitiva, emanando das nossas profundezas. É sua maneira de estar no mundo, imbuída de toda sua história única, a cultura da qual você faz parte, sua educação, sua família, suas experiências vividas, seus medos, seus julgamentos e seus preconceitos. É infundida pelo futuro – suas esperanças e sonhos para sua vida e a diferença que você quer fazer no mundo.

A presença pode atrair, fascinar, energizar e influenciar outros. Pode também repelir, alienar, drenar e desencorajar os outros também. Sua presença está em seus padrões típicos de relacionamento e no que isso tende a evocar nos outros. Pegue toda a sua história de vida e jogue isto numa mistura com todo o seu treinamento de coaching e experiência de vida prática e o resultado é *você* como coach de equipes – a totalidade integrada de tudo o que você se tornou.

Simplesmente, a presença é como você faz.

O fluxo de atenção

> O fluxo é estar completamente envolvido em uma atividade para seu próprio bem. O ego cai fora. O tempo voa. Cada ação, movimento e pensamento segue inevitavelmente o anterior, como tocar jazz.
>
> – Mihaly Csikszentmihalyi, 'Go with the Flow', *Wired* (1996)

A presença também engloba sua capacidade de estar presente e em fluxo. Quando você estiver plenamente no momento, poderá responder à equipe, à situação em que se encontra e ao que você se torna consciente em si mesmo. Um modelo incrivelmente simples, porém, poderoso, é o STS, que significa "*Self*, Time e Situação". Ser eficaz como coach de equipes exige que estejamos plenamente presentes a cada um dos três elementos, fluindo nossa atenção entre eles.

STS: o fluxo de atenção

Self: Você está fundamentada, centrada e presente em si mesmo. Você está consciente de seus pensamentos, sentimentos e sensações. Você está ciente das mudanças de energia e de como a equipe está afetando você. Por exemplo, você percebe um aperto no estômago quando um membro da equipe faz um comentário que cai como uma bomba dois minutos antes do final de uma sessão.

Time: Você está conectado com o time e os membros do time. Você está ciente e responde aos pensamentos, sentimentos e necessidades de cada pessoa e da equipe como um todo. Por exemplo, a frustração crescente é visível à medida que o conflito se agrava entre dois membros da equipe.

Situação: Você está ciente do contexto mais amplo da equipe, do tempo disponível e da tarefa em mãos. Você está percebendo o que está acontecendo em um determinado momento, como, por exemplo, uma equipe lutando para chegar a um acordo sobre uma decisão-chave que é fundamental para sua apresentação à diretoria no dia seguinte.

Todos os três elementos estão embutidos dentro de um determinado contexto e cultura, que têm uma forte influência sobre o que é possível e como é possível responder, como coach.

Cada um de nós tem vieses inconscientes, o que significa que nossa atenção está naturalmente mais voltada para um dos três elementos. O processo de coaching bem-sucedido de equipes exige que você flua sua atenção através dos três elementos de forma inter-relacionada, encontrando um equilíbrio entre eles.

Martha tomou consciência de que sua atenção estava muitas vezes voltada para si mesma. Seu diálogo interior estava focado em como ela estava desempenhando como coach e se ela era bem-vista pela equipe. Sua atenção então fluía para a situação, querendo ter certeza de que as tarefas eram bem-feitas e dentro do prazo, pois isto estava ligado à sua própria necessidade de desempenho. Sua atenção se concentrava menos nos indivíduos ou na equipe como um todo. Isto criou um padrão em seu trabalho de desconectar as pessoas ou a equipe. Perdendo os momentos em que a equipe precisava de mais tempo para uma conversa que tinha surgido, ela os interrompia, dizendo: "Você tem dois minutos" para completar a tarefa ou chegar a uma decisão. Sua agenda de aprendizado era tornar-se mais presente nos três domínios, fluindo conscientemente sua atenção entre eles.

A presença exige confiança. Como um faixa preta de judô, que pode se centrar e se aterrar antes de fazer um movimento claro e intencional; você está presente para si mesmo, para a equipe e para a situação, mesmo durante o calor de fortes emoções ou conflitos. Você pode autogerir-se e não se deixar dominar pelas emoções e dinâmicas da equipe, mantendo sua presença mesmo sob pressão. Isto também não significa ficar com cara de paisagem, muito pelo contrário – significa estar totalmente aberto ao "STS", respondendo a cada momento, à medida que eles surgem.

Desenvolvendo sua presença

A presença é uma variável muito mais potente do que ferramentas ou técnicas, permitindo ao coach responder aos momentos de incerteza com impacto distinto e transparência que inspira outros.

– Siminovitch & Van Eron (2008)

A presença é elusiva. Ela exige que você tome consciência das muitas facetas do seu *self*. Examine suas próprias crenças, julgamentos, valores, sentimentos, reações e motivações e pergunte-se como eles podem estar impactando seu trabalho.

Ao trabalhar com clientes, muitas vezes me dizem que estou muito calma e conectada com a terra, e que isto cria uma sensação de segurança e tranquilidade. As pessoas me dizem que elas se sentem capazes de ser elas mesmas e de falar quando estou sustentando o espaço. Isto me permite fazer um trabalho que outros coaches podem preferir não fazer.

Qual é o impacto de seu estilo em sua vida e trabalho? O que você e sua maneira de ser têm a ver com isso? Se você não tem uma noção disto, eu o encorajo a descobrir.

Até agora, pedi que pensassem sobre as coisas que tornam sua presença única. Convido-os agora a aprofundar para descobrir os muitos tons da paleta de sua presença, como um espectro mais ampliado e possível de presença.

Alguns dos elementos de presença são sua história pessoal, a cultura ou culturas em que você cresceu e aquela(s) que você integre agora. Além disso, sua educação e os dons e talentos que você descobriu. As relações que influenciaram você e sua maneira de ser e as experiências de vida e como você lidou com elas também fazem parte disso.

Como vimos, sua presença pode ser pensada como seu estilo padrão, mas, na realidade, você não tem apenas uma forma definida de SER. Por trás de seu padrão, você tem outros aspectos de sua presença que podem estar mais escondidos ou fora de sua consciência. Todos nós nos habituamos a um modo de ser preferido, especialmente, se este for mais eficaz em nosso trabalho. Mas você é multidimensional, e tem uma gama de formas de ser que pode utilizar. Quando você não tem acesso à sua gama de ser completa, sua identidade torna-se fixa ou rígida e você limita a possibilidade de respostas disponíveis para você, limitando, assim, o impacto que você pode ter. O domínio reside no acesso a esse espectro de presença, a esses diferentes tons na sua paleta de cores.

Por exemplo, se você se vê como uma pessoa calma, então você pode permanecer calmo em todas as situações, enquanto um espectro bem desenvolvido de presença pode incluir a capacidade de ser alegre. Se você se vê como uma pessoa ativa ou dinâmica, você também pode diminuir a velocidade e ir mais devagar?

Anna tem uma presença que, por padrão, é muito empática e atenciosa. Ela é muito afetuosa e se conecta facilmente com as pessoas. Entretanto, ao trabalhar com grupos, ela pode facilmente se esgotar, pois trabalha duro para fazer com que cada pessoa se sinta plenamente atendida e satisfeita, muitas vezes absorvendo as tensões e dinâmicas do grupo. Ela sente que pode "respirar novamente" uma vez que a harmonia seja restaurada. O impacto da presença natural de Anna é que ela cria segurança e constrói confiança e intimidade com as pessoas. Entretanto, sua maneira de ser era tão automática que ela não tinha controle sobre ela, mesmo quando a situação exigia que ela fosse diferente. O esforço de Anna foi o de estabelecer um espectro maior para a sua presença. Na supervisão, eu a convidei a identificar qual poderia ser a polaridade de sua presença padrão. Ela decidiu que o lado oposto da presença natural era mais desapegado e mais conectado a si mesmo do que a outros. Gradualmente, ao estender deliberadamente seu espectro, ela desenvolveu uma capacidade consciente de recuar e de se reconectar com ela mesma. Ela percebeu que isto teve um impacto sobre a equipe com a qual ela estava fazendo coaching, na medida em que, ao recuar desta forma, os membros da equipe começaram a se inclinar, cuidando mais uns dos outros, em vez de depender dela para fazê-lo.

O polo oposto de sua presença natural também pode ser pensado como seu eu sombra. Todos nós tomamos decisões de infância sobre como devemos e não devemos ser: "Eu devo ser gentil e generoso" ou "Não seja arrogante", ou "Cresça!". Conhecidos como injunções, estes se tornam parte de nosso *script*, o sistema operacional que guia nossos pensamentos e ações. Abraçar sua sombra pode ser desafiador, mas também massivamente libertador, e à medida que você cresce, sua efetividade como coach de equipes também cresce.

> Eu abraço meu eu sombra. As sombras dão profundidade e dimensão à minha vida. Acredito em abraçar minha dualidade, em aprender a deixar as trevas e a luz pacificamente coexistir em, como iluminação.
>
> – Jaeda DeWalt

Um homem altamente inteligente e analítico, Oscar era conhecido por seu pensamento rápido e sua mente ágil. Ele podia pegar uma grande quantidade de dados de fontes diferentes e depois resumir a essência ou tema central em poucas palavras. Isto foi mágico de se ver, e eu gostei dos momentos em que isto aconteceu. Trabalhei com Oscar durante alguns anos e me familiarizei com outro aspecto de sua presença. Quando estava neste modo, muitas vezes ele se levantava usando uma expressão perspicaz e convidava a equipe a fazer algo lúdico, bem disruptivo! Nunca uma única vez a equipe recusou seu convite. Havia algo sobre a credibilidade de sua presença principal que permitia às pessoas também soltar a seriedade e se divertir quando ele assumia essa posição.

Uma maneira útil de pensar sobre a presença é *a capacidade de estar presente a tudo o que é*. Estar presente às muitas dimensões de si mesmo, incluindo sua sombra e os aspectos que você possa ter deserdado. Esteja presente mesmo em outros, reconhecendo que todos nós temos sombras que muitas vezes mascaram outras forças e possibilidades. Cresça sua capacidade de estar presente a todas as situações à medida que elas surgem, *seating in the fire*. Esteja presente ao contexto e à cultura em que a equipe se encontra. Estar presente a tudo o que é, sem ser consumido por ele, requer que sua atenção flua em vez de se fixar em um aspecto do campo.

O objetivo é compreender sua presença e o que ela evoca nos outros, para que você possa usá-la intencionalmente.

Presença evocativa e provocativa

Nosso estado de ser é a única fonte real de nossa capacidade de influenciar o mundo.

– Gardner (1984)

Fundamentalmente, o objetivo do Uso do Self é evocar a consciência e provocar a ação intervindo da maneira mais poderosa possível. Nevis (1992) explica: "O praticante não deve apenas defender e expressar certos valores, atitudes e habilidades, mas utilizá-los de forma a estimular, e talvez evocar do cliente, a ação necessária para a movimentação de seus problemas.".

A maestria como coach de equipes deriva do fluir de sua atenção entre o time, a situação e *self* (STS) e, em resposta ao que está emergindo, mudando intencionalmente entre uma presença evocativa e uma presença provocativa para maximizar o impacto de suas intervenções.

O *self* como 'evocador' é um modo altamente eficaz para aumentar a consciência, pois ajuda a equipe a avaliar a situação, aprofundar entendimento e gerar opções. A equipe ainda está explorando, e a pauta ainda está emergindo. Você personifica uma presença *evocativa*, sustenta o espaço, convidando à escuta, à curiosidade e a uma resposta genuína. Esta é uma presença suave, gentil, que constrói a confiança e a segurança necessárias para correr riscos e para a fala aberta dos membros da equipe. Ao ser uma presença evocativa, você não está convidando à ação, você está usando sua presença para dar voz ao que está "na sala", nomeando o que muitas vezes está implícito, sem ter sido dito até então. Isto dá forma aos pensamentos e sentimentos coletivos da equipe e apoia a criação coletiva de sentido e significado.

Embora seja uma presença evocativa, você também pode acompanhar a energia coletiva da equipe. Muitas vezes imagino um oceano; estou à procura de energia suficiente para me erguer de baixo da superfície para criar uma onda. Com as equipes, é preciso haver energia coletiva suficiente para mobilizar em ação. Um coach experiente pode sentir a energia subindo; uma vez que isso aconteça, ele se transforma em uma presença *provocativa*, desafiando a equipe a entrar em ação.

O *self* como "provocador" é um estilo ousado de intervenção orientado para a ação, com o objetivo de provocar mudanças. Dizer a uma equipe que seu comportamento é inconsistente com seu desejo de agir como uma equipe é provocador. Intervenções provocativas podem desencadear uma série de respostas, desde surpresa até excitação, ou desde ligeira irritação até enfurecimento. Para fazer bom uso da centelha de energia, você pode, então, engajar a equipe em uma experiência ativa, convidando-a a tentar algo novo.

Usar uma presença provocativa significa correr riscos e ser, de certa forma, oportunista. Sua intenção é agitar as coisas, mas não iniciar um motim. Para isso, avalie suas intervenções usando sua experiência com a equipe, sua confiança em si mesmo e o processo para ajustar o volume de sua presença provocativa para cima ou para baixo. Ao ser uma presença provocativa, você está 'dançando' no limite entre certeza e incerteza, sem saber como a equipe pode reagir.

A mudança ocorre no limite do que é conhecido ou habitual, é algo diferente. Os coaches de equipes trabalham nesse limite, usando uma presença evocativa para manter a relação e mudando para uma presença provocativa para gerar algum desconforto e convidar à mudança.

Uso do Self

A presença é a totalidade integrada do que desenvolvemos e trabalhamos para nos tornarmos; o uso do self é como se alavanca a presença para impactar e provocar estrategicamente o trabalho do cliente.

– Siminovitch, 2017

Presença é tudo o que você traz ao momento aqui e agora; o *uso do self* está respondendo ao que está acontecendo no momento – é presença em ação.

Estou escrevendo sobre presença e uso de si mesmo, aqui, como se fossem competências distintas, mas, na realidade, elas são inseparáveis. O tango é uma dança maravilhosamente dramática e emocional. Há passos e regras a serem seguidos, mas o movimento dos dançarinos é pessoal em sua dinâmica e expressão. A paixão e a emoção que cada bailarino sente é transmitida através dos passos. É a expressão da conexão entre os parceiros de dança, a música e o momento único e não sobre a coreografia. Enquanto o tango é um sentimento que é dançado, o *uso do self* é um sentimento que é expresso.

Imagine que você está trabalhando com uma equipe. Você está totalmente presente e no momento, em vez de pensar no que está por vir ou no que acabou de acontecer. Você está engajado e atento ao que está acontecendo no momento. Você está atento, percebendo e sintonizado consigo mesmo e com o grupo. Após um tempo de observação com "olhos suaves",[7] você tem uma figura clara de interesse – um padrão interativo, uma imagem, um sentimento, uma sensação, uma intuição. Você escolhe responder e 'dar um passo'. Você intervém. Você coloca em palavras o que você está experimentando com a equipe.

Este é o momento em que a consciência de sua presença se torna "uso do *self*". É o modo como você age sobre o que está percebendo, para ter um efeito sobre a equipe e sua situação.

Presença é sobre SER, o uso do self é sobre FAZER

Na realidade, você está "usando a si mesmo" o tempo todo, em todos os relacionamentos e situações – você pode simplesmente não estar fazendo isso de modo intencional. Recentemente, assisti a um filme sobre uma jovem mãe que se torna o alvo da fúria na estrada. Após várias cenas terríveis, ela é agressivamente perseguida por um homem perturbado e angustiado, que não tem mais nada a perder. À medida que a pressão aumentava, eu achava a tensão quase insuportável. Pude sentir meu coração bater, e percebi que estava sentada com a mão cobrindo a boca, sem dúvida com os olhos arregalados. Este é um exemplo bastante dramático do fato de que as pessoas estão se impactando umas às outras o tempo todo. No entanto, estamos tão acostumados a entorpecer nossos sentimentos que muitas vezes não percebemos, a menos que um drama de alto risco esteja se desenrolando. Portanto, pratique a sintonia e perceba o impacto que as pessoas, as equipes e as experiências cotidianas estão tendo sobre você.

---

7 NT: expressão derivada da Gestalt, se refere à olhar o todo. Mais detalhes no Glossário.

Como coaches de equipes, o uso do self está no centro de nosso trabalho.

Um coach hábil sintoniza a atmosfera da equipe e estabelece uma presença que apoia a segurança psicológica, evoca a consciência e provoca experimentação e mudança. O objetivo de qualquer intervenção de coaching é aumentar a consciência da equipe em torno de uma "figura de interesse" compartilhada – um tópico, dinâmica, padrão ou situação particular.

Anteriormente, olhamos para o fluxo de atenção (STS), onde você se torna consciente e flui sua atenção entre o *self*, o *time* e a *situação*. Estes três elementos de consciência ajudam as equipes a compreender sua experiência, criando significado e gerando novas possibilidades e escolhas. Uma vez que a consciência tenha sido suficientemente elevada, então o trabalho é entrar em ação, pois é assim que a mudança é trazida à tona.

Para intervir poderosamente, você deve:

➤ fluir sua atenção através de si mesmo, do time e da situação (STS);

➤ expandir o espectro de sua presença, de evocativa para provocativa;

➤ mudar intencionalmente entre os três "modos" de coaching de equipes.

Agora, vamos dar uma olhada nestes modos.

Os três modos de Coaching de equipes

Um 'modo' é a maneira pela qual algo é vivenciado, expresso ou feito. Quando você está trabalhando como coach de equipes, você alterna entre estes modos, com clara intenção.

Três modos de coaching de equipes

Olhando para a figura, a primeira coisa a perceber é que a equipe, o coach (no modo 1), o processo de coaching estão dentro de um círculo. Neste espaço, todas as três entidades estão "em campo" em relação direta entre si. O modo 1 consiste em utilizar-se como facilitador, sustentando o espaço, fazendo perguntas e oferecendo ferramentas e exercícios. Como um policial de trânsito, você está direcionando o fluxo do trânsito. Você está liderando ou dirigindo o processo enquanto a equipe se envolve em uma tarefa ou atividade.

São exemplos do modo 1 em ação:

1. Estabelecer uma atividade, tal como convidar a equipe a se dividir em subgrupos e discutir um assunto específico. Aqui, você está concentrando a atenção da equipe e fornecendo instruções de procedimento para a atividade em questão. Você também está sustentando o espaço, gerenciando a atividade com o tempo disponível, respondendo perguntas e oferecendo informações esclarecedoras.

2. Considerando uma roda, você traz uma pergunta ou tópico para a equipe e convida cada membro a falar. Suas respostas são, em sua maioria, para você. Aqui, você está direcionando o foco da equipe e coreografando a conversa.

3. Em plenária, a equipe está sentada e você está de pé, no *flipchart,* e capturando as respostas. Aqui você está em uma posição de poder – de pé, enquanto os membros da equipe estão sentados –, segurando as canetas do *flipchart,* escrevendo. A atenção está voltada para você e para o *flipchart*.

No modo 2, você metaforicamente entra num 'helicóptero' e sobrevoa a realidade, a fim de observar os padrões interativos da equipe. A equipe está em discussão ou imersa em uma atividade. Você está observando. Quem passa para quem e com que frequência? Quem lidera, quem segue? Onde estão se formando grupos ou subgrupos?

Outra maneira de pensar sobre isto é imaginar que você está no camarote do teatro, assistindo à dança. A sensação de estar no alto da equipe significa que seu foco está mais direcionado aos padrões do que ao conteúdo do que as pessoas estão dizendo, ou ao que os membros individuais da equipe estão fazendo. Você está observando a dança e como os intérpretes estão em movimento juntos.

No modo 2, você observa e oferece, seletivamente, observações sobre os padrões interativos da equipe. São exemplos deste modo em ação:

1. Você observa que dois membros estão em diálogo há bastante tempo, com o resto da equipe aparentemente desconectado da conversa, olhando para longe ou mexendo com seus telefones celulares. Você intervém: "Observo que

David e Susan têm conversado entre si nos últimos cinco minutos. Estou curiosa para saber onde os outros estão sobre este assunto.". A forma como você comunica isto faz toda a diferença. Procure encontrar um tom e uma linguagem corporal que sejam curiosos e sem juízos de valor.

2. Você observa que a conversa anda em círculos e, em vez de construir sobre as ideias uns dos outros com a intenção de chegar a uma decisão, os membros da equipe saem pela tangente. Uma metáfora vem à mente e você intervém: "Eu estou percebendo uma imagem de um polvo, e cada perna tenta nadar em uma direção diferente.". O que isto pode significar para vocês?

3. Você observa que um membro da equipe está repetidamente atrasado ou ausente das sessões da equipe e ninguém o mencionou. Você diz: "Eu estou percebendo que Jane está faltando hoje. Ela também estava faltando na última reunião. Como é isto para vocês?".

Aqui, alguns princípios são:

1. Faça declarações que comecem com "eu estou percebendo...", sendo dono de sua observação.

2. Use a *comunicação direta*, mantendo as declarações curtas e direto ao ponto, sem exageros, ou a mensagem se perderá.

3. Use a metáfora, pois ela permite comunicar padrões em poucas palavras.

4. Use linguagem e um tom de voz que comuniquem leveza, curiosidade e não julgamento.

5. Esteja aberto para que a equipe veja isso de maneira diferente; não há necessidade de defender sua observação ou de lutar para corrigi-la.

No modo 3, você está usando seu *felt sense*, que é um estado de espírito, sentimento ou sensação que é evocado no coach quando está na presença da equipe. Em vez de sua atenção ser direcionada à equipe como no modo 2, você 'mergulha' na profundidade de sua experiência aqui e agora. Qualquer equipe (ou indivíduo, por sinal) traz seu próprio padrão de relação para dentro da sala, e o coach sente o impacto desses padrões. O *felt sense* dá ao coach acesso a um rico conjunto de dados que não pode ser compreendido simplesmente pensando na situação analiticamente. Ele capta a essência de um momento dinâmico, que pode ser suavemente trazido à consciência e compreendido através da criação coletiva de significados.

> Você se torna consciente de um sentimento de ansiedade. Ficando com a sensação, você percebe que seus ombros estão apertados, você está franzindo a testa e sua respiração está rasa. Você fica com essa sensação, observando-a, e o que emerge é uma sensação de inadequação. Você se pergunta se o trabalho é muito difícil e se você não é um coach suficientemente bom. Você está ciente de que está na terceira das seis sessões que foram contratadas, portanto, está mais da metade do caminho. Você percebe que este trabalho vai ser um desafio. Dada a linha do tempo, a equipe pode não ser capaz de se desenvolver tanto quanto pretendia. Você sente alguma apreensão e decepção com a noção de que, mais uma vez, uma equipe tem expectativas irrealistas sobre o que pode alcançar no tempo em que está preparada para investir.

O que você pode fazer com este sentimento? Há muitas maneiras de usar estes dados:

➤ Você o leva à supervisão, onde reconhece um padrão em si mesmo de excesso de promessas para ganhar o trabalho.

➤ Você o compartilha com a equipe, perguntando-se se seu *felt sense* reflete de alguma forma o da equipe: "Estou sentindo alguma ansiedade em completar o que nos propusemos a fazer em nosso trabalho em conjunto. Faz sentido para vocês?". Depois de alguns acenos de cabeça, você pergunta: "Estou me perguntando se esta é uma experiência comum para vocês.". Vocês destrincham esse sentimento juntos, e os membros da equipe se tornam conscientes de um padrão pelo qual eles frequentemente se comprometem demais e subestimam o tempo e o trabalho envolvidos.

Como coach, você é impactado pelas maneiras de ser da equipe e pelos padrões de relacionamento. Você compartilha seletivamente os pensamentos e sentimentos que surgem em você em relação à equipe.

Alguns princípios aqui são:

➤ Preste atenção ao que está acontecendo *dentro de você* – seu próprio sentimento. Muitas vezes é mais uma intuição do que algo proeminente.

➤ Use 'Estou com a sensação de que...'.

➤ Usar linguagem com a qual a equipe possa se conectar, em vez de usar a linguagem do coach.

➤ Use o modo 3 com moderação, caso contrário, ele perde impacto e se torna muito alinhado a um estilo muito sensível de fazer coaching, que provavelmente, ao longo do tempo, pode ser desconsiderado pelo time.

➤ "Sinta a temperatura da água" para ver se há segurança psicológica suficiente na equipe para processar suas intervenções.

➤ Seja curioso e sem julgamento em seu tom e em sua linguagem corporal.

➤ Nunca se agarre ao "estar certo"; se você se perceber preso ou apegado ao pensamento/sentimento, então é mais provável que o sentimento seja seu e, nesse caso, leve-o à supervisão.

➤ Conheça a si mesmo. Faça o seu trabalho de desenvolvimento para que você esteja muito familiarizado e confortável co seus próprios padrões. Será, então, mais fácil reconhecer, no momento, quais poderiam ser seus próprios gatilhos e o que poderia ser mais do campo.

➤ As observações nem sempre precisam ser compartilhadas com a equipe; elas podem ser trabalhadas na sua prática reflexiva ou na supervisão. Se você trabalha como parte de uma equipe de coaches, em um projeto maior, compartilhe seu *felt sense* em apoio à criação de intervenções intencionais e de criação de sentido e significado na sua equipe de coaches.

Não há uma maneira correta de usar estes modos, e como você os usa será infundido com sua presença única e estilo de coaching. Experimente esses modos com uma linguagem diferente, use seu corpo e tom de voz de um jeito diferente, e perceba o impacto que você está tendo. Procure *feedback* da equipe, de seu co-coach, supervisora ou colegas.

A maioria de nós tem nosso modo padrão de agir – aquele que usamos com mais frequência, especialmente, quando estamos nos sentindo inseguros ou vulneráveis. Eu o encorajo a identificar seu modo padrão e a praticar outros modos, por sua vez, para que você possa desenvolver um maior alcance em sua prática.

Se você formar uma dupla com outro coach, então, adotar modos diferentes com a equipe é útil, pois é impossível ser helicóptero e submarino ao mesmo tempo. Você pode fazer um ou outro, e alternar entre eles, mas não é possível fazer ambos ao mesmo tempo.

Finalmente, quanto mais você usar o modo 1, mais a equipe provavelmente se tornará dependente de você para facilitar a construção de algo. Quando alguém lidera, outros se afastam para serem liderados. Lembre-se que uma equipe eficaz aprende a liderar a si mesma e, portanto, gerencia seu próprio processo. Então, quando você usa regularmente o modo 1 e facilita a equipe, você provavelmente assumiu o papel de facilitador de reuniões, e é improvável que a equipe funcione bem sem você.

A arte do uso do *self* inclui o compartilhamento seletivo de observações que parecem mais pertinentes para aumentar a consciência dos padrões de comportamento característicos da equipe. Estas observações podem ser sobre o que está acontecendo ao seu redor e ao redor da equipe e sobre o que está acontecendo dentro de você. É um trabalho corajoso, pois exige que assumamos riscos pessoais ao nomear um fenômeno que a equipe potencialmente desconhece, ou mesmo evita. Nomear nossa própria experiência pode parecer vulnerável; no entanto, qualquer mudança envolve risco e, por isso, é necessária e vale a pena.

Para ajudar os coaches a compreender esta habilidade, na *Team Coaching Studio* desenvolvemos um modelo simples (adaptado da psicologia Gestalt) chamado RDR: Rastrear, Descrever e Responder.

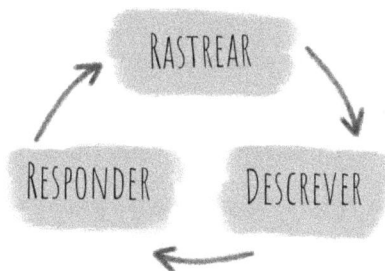

RASTREAR

RESPONDER

DESCREVER

Rastrear

Em um sentido muito prático, isto significa observar: a) padrões na interação da equipe, b) como a equipe está respondendo à situação e c) o que está acontecendo dentro de você. Por exemplo, você pode perceber:

➤ a qualidade da conversa e do diálogo em equipe;

➤ os níveis de engajamento e energia;

➤ os padrões interativos e a dinâmica da equipe;

➤ a qualidade da conexão e das relações;

➤ os níveis de consciência;

➤ a efetividade do processo da equipe (como eles estão trabalhando juntos);

➤ sua capacidade de autorregulação como uma equipe.

Ao mesmo tempo, você está se sintonizando com o que é evocado em você. Você pode perceber seus pensamentos, sentimentos e sensações, como aperto no corpo, formigamento nos dedos, um nó no estômago ou uma sensação de queda de energia ou desânimo.

Descrever

Aqui, você descreve o que você percebeu, ficando com o que é imediatamente óbvio em sua consciência. Descreva o que você rastreou sobre a equipe e o que você mesmo está experimentando (pensamentos, sentimentos ou sensações). O desafio aqui é descrevê-lo sem interpretar. Isto permite que a equipe permaneça na experiência, em vez de passar a falar 'sobre' sua experiência de forma mais conceitual.

Aqui estão alguns exemplos de como perceber sem interpretar:

➤ "Você estava franzindo a testa enquanto falava em estar entusiasmado com esta oportunidade."

➤ "As pessoas estão frequentemente falando ao mesmo tempo."

➤ "Sue, você disse 'poderíamos pedir algo para os nossos colaboradores diretos' três vezes e ninguém respondeu."

As mesmas afirmações com interpretação podem ser:

➤ "Você estava franzindo a testa enquanto falava sobre estar entusiasmado, então você não está realmente levando a sério."

➤ "Você está tão ansioso para fazer ouvir suas opiniões que não escuta ninguém mais."

➤ "Sue, ninguém parece interessado em sua perspectiva."

Descrever o que você percebe, sem avaliação ou interpretação, é, na verdade, bastante desafiador e requer alguma prática. Os seres humanos são criaturas que fazem sentido, e a forma como fazemos sentido é interpretando os dados. Portanto, este é um passo que a maioria de nós precisa praticar repetidamente.

Responder

Fluido de rastreamento e descrição, trata-se de sintonizar e revelar o que está sendo evocado em você. Quando eu digo "evocado", refiro-me às suas reações à equipe e à situação. Isto pode ser na forma de imagens ou metáforas, ou sensações corporais como um nó na garganta ou formigamento nos dedos. Também podem ser emoções que são despertadas em você. Alguns exemplos:

➤ "Como você tem falado sobre o futuro de seu negócio, tomei consciência de uma imagem de um bando de aves migrando. Isto tem algum significado para você em relação ao seu futuro?"

➤ "Quando você disse isso, eu fiquei com arrepios nos braços e imagino que você também. Se sim, o que isso pode significar para você?"

➤ "Reparei que você disse 'poderíamos pedir algo aos nossos colaboradores diretos' três vezes" e ninguém respondeu. Sinto um forte desejo de saber como suas palavras chegaram para outros."

O RDR é especialmente poderoso no coaching de equipes quando você o usa para aumentar a consciência da equipe sobre padrões emergentes, seja entre os membros da equipe ou entre você e a equipe. Um 'padrão' é uma forma habitual de relacionamento. Eles tendem a sentar-se em silêncio e esperar para serem chamados a falar mais alto? Eles esperam que o líder tome decisões? Eles conversam uns sobre os outros? Eles escutam e se baseiam nas ideias uns dos outros? Eles desafiam tudo o que você diz?

Você alienará a equipe se compartilhar tudo o que observar, portanto, a arte está em escolher seletivamente o que revelar, a serviço de seu aprendizado e crescimento desejados. Nevis (1987) escreveu: "O que cada um poderá atender variará, e o que cada um permitirá que se conscientize será diferente.". Aguarde pacientemente, observando com olhos suaves, até que surja um padrão ou tema claro. 'Olhos suaves' significa que, em vez de empurrar ou tentar fazer algo acontecer, você se senta e relaxa, abranda ou para a conversa em sua mente e deixa que os eventos ocorram, observando sem reagir. Ao esperar com olhos suaves, você dá uma pausa a seu ego – suas ideias preconcebidas, histórias, julgamentos e necessidade de realizar – a fim de descobrir o que está ocorrendo neste momento. Quando você usa 'olhos duros', você se concentra em uma coisa; com olhos suaves você expande sua visão e absorve mais do todo, observando a dança em vez do dançarino.

Agora, vamos juntar tudo isso:

Você está fazendo coaching com a equipe estratégica de uma empresa de private equity especializada no setor de varejo. Uma das principais funções da equipe de quatro pessoas é avaliar e tomar decisões em torno de investimentos e aquisições-chave. Parte de sua abordagem contratada é observar a equipe em várias ocasiões, em suas reuniões regulares. Você percebe que as reuniões começam com até meia hora de atraso, são frequentemente interrompidas por ligações, e se lançam em tópicos de forma aleatória e sem pauta ou clareza em torno do resultado desejado de cada tópico discutido. Na terceira reunião, você observa: Simon diz que o varejo não vai a lugar algum e que eles devem diversificar para um setor diferente. Tom se opõe imediatamente a esta visão, dizendo que eles são especialistas em varejo e que não têm a expertise necessária para começar. Jake, então, se levanta e deixa a sala para atender uma ligação. Simon e Tom continuam firmes em suas próprias posições. Sharon senta-se silenciosamente, rabiscando em seu bloco de notas. Jake retorna após dez minutos e diz: "Certo, vamos falar sobre o rendimento dos fundos", mudando de assunto.

A que você se sente atraído?

Que intervenção você vai fazer?

Esta era uma situação real, e eu era a coach. Eu disse: "Estou sentada com vocês, e notei que Simon sugeriu diversificar; Tom discordou, dizendo que vocês deveriam se ater ao seu domínio de especialização; Jake saiu da sala por dez minutos; e Sharon não disse nada. Enquanto observo isto, me sinto bastante ansiosa e me pergunto o que será necessário para que todos vocês fiquem na mesma página como uma equipe. Isto faz algum sentido para vocês?".

Algumas diretrizes úteis para o uso do *self* são:

➤ Sintonizar *consigo mesmo*, com a *time* e com a *situação* (STS).

➤ Divulgar seletivamente.

➤ Confie que sua divulgação é válida.

➤ Verifique o impacto sobre a equipe.

➤ Solte sua reação ou a necessidade de estar certo.

Consideração para o coach

Muitos coaches têm alguma resistência pessoal ao Uso do *Self* no coaching. Eles estão preocupados que isso possa tirar o foco do cliente, ou que seus pensamentos e sentimentos não sejam relevantes. Eles podem estar preocupados em parecer estúpidos, ou temerosos de não saber como "acertar" ou intervir com habilidade suficiente.

Nós não vemos o mundo em termos de realidade; nós o vemos através de nossas próprias lentes. Vemos as coisas dependendo de nossa idade, sexo, raça, história, identidade profissional e assim por diante. Vemos coisas que ressoam com nossas crenças e julgamentos, e nossas esperanças e medos. Vemos coisas que confirmam nossas próprias feridas e cicatrizes e nossas próprias necessidades e aquilo pelo qual ansiamos. Portanto, no que *você presta* atenção – 'a figura' – não é aquilo em que *eu presto* atenção. Nenhum de nós está errado; ambos estamos prestando atenção a figuras diferentes. Quando você percebe isso, você pode deixar de lado a necessidade de estar certo ou de fazer uma intervenção perfeita. Em vez disso, você oferece sua experiência própria, com o objetivo de que ela seja útil e sem apego.

Efetivando mudanças

Para efetivar mudanças como coach de equipes, você modela diferentes formas de ser, pensar e comportar-se. Entretanto, se você for muito diferente, a efetividade pode ser comprometida, já que o cliente se concentra em sua diferença e não no trabalho em mãos. Se você for muito parecido, você pode ser absorvido pelo sistema. Ser visto como suficientemente semelhante serve para estabelecer relacionamento, confiança e credibilidade. Você faz isso expressando apreço, fazendo perguntas informadas e reconhecendo as perspectivas da equipe.

Uma vez feita a conexão, você tem mais oportunidades de se diferenciar. Agora você pode começar a desafiar suposições, oferecer uma perspectiva diferente, chamar a atenção para os padrões de interação da equipe que podem estar atrapalhando o progresso. Mais uma vez, você pode assumir um risco aqui, usando uma presença mais provocadora, e observar a resposta da equipe. Isto permite que você avalie suas intervenções para a equipe e para a situação.

Muitas vezes penso: "Quanta provocação a equipe pode tolerar neste momento?", e procuro trabalhar nesse limite. Algumas equipes são tão políticas ou ficam tão na defensiva que mesmo a menor provocação pode trazer os muros ou canhões à tona. Se isto acontecer, reduza sua presença provocativa e continue a trabalhar na construção de uma relação com a equipe através da união e conexão. Quando sentir que a relação se fortalece, volte com a presença provocativa e teste novamente a água. Um mantra realmente útil na postura de um coach de equipes é "encontre o cliente onde ele está", ou "comece onde o sistema está".

Adicionando a presença e o uso do *self*, temos a Experimentação Ativa. Juntas, elas formam uma metodologia de escolha e mudança.

Experimentação ativa

> Toda a vida é uma experiência. Quanto mais experimentos você fizer, melhor.

– Ralph Waldo Emerson, *Jornal*

A presença e o *uso do self* são poderosos porque aumentam a consciência. Sem consciência, não há escolha e nenhuma mudança. Adaptada da psicologia Gestalt, nossa abordagem de experimentação ativa converte aprendizados em ação. Só falar de mudança, na realidade, muda pouco. Em vez de ensinar um conceito aos membros da equipe e esperar que eles o traduzam para suas vidas normais de trabalho, podemos fazer coaching com eles e convidá-los para experimentar os aprendizados no aqui e agora, ou seja, na sessão de coaching.

As experiências permitem que a equipe experimente novas formas de trabalho sem a obrigação de tornar a experiência permanente, considerando que a experimentação ativa oferece oportunidades para a equipe aumentar sua consciência, experimentar algo diferente e tomar medidas para agir (ou não) em direção a seus objetivos de aprendizado.

As experiências são emergentes e baseadas em uma necessidade emergente

Se você estiver presente com os membros de uma equipe sem lhes dar exercícios ou prescrever como eles trabalham juntos (modo 1), os padrões que a equipe habitualmente tem no trabalho em conjunto surgirão naturalmente. Muitos coaches usam principalmente o modo 1, no qual eles estão liderando o processo instruindo a equipe sobre o que fazer e como fazê-lo. Quando você diz: "Discuta o que você quer da sessão de hoje. Vamos fazer uma rodada onde cada pessoa compartilha por sua vez.", é como se você estivesse coordenando o trânsito e convidando cada carro a dar uma volta no circuito. Alternativamente, quando você convida os membros da equipe a discutir o que eles querem da sessão de hoje e não lhes diz como fazer ou falar sobre isso, a equipe voltará a um padrão mais habituado de relacionamento. O sistema está se revelando – você só precisava sair do caminho!

Em equipes, muitos padrões se transformam em normas, como, por exemplo:

➤ como eles realizam as reuniões;

➤ como eles administram o tempo;

➤ como eles dialogam;

➤ como eles tomam as decisões;

➤ como eles funcionam através de conflitos, ou não;

➤ como eles se comunicam uns com os outros;

➤ como eles se comunicam com as diversas partes interessadas.

Para serem eficazes como uma equipe, eles precisam de processos eficazes. Quando há processos fracos ou uma certa habilidade está ausente, há um vazio, e uma necessidade emergente é revelada. Ao praticar, refinar e incorporar processos eficazes, a capacidade da equipe cresce, e eles naturalmente se tornam muito mais eficazes e produtivos. A energia e a sabedoria coletiva são canalizadas para as decisões que precisam tomar e para as tarefas que precisam realizar, em vez de lutarem para serem ouvidos ou revisitarem as decisões repetidas vezes.

Uma vez que a consciência é aumentada, você dá à equipe a escolha de "tentar algo diferente" na forma de uma experiência. Os experimentos podem ser projetados pela equipe, cocriados com você e a equipe juntos ou propostos por você. Você pode introduzir ferramentas e exercícios a uma equipe, tais como rodadas com o bastão da fala ou estruturas de tomada de decisão. Embora possam ser úteis, são menos experimentais, pois o coach aparece com uma proposta tipo "aqui está o que funciona", em vez de "vamos descobrir o que pode funcionar".

Se você propõe uma experiência, seja inventivo e use sua imaginação e intuição em vez de fazer os mesmos exercícios antigos. Pergunte-se: qual é a necessidade única que se revelou, e que experiência eles podem tentar para atender a essa necessidade?

Não há um caminho certo; no entanto, haverá um caminho que seja eficaz para a equipe. Experiências ativas permitem que os membros da equipe encontrem *o que funciona para eles*, ao invés do que o livro didático diz que eles devem fazer, ou como você acha que eles devem funcionar.

Criando experiências

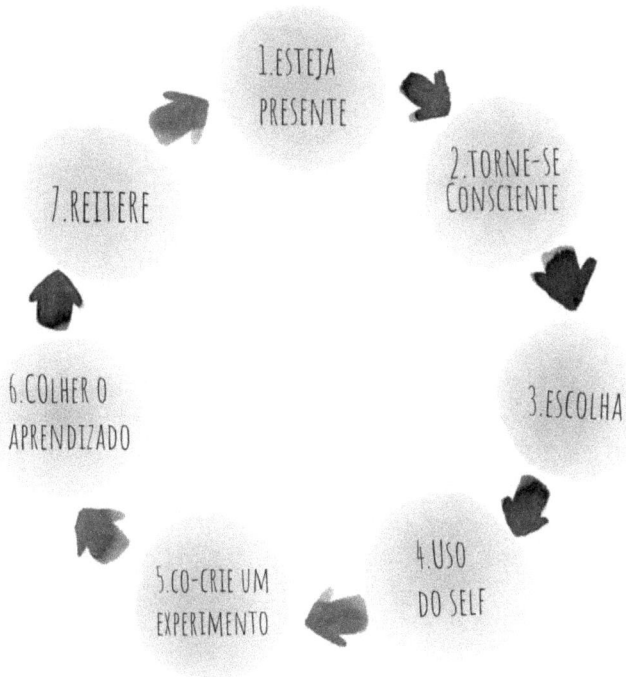

A sequência de experimentação ativa

As melhores experiências em coaching de equipes são pequenas e simples. Através de tentativas e erros, a equipe incorpora gradualmente processos valiosos de colaboração de acordo com seus valores e com o que funciona para ela. As atividades voltadas para Experimentação Ativa seguem naturalmente as meta-habilidades de Presença e Uso do *Self*. Os passos são os seguintes:

A sequência para experimentação ativos

1. **Esteja presente:** Primeiro, esteja presente. Aterre-se e centralize-se. Esteja no momento, deixando de lado sua necessidade de fazer qualquer coisa acontecer.

2. **Crie consciência:** É como uma espera em relaxamento. Com postura suave, flua sua consciência para si mesmo, para a equipe e para a situação.

3. **Faça uma escolha:** Escolha um padrão ou tema que você tenha percebido.

4. **Uso de Self:** Nomear a figura que você percebeu para aumentar a consciência da equipe. Use os modos 2 e/ou 3. Converse com os membros da equipe para ver como isso aconteceu e se eles têm interesse coletivo suficiente para trabalhar nisso.

5. **Cocrie um experimento:** Trabalhe com a equipe para projetar um experimento para "tentar algo diferente".

6. **Colha o aprendizado:** Explorar o que funcionou e o que não funcionou no experimento e extrair o aprendizado.

7. **Iterar:** Se desejar, faça ajustes e execute o experimento novamente.

Aqui está um exemplo da sequência destas meta-habilidades em ação:

Uma equipe de oito gerentes seniores em um negócio de tecnologia concordou que uma de suas metas de aprendizado era melhorar a forma como eles se comunicavam como uma equipe. Eles se tornaram completamente focados em questões operacionais e estavam tolerando processos de grupo e interações de má qualidade. Eu compartilhei minhas observações: "Estou percebendo que vocês muitas vezes se interrompem e raramente reconhecem ou constroem as contribuições um com o outro. Além disso, vocês abriram vários tópicos de cada vez, sem fechar nenhum. Estou achando isto um pouco frustrante; poderia ser só eu, mas como será para vocês? Se vocês classificassem a qualidade da comunicação entre vocês em uma escala de 1 a 5, qual seria?". Um a um, eles compartilharam suas pontuações; o mais alto foi um 3, então, sua consciência foi aumentada. Perguntei qual a diferença que a melhoria desta pontuação faria para seu desempenho e para seu prazer de trabalharem juntos como uma equipe. Eles concordaram que seria realmente valioso. Agora, eles estavam alinhados em torno de um tema coletivo e dispostos a trabalhar sobre ele. Perguntei-lhes que experiência eles poderiam criar para melhorar sua pontuação. Eles concordaram em ouvir uns aos outros e checar a compreensão antes de acrescentar em seus próprios pontos de vista. Eles também decidiram pegar um dos tópicos abertos e levá-lo até a conclusão. Depois de executar esta experiência por dez minutos, fizemos uma pausa para verificar como estava indo. Todos relataram um 5, com exceção de um membro da equipe que disse 4, qualificando que dez minutos não eram suficientes. Eles concordaram em repetir com o próximo tópico por 15 minutos.

Espero que agora vocês possam ver que, quando falo em Experimentação Ativa, os exercícios no aqui e agora podem ser pequenos e simples.

Verificando o ambiente

Uma das coisas a considerar é que o que está disponível para uma equipe não está disponível para outra, o que significa que as mesmas experiências não funcionarão com todas as equipes. Já discutimos que as equipes precisam de segurança psicológica suficiente para estarem preparadas para experimentar e assumir riscos e, se não houver segurança suficiente ou se o risco parecer muito alto, elas resistirão a tentar qualquer coisa. Às vezes nossos experimentos como coaches são percebidos como muito estranhos para a equipe e sua cultura. Se seu experimento for muito fora da caixa e diferente das normas e cultura aceitas pela equipe (por exemplo, 'Que tal vocês todos cantarem esta canção e verem se conseguem se harmonizar uns com os outros?'), então é provável que a equipe se coloque em resistência. Por outro lado, se vocês não trouxerem diferenças suficientes, terão um impacto limitado. Portanto, pondere suas experiências, verificando o ambiente para ver a que a equipe responderá. Procure trabalhar no limite de sua zona de conforto, perguntando-se quanta provocação a equipe pode tolerar neste momento.

Princípios para o uso de experimentação ativa

Ao utilizar experiências ativas, considere os seguintes princípios:

➤ Criar experimentos em torno de uma necessidade que emerja no momento.

➤ Projetar um experimento é um processo cocriativo.

➤ Tenha uma atitude experimental; todos os resultados são valiosos.

➤ Tente algo novo e não testado para determinar o que é possível.

➤ As experiências envolvem correr riscos: os resultados são desconhecidos.

➤ Verifique o ambiente e ajuste os experimentos, considerando trabalhar à margem da zona de conforto da equipe.

➤ Não vise à "experiência mágica" – uma que é concebida para fornecer uma solução perfeita. Se você se vê fazendo isto, não está totalmente presente, e provavelmente está trabalhando demais.

➤ Deixe a equipe fazer o trabalho!

Pausa para Reflexão

As meta-habilidades estão no centro de nossa abordagem ao coaching de equipes. Um elemento-chave desse modelo "de dentro para fora" é a nossa presença como coach de equipe. Todos nós temos presença, quer reconheçamos isso ou não. A forma como nos mostramos é única, portanto, faz sentido saber mais sobre ela para que possamos utilizá-la ao máximo. Tente fazer o exercício no início deste capítulo para descobrir mais sobre sua presença.

Você também pode:

➤ Lembrar-se de momentos em que agiu fora da sua presença única.

➤ Lembrar-se de momentos fora do trabalho em que você pode ser bem diferente do seu eu profissional.

O que é diferente? Como você descreveria sua presença nesses momentos? (Você pode descobrir muitas dimensões.)

Dê a si mesmo permissão para experimentar e incorporar essas dimensões em seu trabalho. Observe o impacto que a mudança tem sobre seus clientes e a situação.

Realize o seguinte exercício de reflexão para compreender melhor a sua presença quando estiver fazendo coaching de equipes:

➤ Descreva sua presença como se estivesse conversando com uma criança de sete anos. Mantenha sua linguagem simples.

➤ Peça aos coaches de equipes com quem você já trabalhou que descrevam a sua presença durante o coaching de equipes. Que palavras e linguagem eles usam para descrevê-la?

Repita esse exercício, desta vez buscando feedback e opiniões das equipes de clientes para descrever a sua presença. Em seguida, pergunte a si mesmo:

➤ Você tem a presença de que pode precisar para uma determinada tarefa de coaching de equipe?

➤ Que aspectos da sua presença poderiam ser melhorados ou reduzidos durante o coaching de equipe?

Lembre-se: a presença pode ser desenvolvida, e todos nós podemos aprender a ampliar a faixa de alcance da nossa presença como coaches de equipes. Acompanhe sua presença e observe como ela muda com o tempo. Ela é uma das suas melhores ferramentas de coaching de equipe e é totalmente exclusiva. Faça com que ela trabalhe mais para você.

O uso de si mesmo é igualmente pessoal para cada um de nós como coaches de equipe. Pergunte a si mesmo:

➤ Até que ponto a meta-habilidade do "uso do self" faz parte do seu repertório de coaching de equipe?

➤ Como o coaching da sua equipe poderia se beneficiar ao incorporá-la?

➤ Qual é o seu uso de si mesmo como coach de equipe? Você usa as emoções como dados e onde você experimenta isso? Fisicamente, em seu eu incorporado, ou mais cognitivamente, por meio de observações?

Anote três experiências que você teve como coach de equipes. Pergunte a si mesmo:

➤ Quais modos (1,2,3) você usou? O que informou sua escolha de modo (hábito ou escolha intencional)?

➤ Quais modos você não usou?

➤ Quais modos você evita ativamente? O que você pode aprender com isso?

➤ Que diferença faria na sua prática de coaching de equipes?

Tente fazer uso de experimentos em seu trabalho de coaching de equipe e observe o que acontece. Escolha uma equipe para praticar, contrate o experimento e vá em frente, respondendo às necessidades da equipe "no momento". O que você aprendeu com isso e como você adaptará a sua abordagem ao coaching de equipes como resultado?

6 Competências do Coaching de equipes

Onde o coaching individual é sobre a qualidade da conversa entre coach e cliente, o coaching de equipes é sobre a qualidade da conversa entre os membros da equipe.

– Allard de Jong

Os coaches profissionais de todo o mundo estão familiarizados com o conceito de competências de coaching, pois essas sustentam a maioria dos programas de treinamento de coaches e fornecem uma estrutura para a avaliação dos coaches que estão sendo credenciados profissionalmente. Durante meu próprio desenvolvimento como coach, as Competências Principais da *International Coaching Federation* (ICF) serviram como uma bússola, oferecendo-me orientação e direção para o domínio do coaching. Assisti muitas vezes as gravações das sessões, considerando esta estrutura de competências, observando meus pontos fortes e as habilidades que eu precisava praticar. Trabalhei com mentores experientes que me permitiram perceber meus pontos cegos e afiar minha capacidade de aprendizagem. As competências deram vida ao coaching para mim e me desafiaram a realmente incorporar as habilidades.

Geralmente, os coaches encontram pela primeira vez as competências de coaching durante seu primeiro curso de coaching. À medida que progridem, o aprofundamento da compreensão dessas competências permite que os coaches as incorporem em seu processo de coaching, até que tais competências fluam naturalmente. Entretanto, as estruturas de competências que todos nós abraçamos foram projetadas com o coaching individual em mente. Ao trabalhar com equipes, os coaches precisam de todas as competências do coaching individual, mas também precisam de mais para orientar este trabalho complexo e confuso.

As equipes existem dentro de sistemas organizacionais que estão mudando continuamente. No coaching individual, o sucesso é definido pelo cliente (às vezes com a contribuição do patrocinador) e a mentalidade e os comportamentos que moldam o desempenho residem dentro deles. Essa pessoa define seus próprios objetivos e determina as ações que tomará para atingir esses objetivos. O aprendizado também é integrado no nível individual e, mesmo quando o coaching individual é financiado pela organização, muito pouco do aprendizado derivado do coaching é propagado por toda a organização.

No processo de coaching de equipes, entretanto, o sucesso pode ser definido pela equipe, pelo líder da equipe, pela organização ou por suas partes interessadas – ou por uma combinação de expectativas. Para que uma equipe seja eficaz, ela precisa aproveitar a energia de um grupo de pessoas para um propósito comum ou um conjunto de objetivos. Os membros da equipe discutem e debatem ideias e opiniões diferentes e, em última instância, alinham nas decisões. Eles se responsabilizam mutuamente por suas ações, e o sucesso muitas vezes depende de muitas partes móveis que raramente estão sob o controle de uma pessoa. Além disso, suas suposições operacionais e processos de equipe (como eles trabalham em conjunto) são frequentemente inibidores de seu desempenho coletivo.

Para mim, a falta de uma estrutura de competência para o processo de coaching de equipes apresentava um dilema tanto ético quanto profissional. Estou comprometida com os padrões profissionais e investi pessoalmente centenas de horas em treinamento específico de coaching e milhares de horas de prática para ser credenciada como *Master Coach Certified* – MCC junto a ICF. Eu ansiava por uma bússola clara o suficiente para orientar meu trabalho. Assim, juntamente com colegas da TCS, desenvolvi a Roda da Metodologia de Coaching da Equipe TCS (ver Capítulo 5) como um guia para nós mesmos e para outros coaches profissionais. Acredito que fomos a primeira organização a desenvolver globalmente um conjunto de competências profissionais de coaching de equipes, e elas nos colocaram em boa posição como coaches e praticantes ao longo dos anos.

Felizmente, os dois maiores organismos profissionais, a ICF e a AC, estão no bom caminho para fornecer credenciamento para coaches de equipes. Digo isto com alegria e gratidão, pois Declan Woods e eu, juntamente com outros colegas, temos feito campanha há vários anos para obter orientação profissional que os coaches de equipe precisam urgentemente. Estou certa de que a Roda da Metodologia de coaching de Equipe TCS tem contribuído muito para as estruturas que eventualmente veremos utilizadas na prática.

Roda da Metodologia de coaching da Equipe TCS

No coração da Roda da Metodologia estão a Filosofia e a Postura de um coach de equipes, que exploramos no Capítulo 3. Estes fornecem uma base de princípios, premissas e mantras que nos apoiam para *sermos* um coach de equipes.

A camada seguinte contém as meta-habilidades transformadoras: Presença, do Uso do *Self* e de Experimentação Ativa, que juntas nos fornecem uma metodologia para a mudança. Muitos coaches individuais aprenderam o modelo GROW (do inglês, que significa Objetivo, Realidade, Opções, Vontade), que fornece estrutura e fluxo para as conversas de coaching. No coaching de equipes, as meta-habilidades proporcionam este fluxo, pois estão focadas na natureza colaborativa do trabalho em equipe.

A terceira camada contém as competências do coaching de equipes, que estão organizadas em cinco grupos: a) Estabelecendo a base, b) Cocriando o Relacionamento, c) Fomentando a Comunicação Eficaz, 4) Trabalhando com Sistemas e Dinâmicas, 5) Facilitando o Aprendizado e Crescimento. Nos próximos capítulos, exploraremos cada grupo de competências, um de cada vez.

Pausa para Reflexão

As competências formam o alicerce do coaching profissional de equipes. Elas podem ajudar a educar os patrocinadores da organização sobre o que é o coaching de equipes, explicar o que constitui uma boa prática profissional e informar as decisões de compra sobre os serviços de coaching de equipes. Elas também podem informar o desenho e a execução de programas de treinamento de coaches de equipes fornecido por escolas.

Para os coaches de equipes, as competências podem ilustrar os elementos centrais da prática do coaching de equipes e trazer à tona novos aspectos e, ao utilizar uma linguagem comportamental, ajudar a colocá-los em prática.

Os coaches podem usar modelos de competências para planejar o seu próprio desenvolvimento continuado. Nos capítulos 7 a 11, examinaremos as competências em mais detalhes. Depois de ler estes capítulos, talvez você queira fazer uma auditoria básica da sua prática atual de coaching de equipe. Avalie-se em uma escala de 0 a 10 (sendo 10 o máximo) quanto ao seu nível atual de eficácia em relação aos cinco grupos a seguir:

1. Estabelecendo a base;

2. Cocriando o relacionamento;

3. Fomentando a comunicação eficaz;

4. Trabalhando com sistemas e dinâmicas;

5. Facilitando o aprendizado e o crescimento.

Em seguida, pergunte a si mesmo:

➤ Quais competências você está usando/não está usando?

➤ Quais competências você está usando mais? Por que isso acontece?

➤ Quais competências você está usando menos? Por que isso acontece?

➤ Quais competências se beneficiariam do maior desenvolvimento para melhorar o seu trabalho de coaching com equipes?

Desenvolva sua competência como coach de equipes por meio de:

➤ escrever em um diário e fazer anotações reflexivas sobre a sua prática e desenvolvimento;

➤ manter um registro simples do seu desenvolvimento contínuo de coaching de equipes.

Todas as entidades profissionais de coaching estão desenvolvendo esquemas de credenciamento ou acreditação de coach de equipes e provavelmente pedirão que você mantenha um registro do seu treinamento e desenvolvimento como parte do seu portfólio para credenciamento. Será mais fácil se você registrar essas atividades à medida que for avançando. Planeje o desenvolvimento contínuo do seu coaching de equipes perguntando a si mesmo:

➤ O que eu preciso aprender? (Você pode usar as competências de coaching de equipes como guia.)

➤ Que atividade realizarei para ajudar nesse aprendizado? (por exemplo, leitura direcionada; desenvolvimento de habilidades (de acordo com as competências); supervisão; participação em uma *masterclass* ou treinamento adicional etc.)

➤ O que aprendi ao concluir essa atividade de desenvolvimento de coach de equipe?

➤ Como vou integrar esse aprendizado à minha metodologia e prática de coaching de equipes?

7 Estabelecendo a Base

Você só é tão sólido quanto aquilo em que se constrói.

A Jornada de coaching começa com Estabelecendo a Base – criando o terreno sobre o qual todas as relações de coaching são construídas. Qualquer coach profissional já terá descoberto o quão caro é o impacto (não intencional) do não estabelecimento de uma boa base, já que o trabalho subsequente depende disso. Sem uma base adequada, o trabalho irá inevitavelmente oscilar ou colapsar.

No agrupamento de competências "Estabelecendo a Base", há duas competências centrais que se tecem juntas para fornecer uma boa base para o coaching de equipes: a *prática ética* e a *contratação*

Competência 1: Prática ética

Não importa quão bem treinado você esteja ou quantas medalhas você tenha em sua camisa; se você não for ético, você pode potencialmente fazer mal a seu cliente.

– Allard de Jong (2006)

Na TCS, nós simplesmente definimos a *prática ética* como: 'Compreender a ética e os padrões de coaching e aplicá-los em todas as situações de coaching de equipe'. Isso é demonstrado por esses três comportamentos:

➤ Compreender e exibir a ética e os comportamentos de coaching de equipes (conforme definido por seu órgão profissional).

➤ Comunicar claramente as distinções entre coaching, consultoria, facilitação, treinamento, terapia de grupo e outras profissões que fornecem apoio e desenvolvimento às equipes.

➤ Encaminhar o cliente a outro coach de equipe, ou profissional de suporte, conforme e quando necessário e quando os recursos estejam disponíveis.

De Jong diz: "a ética sólida é a essência e a base do bom coaching", e "as pessoas que atuam como coaches profissionais devem aderir aos mais altos padrões de responsabilidade para proteger os interesses do cliente". Um código de ética fornece diretrizes apropriadas e padrões de conduta aplicáveis para o coach, o cliente e a profissão.

Os principais órgãos profissionais estabeleceram códigos de ética para os coaches. Esses códigos descrevem os valores centrais, princípios e padrões éticos de comportamento dos coaches profissionais. Recomendo que você leia e tome um tempo para digerir o código de ética de seu órgão profissional escolhido de forma regular, pois ele serve para manter a integridade da profissão de coaching a) esclarecendo padrões de conduta coerentes com os valores centrais e princípios éticos do coaching e b) orientando a reflexão ética, a educação e a tomada de decisões.

Há uma coerência considerável entre os códigos e, embora não exaustiva, eu tracei uma lista de dez padrões aqui, para nossa consideração como coaches de equipes:

1. Garanta que seu cliente entenda a natureza e o potencial valor do coaching de equipes;

2. Crie acordos sobre papéis, responsabilidades e direitos de todas as partes envolvidas;

3. Mantenha limites adequados e claros sobre confidencialidade;

4. Gerencie conflitos de interesse de forma transparente;

5. Atue em caso de qualquer indicação de que possa haver alguma mudança no valor percebido sobre o processo de coaching de equipes;

6. Esteja atento e atue sobre qualquer diferença em relação a poder ou *status* entre o coaching e o cliente que possa estar sendo gerada por questões relacionadas a cultura, relacionamento, aspectos psicológicos ou referentes ao contexto;

7. Comprometa-se com a excelência através o seu desenvolvimento pessoal, profissional e ético de forma continuada;

8. Represente as suas qualificações e o seu nível de competência de forma curada e verdadeira;

9. Busque supervisão com um supervisor qualificado em coaching de equipes, considerando uma frequência adequada à sua prática;

10.Busque *feedback* de maneira frequente e sistemática para verificar a qualidade do seu trabalho junto aos clientes, par(es), mentor(es) e supervisor(es).

O verdadeiro desafio para todos os coaches é percorrer consistentemente o caminho da *prática ética* em cada relação e interação de coaching. A própria natureza de um dilema ético é que ele implica uma situação em que não há escolha ou resposta fácil; e pode ser agonizante tentar decidir o que é melhor e agir sobre esta decisão através de uma ação ética.

Aqui está uma experiência real que eu tive.

Mais tempo passou, e o círculo de debate estava ficando menor e mais acalorado. Senti uma tensão crescente quando vários membros da equipe recuaram, observando silenciosamente. A conversa agora estava centrada entre o CEO, Soren, Glyn, o Diretor de Marketing e Jim, um Diretor de unidade de longa data. Curt, o diretor de finanças, entrou em cena com comentários ocasionais criticando as ideias propostas. Cada vez que ele falava, eu notava Soren dar um pequeno sopro e virar a cabeça para longe. Isto continuou por mais uns 15 minutos e a energia estava se dissipando. Soren havia perdido sua habitual calmo e, em vez disso, sua voz foi cortada com frustração. No final, após mais uma interjeição de Curt, Soren surtou com ele. "Corte o cinismo, Curt. É preciso decidir se você está neste barco ou fora dele. Na verdade, você precisa perceber que não é um maldito barco, é uma Ferrari!".

Soren e Curt olharam um para o outro. A sala ficou em silêncio. Vários pares de olhos se voltaram para Anita, a Diretora de RH, que estava sentado observando silenciosamente. Pareciam estar dizendo: "Não fique aí sentada, faça alguma coisa.", chamando-a para agir.

"Acho que todos nós precisamos nos acalmar um pouco.", disse ela, finalmente, com as bochechas um pouco vermelhas e olhando fixamente para a garrafa de água na sua frente.

Observei horrorizada quando Soren pegou um livro da mesa na sua frente e o atirou para ela, gritando: "Isso vale para você também Anita, tenha coragem!".

Soren saiu resolutamente da sala, dizendo que estava fazendo uma pausa e que estaria de volta em cinco minutos. Uma onda de constrangimento surgiu. Anita também saiu da sala, com uma mão tocando o lado de sua cabeça onde o livro a havia golpeado. Curt levantou-se e foi para a mesa do café.

O desafio de comprometer-se com a *prática ética* significa que você inevitavelmente encontrará situações que exigem uma resposta. Pode ser preciso muita coragem para tomar a decisão "certa" e para agir de acordo com ela. Como você responderia a esta situação? Que valores, princípios ou normas informam sua escolha?

Minha mente estava correndo tão rápido quanto meu coração. Eu sabia que este era um momento crítico e, se eu quisesse oferecer algo útil a esta equipe, precisava mostrar um pouco de coragem. Eu também estava profundamente consciente da fragilidade da situação, pois não tinha ganho a confiança da equipe ou mesmo contratado com eles ainda em torno de como iríamos trabalhar juntos. Eu me concentrei em me firmar e acalmar o clamor em minha mente. Soren voltou para a sala, Anita não. Um vislumbre de choque cruzou seu rosto enquanto ele se lembrava que eu estava na sala. Voltando-se para mim, ele disse: "Não faça drama, temos uma cultura dura aqui e todos nós precisamos ser fortes.". Olhando-o nos olhos, eu me levantei dizendo: "Gostaria de fazer uma pausa, por um momento." e, voltando-me para a equipe, eu disse: "O que acabou de acontecer?", seguido por: "Se vire para a pessoa ao seu lado e discuta por cinco minutos.". Depois de alguns momentos de incerteza, eles fizeram o que eu pedi. Em particular para Soren eu disse: "Esta pode ser a sua conversa mais valiosa com a equipe que você já teve, então estou pedindo que confie em mim.".

Quando o tempo acabou, pedi à equipe que compartilhasse as coisas mais significativas de suas discussões com a equipe como um todo, e me senti encorajada por seus comentários.

Jim foi primeiro: "Soren está sob muita pressão do conselho e nós precisamos trabalhar com ele, não contra ele.". Glyn seguiu: "Concordo, e precisamos gerar algumas ideias inovadoras, só fazer o mesmo nos dará os mesmos resultados.".

Gradualmente, mais pessoas falaram, uma dizendo: "Mas precisamos ouvir Curt enquanto ele vê o que não vemos." e outra: "Precisamos ouvir uns aos outros, pois estamos andando em círculos e não chegando a lugar algum.".

Depois de mais alguns comentários, agradeci-lhes por responderem à minha pergunta e então disse: "Estou percebendo que ninguém mencionou a Anita e o fato de que ela teve um livro atirado nela.". Neste momento, a maioria das pessoas olhou para o chão e alguns olhos estavam sobre Soren. Eu estava ciente da segurança psicológica e preocupada com o fato de que o contêiner ainda não era suficientemente forte para segurar a tensão. Eu precisava encontrar a equipe onde eles estavam e usar minha presença. Olhando ao redor da sala para cada pessoa, uma a uma, eu disse: "Eu sei que pode ser difícil falar sobre isso juntos, como uma equipe, mas, se vocês se comportarem à altura da situação, vocês começarão a se tornar a equipe que aspiram ser. Tenham coragem.".

Houve outro silêncio, até que um dos diretores de divisão mais antigos falou: "Soren está frustrado com Anita, pois acha que ela precisa elevar as suas contribuições. Ele se deixou levar e jogou o livro". Ele perdeu a calma, como todos nós, mas é a primeira vez que ele faz algo assim.". Ele olhou para Soren. "Você está certo. Eu não deveria ter feito isso. Só estou realmente sentindo a pressão. Chegamos tão longe e fomos realmente bem-sucedidos, mas, com toda honestidade, não sei se podemos continuar com este nível de crescimento ano após ano. Quanto mais sucesso tivermos, mais o conselho espera de nós.". Virando-se para deixar a sala ele disse: "Vou procurar Anita e pedir desculpas.".

Este "batismo de fogo" me ensinou muitas lições. A mais valiosa é que, no coaching de equipes, eu sou a ferramenta. Trata-se menos da pergunta certa, e mais da presença e habilidade que você usa. Nesta situação, ao corresponder ao uso do poder hierárquico de Soren com minha própria presença, isso me permitiu sustentar o espaço e trabalhar com o que veio à tona. Você pode aprender a fazer o mesmo.

Se você discutir dilemas com os colegas coaches de equipe, você descobrirá rapidamente que não há uma resposta correta. Um código de ética profissional nos oferece orientação, mas não pode nos orientar sobre toda e qualquer situação. Enquanto muitos coaches compartilham os valores centrais descritos acima, cada um de nós também tem nossa própria "consciência de princípios" – nossa hierarquia pessoal de valores. A importância da supervisão na reflexão ética e na tomada de decisões é primordial, pois nos proporciona outra perspectiva para a nossa própria, que é guiada pela experiência e pela prática profissional. A supervisão pode iluminar nossos pontos cegos, desafiar nossa integridade e nos apoiar na busca da coragem de ter as difíceis conversas que os dilemas éticos inevitavelmente exigem dos coaches de equipe.

*Visite o **site** do livro para mais exemplos de dilemas éticos e de como diferentes coaches responderam.*

Competência 2: Contratação

Você não pode NÃO fazer contratos!

Todo projeto de coaching inclui um acordo de coaching – um contrato – entre o coach e o cliente. O acordo pode envolver outros participantes, tais como o gerente direto do cliente, parceiro de RH ou ambos. Pode ser formal ou informal, explícito ou implícito. No coaching de equipes, a contratação é mais complexa, pois muitas vezes existem múltiplos relacionamentos interligados, cada um com diferentes esperanças e expectativas para o coaching. O contrato de coaching de equipes é um elemento essencial da relação de coaching que requer considerável pensamento e ação.

Então, o que é exatamente um contrato de coaching de equipes? É um acordo feito entre o coach e a equipe (e, muitas vezes, a organização) relativo ao seu trabalho em conjunto e à sua relação de trabalho, de outra forma chamado de *aliança de trabalho*. Pode ser tentador reduzir a contratação a um simples modelo ou lista de verificação para trabalhar no início de uma nova tarefa, mas a realidade é que a contratação acontece durante todo o relacionamento de coaching. Existem muitas formas de contratação no coaching de equipes, desde o contrato inicial para "o trabalho" até a navegação sutil do relacionamento contínuo e evolutivo do coaching de equipes.

Qualquer relacionamento humano é baseado em acordos explícitos e implícitos sobre como existimos em relação um ao outro. Pense em qualquer relacionamento em sua vida, seja com um parceiro, amigo, pai, irmão, colega, cliente, chefe, professor e assim por diante; cada relacionamento tem seus próprios contratos. No entanto, a maioria deles é formada implicitamente, através da experiência vivida no relacionamento. Você *não* pode deixar de fazer contratos! No coaching de equipes, a falta de contratos explícitos é altamente provável que leve a problemas.

Os seis Ps da contratação

Existem diferentes tipos de contratação no coaching de equipes. Na TCS, identificamos abaixo seis áreas de contratação para o coaching de equipes organizadas no modelo Seis Ps de contratação em coaching de equipes:

Os Seis Ps da Contratação no Coaching de Equipe

Propósito

O objetivo do coaching de equipes é o pano de fundo para o processo. É essencial esclarecer o propósito de qualquer relação de coaching. Podemos fazer perguntas como:

➤ Por que estamos nos reunindo?

➤ Que mudança é desejada e por quem?

➤ Qual é a imagem do sucesso?

➤ Como será medido o sucesso?

As perguntas são simples o suficiente, então, certamente esta parte da contratação deve ser simples?

Esclarecer o propósito do coaching de equipes é como olhar através de um caleidoscópio para uma imagem multicolorida e em constante mudança. Se você perguntar a uma pessoa, digamos o líder da equipe, você pode se deparar com uma imagem suficientemente clara. Entretanto, o propósito pode ser definido por uma combinação de partes interessadas, como o patrocinador da equipe (RH ou DHO), o líder da equipe, membros individuais da equipe, o chefe do líder da equipe, a equipe superior da organização (conselho, diretoria, equipe executiva, parceiros etc.), colaboradores diretos e clientes. O propósito é muito provável que seja diferente para cada parte interessada, dependendo da lente pela qual elas estejam olhando! Como com um caleidoscópio, um coach de equipe pode precisar reunir todo um espectro de perspectivas para criar um quadro compartilhado de sucesso para o trabalho.

Tendo chegado a um propósito claro, você pode sentir algum alívio. Como seres humanos, estamos conectados à clareza e a um grau razoável de certeza. Cuidado, pois você pode muito bem descobrir que o propósito do coaching muda à medida que a equipe adquire maior consciência de sua situação e potencial. Afinal de contas, algumas pessoas nunca experimentaram uma grande equipe e, portanto, desconhecem o que pode ser alcançado nesse contexto.

Outra razão pela qual o propósito do coaching da equipe pode mudar é que, neste mundo rápido e volátil, o mundo ao nosso redor está em constante mudança. Novas pressões e oportunidades surgem ao longo de um programa de coaching de equipes, e isto pode mudar o foco do trabalho. Portanto, não deixe de verificar regularmente o propósito do coaching de equipes, pois ele pode muito bem mudar ao longo da jornada.

> Eu estava fazendo coaching com uma equipe recém-formada no governo local, onde os membros da equipe eram líderes seniores de duas organizações separadas, que tinham sido unidas depois de um processo de fusão. A equipe e suas principais partes interessadas, o líder político e o gabinete, estavam de pleno acordo sobre o propósito do coaching da equipe: "apoiar a equipe de liderança sênior a se unir para liderar a organização como uma equipe coesa". Alguns meses mais tarde, o golpe pandêmico. O propósito do coaching da equipe mudou: "apoiar a equipe sênior a tornar-se ágil e resiliente em conduzir a organização através da crise". Eles reconheceram que esta crise era temporária e que também precisavam liderar a organização a fim de proporcionar melhores resultados para o público em sua região, então concordaram em revisitar o propósito do coaching da equipe à medida que o contexto mudasse.

Cuidado com a nossa necessidade de certeza, pois ela pode mascarar a realidade de que novos dados surgem, exigindo que o contrato de coaching da equipe mude.

Prático

Também pode ser referido como contrato "administrativo" ou "comercial", este tipo de contrato trata de todos os aspectos práticos como o local, horário, frequência das sessões, duração do programa de coaching da equipe, honorários e condições de pagamento, logística, cancelamentos, sessões perdidas ou encerramento ou condições de cancelamento do coaching de equipes.

O contrato *prático* também lida com limites explícitos de confidencialidade. Isto é importante em qualquer relação de coaching, mas é igualmente importante e mais complexo no coaching de equipes. As especificidades dos acordos de confidencialidade que você fizer devem respeitar a sua *prática ética* e a sua metodologia. Seu nível de habilidade no gerenciamento de limites também é uma consideração-chave. Alguns fatores ao considerar os limites da confidencialidade são:

➤ Você irá fornecer coaching aos membros individuais da equipe ou ao líder da equipe, assim como à equipe? As informações de qualquer conversa individual serão compartilhadas com toda a equipe? Em caso afirmativo, por quem?

➤ Você vai coletar dados das partes interessadas, seja por meio de entrevistas ou pesquisas eletrônicas ou algum outro meio? Com quem os dados serão compartilhados? Serão anônimos ou nomeados?

➤ Existe algum patrocinador, como RH ou DHO, que não seja membro da equipe, mas que espere ter conhecimento de quaisquer dados?

Finalmente, quais são os limites em torno da confidencialidade, se você, como coach da equipe, tomar consciência de comportamentos prejudiciais como agressões ou assédio? Imagine como seria ter acordado total confidencialidade com uma equipe apenas para descobrir que o líder é um terrível intimidador. E quanto às atividades suspeitas, fraudulentas ou ilegais?

Profissional

O contrato profissional define o que você está oferecendo como um coach de equipes, e o que você não está oferecendo. O que a equipe quer e precisa de você como seu coach? Quão competente você é para atender a essas necessidades? Que qualificações e experiência você traz? Quais são os limites de suas habilidades e competência?

Por exemplo, é-lhe dito que a equipe – uma diretoria – quer iniciar o coaching da equipe com uma avaliação psicométrica da equipe. Você pode ser certificado em várias ferramentas de avaliação, mas eles esperam que você avalie os membros da equipe e aconselhe sobre sua aptidão para as funções? Isto pode colocá-lo em um papel de assessoramento em vez de um papel de coach de equipes. Pode ser muito útil oferecer uma definição de coaching de equipes e o que se pode esperar de seu papel e o que se espera da equipe, e da liderança de equipe.

Finalmente, o contrato *profissional* também cobre qualquer código de ética profissional que você subscreva. Recomendamos que os coaches de equipes forneçam aos clientes uma cópia deste código como parte do início do processo.

Poder

Todo sistema organizacional tem um sistema de poder. Muitas vezes implícito ou sem nome, ele configura o campo dentro do qual o coaching da equipe ocorrerá e molda todo o processo de coaching da equipe. Um "sistema de poder" é sobre autoridade e como as decisões são tomadas. Em algumas organizações e equipes, a cultura inerente é hierárquica, de cima para baixo, e o líder se agarra firmemente à sua autoridade em vez de compartilhá-la com os membros da equipe. O estilo de liderança é muitas vezes 'hub and spoke' , no qual todas as decisões são tomadas por um indivíduo – o hub, que está no centro. Os porta-vozes são os membros da equipe que são gerenciados individualmente pelo líder, e a informação flui através do líder para cada membro do time. Assim, se um membro da equipe tiver um problema com outro, muitas vezes a reclamação será comunicada ao líder para "lidar com".

Outras organizações ou equipes operam mais com base no poder distribuído, onde as decisões são tomadas coletivamente, e os membros da equipe assumem a responsabilidade de liderança em toda a equipe. Isto significa que os membros da equipe oferecem apoio e desafio uns aos outros, e não através de um único líder.

É claro que há equipes que abraçam a liderança compartilhada, mas o poder é de fato detido por um ou talvez dois indivíduos. E há equipes que são um híbrido onde o líder assume a autoridade decisória para o "o quê" – a visão e o propósito da equipe – e os membros da equipe decidem coletivamente sobre o "como".

Muitos coaches de equipe têm valores igualitários e aspiram a que todas as organizações operem por consenso ou liderança coletiva, desejando igualdade de voz e justiça para todos. Isto pode se tornar um problema no coaching de equipes, pois os coaches podem se encontrar em desacordo com o sistema de poder da equipe e de sua organização. Lembre-se, os coaches de equipe trabalham para a pauta do cliente, e seu cliente – a equipe – tem seu próprio sistema de poder. A compreensão deste sistema lhe dirá com quem você precisa contratar e por que, quem define a agenda e quem tomará decisões ao longo do caminho sobre o tempo, os gastos, o foco do coaching, e assim por diante.

Psicológico

Menos comumente discutido é o contrato psicológico, ou seja, o que é secreto, escondido ou encoberto. Há três categorias de diálogo interno que normalmente estão na mente dos membros da equipe no início do coaching de equipes:

Sobre eles mesmos: Por que estou aqui? Como eu quero estar? O que se espera de mim? Como posso me proteger?

Sobre o coach: Por que você está aqui? Como eu quero que você esteja? Confio em você? O quanto você é "assustador"? Preciso me proteger?

Sobre os resultados: Será que vai valer a pena usar o tempo? Preciso encaixar isto junto com todo o resto? O que esperamos alcançar?

Como o diálogo interno dos membros da equipe muitas vezes não é expresso verbalmente, seu objetivo como coach de equipe é encontrar uma maneira gentil de trazer à tona e abordar as necessidades e preocupações subjacentes de uma maneira que crie segurança e construa o contêiner.

Comece percebendo. Como as pessoas entram na sala? O que elas estão vestindo? Do que elas estão falando? Como é a 'energia' na sala? O que isto quer "dizer" em relação ao objetivo da conversa e a contratação que você precisa fazer?

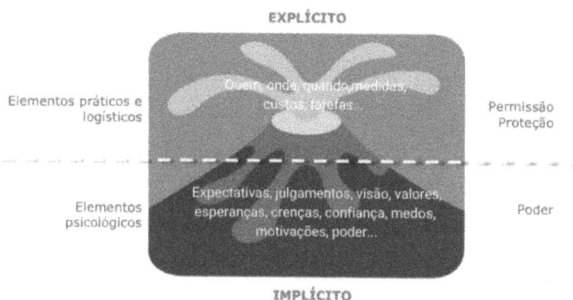

O vulcão contratante

153

Como você pode ver no "vulcão contratante", as tensões ocorrem sob a superfície, criando pressão no interior do sistema. Esta pressão pode aumentar a tal ponto que, a menos que seja liberada, 'explosões' acontecem sob a forma de comportamentos tóxicos, conflitos destrutivos, lutas internas, jogos de poder e muito mais. coaches habilidosos liberam a tensão no sistema, convidando ao diálogo com o objetivo de entender o que está sob a superfície; isto libera a energia da equipe para concentrar-se no trabalho colaborativo.

O tipo de perguntas que podem ser úteis para explorar são:

➤ **Quais são as esperanças mais profundas para o processo de coaching de equipes?**

➤ **Quais expectativas precisam ser expressas (do líder, dos membros individuais da equipe, coach, partes interessadas, outros)?**

➤ **O que faria disto uma grande experiência de aprendizado?**

➤ **O que faria com que fosse o contrário?**

➤ **Quais são as preocupações das pessoas?**

Quando se trabalha com o contrato psicológico, a arte do coaching de equipes é sobre um equilíbrio sutil de coragem e sensibilidade. Como coach, você constrói um contêiner seguro, estabelecendo e mantendo limites claros, como o cumprimento de acordos sobre horários e a comunicação direta e respeitosa. Você então testa suavemente a vontade da equipe de nomear o que até agora não foi dito, muitas vezes fazendo uma pergunta menos controversa primeiro, como "Que outras expectativas vocês poderiam ter que ainda não foram ditas?", e depois avançando gradualmente para águas mais profundas, percebendo qualquer resistência e lidando com o que emerge com curiosidade e compaixão. O meu objetivo nunca é forçar a resistência, pois ela é uma forma necessária de proteção humana, e nosso papel é criar condições para que a resistência possa ser compreendida e trabalhada. A resistência geralmente se deve a necessidades não atendidas, que terão de ser satisfeitas o suficiente para que a mudança aconteça.

Conforme discutido, os acordos de confidencialidade fazem parte do contato profissional; entretanto, a confidencialidade também é mantida implicitamente no nível psicológico. Você pode estar pedindo aos membros da equipe que compartilhem seus pensamentos e sentimentos e o que eles veem como comportamento eficaz e problemático. Eles podem se sentir constrangidos com a falta de efetividade do desempenho, e podem alimentar raiva, culpa ou ressentimento em relação a outros membros da equipe, ao líder da equipe ou a outros no sistema organizacional. Criar um espaço seguro é vital para promover as condições nas quais as pessoas podem ser vulneráveis.

O desenvolvimento do contrato psicológico não é um processo linear ou previsível. Quando se trabalha no limite da zona de conforto da equipe, há sempre um risco envolvido. Trata-se menos de uma lista de verificação escrita em uma folha em branco e mais de como você vê e se posiciona diante das situações que naturalmente emergem.

Parceria

Os coaches de equipes trabalham em parceria com a equipe com a qual estão fazendo coaching. Como esta parceria se baseia na reciprocidade, tanto os membros da equipe quanto o coach são igualmente responsáveis pela criação e desenvolvimento desta relação. Um contrato de coaching de equipes é um *compromisso multilateral* explícito com uma *relação de coaching de equipes* e com um *curso de ação bem definido*. Vejamos o que queremos dizer com isso:

Compromisso Multilateral

Multilateral significa "acordado por ou participado por três ou mais partes". No coaching de equipes há sempre pelo menos três partes:

ORGANIZAÇÃO/PATROCINADOR

COACH   EQUIPE

Entretanto, o contrato pode ser mais complexo, por exemplo:

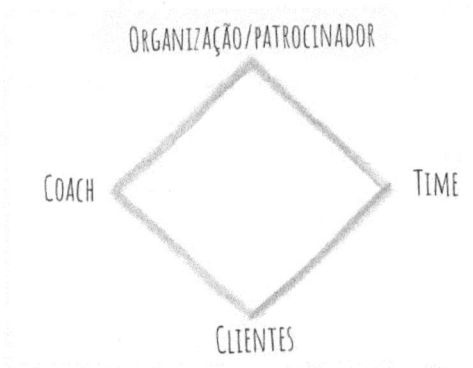

Você poderia continuar a construir este diagrama, acrescentando outras partes interessadas, como investidores, clientes, fornecedores, criando um contrato mais amplo, e assim por diante. Dependendo do diagrama, há acordos entre todos os envolvidos, mas frequentemente estes são implícitos em vez de declarados abertamente. Consequentemente, pode haver percepções diferentes desses acordos, o que leva a mal-entendidos.

Relacionamento no coaching de equipes

A pesquisa demonstra (De Haan, 2008) que os resultados bem-sucedidos não dependem da teoria ou metodologia específica do praticante, mas da força da parceira construída no relacionamento. Em minha opinião, o que contribui para a eficácia da relação de coaching de equipes é um ponto onde:

➤ os membros da equipe e a equipe se sentem compreendidos e atendidos;

➤ há confiança e respeito mútuos;

➤ há uma compreensão compartilhada do "trabalho" a ser feito (os resultados desejados e o processo de Coaching de equipes);

➤ há um compromisso "suficientemente bom" entre a equipe e o trabalho.

Para saber mais sobre a relação de coaching de equipes, consulte o Capítulo 8: Cocriando o Relacionamento.

Curso de ação bem definido

Durante a discussão exploratória inicial, naturalmente você vai explorar o motivo pelo qual a equipe quer fazer um processo de coaching, o que levou à necessidade, e os resultados que eles esperam alcançar. Todas estas informações farão parte de sua contratação inicial com a equipe, juntamente com acordo sobre o programa e processo de coaching de equipes. Este é um curso de ação bem definido.

À medida que você entra no trabalho e se encontra com os membros da equipe, e talvez com suas partes interessadas, e começa a entender melhor o contexto, mais dados se tornam disponíveis. Isto continua através da fase de descoberta na jornada de coaching de equipes, assim como através de sessões de coaching de equipes e sessões de coaching ao vivo.

Como tal, as necessidades de desenvolvimento da equipe e os possíveis resultados do coaching estarão surgindo e o contrato pode ser atualizado de acordo. Os coaches de equipes podem entrar em águas turbulentas quando esquecem o mantra: *Esteja Sempre Contratando.*

Por exemplo, você pergunta à equipe: "Em que você quer se concentrar nesta sessão?", e cada membro da equipe propõe algo diferente. Você se remete ao líder da equipe para decidir, você convida a equipe a votar ou você decide? Se o coach da equipe simplesmente propõe que eles coloquem as ideias em um *flipchart* e votem sobre elas, então *o coach está escolhendo* como a decisão será tomada e, portanto, não está seguindo a pauta da equipe.

Portanto, neste exemplo, contrato com a equipe: "Estou percebendo que vocês têm opiniões diferentes sobre a área de foco para a sessão de hoje; como vocês querem chegar a um acordo sobre o caminho a seguir?".

*Visite o **site** do livro para obter um modelo sobre um contrato de exemplo para papéis (Líder da Equipe, Membro da Equipe e Coach) e outros recursos sobre contratação.*

Pausa para Reflexão

Fundamentos sólidos são tão importantes no coaching de equipes quanto na construção de uma casa.

A ética pode ser considerada um conceito abstrato, até que você considere a multiplicidade de dilemas que os coaches de equipes enfrentam. Ter uma maneira prática de pensar e lidar com eles pode ser inestimável para um coach de equipe.

Pense em tarefas recentes de coaching de equipes. Identifique os dilemas – reais ou potenciais – que você encontrou. Liste-os. Em seguida, pergunte a si mesmo:

➤ O que você percebe sobre esses dilemas? Há algum ponto em comum? O que se destaca para você?

➤ Como você os enfrentou?

➤ Qual foi sua abordagem para lidar com eles? Uma estrutura como forma de pensar sobre eles seria útil?

Agora mapeie uma equipe que você esteja fazendo coaching atualmente ou esteja prestes a começar o coaching, para representar as partes envolvidas em um contrato multilateral. Você poderia usar linhas pontilhadas entre as partes quando o contrato estiver implícito, em vez de declarado.

➤ Quais são as diferentes necessidades dessas partes e como você poderia responder a elas ao contratar o coaching de equipe?

➤ O que precisa ser acordado entre essas diferentes partes para criar uma aliança de trabalho e como você conciliará quaisquer diferenças?

➤ Se você está atualmente fazendo coaching de uma equipe, consegue identificar algum dilema ético que tenha surgido ao contratar uma equipe de clientes? (Se puder, você não está sozinho. Essa é uma das ocorrências mais comuns no trabalho de coaching de equipes).

➤ O que você aprendeu sobre prática ética e contratação e como você integrará esse aprendizado à sua abordagem de coaching de equipes?

8 Cocriando o Relacionamento

A mudança acontece no recipiente do relacionamento.

– Bill Critchley (2010)

As relações estão no coração do coaching e, sem dúvida, formam o tecido de nossas vidas. Existimos em uma teia de relacionamentos, cada um com suas próprias histórias e necessidades, influenciando nosso senso de identidade e bem-estar.

Tire um momento para pensar em alguém que o tenha impactado negativamente. Como você descreveria seu relacionamento? O que você sente ao se lembrar dessa pessoa? Agora, faça o mesmo por alguém que tenha afetado você profunda e positivamente. Observe os diferentes sentimentos e sensações que são evocados em você.

Esses sentimentos estão enraizados na relação entre vocês. Eles afetam a forma como nos vemos, o que acreditamos ser capazes de fazer e nosso senso do que é possível na vida. Alguns relacionamentos evocam o melhor em você e a perspectiva mais otimista. Em outros, você pode se sentir pequeno, invisível ou não considerado, julgado e muito menos que inteiro. Aprendemos sobre quem somos e nosso lugar no mundo em relação a nós.

No coaching, os resultados bem-sucedidos dependem menos da teoria, técnicas, modelos ou ferramentas específicas de quem o pratica, e muito mais da força da relação de coaching (de Haan, 2008; Asay & Lambert, 1999). A relação de coaching é cocriada e serve como um recipiente para a mudança. Como alquimistas aquecendo metais básicos a altas temperaturas dentro de um 'pote de metal', na esperança de criar o elixir da vida, a relação de coaching proporciona um recipiente seguro onde a transformação pode ocorrer. No coaching de equipes, o 'pote de metal' de relacionamento precisa ser ainda mais substancial para potencialmente suportar reações químicas e calor extremas.

Há duas competências significativas que contribuem para cocriar a relação de coaching da equipe: *segurança psicológica e confiança*, e *relação efetiva*.

Competência 3: Segurança Psicológica e Confiança

A segurança psicológica é uma função do grupo, enquanto a confiança é entre dois indivíduos. A segurança psicológica descreve uma experiência imediata enquanto a confiança é sobre algum momento futuro.

– Stewart (2019)

O objetivo fundamental do coaching de equipes é que a equipe aprenda e cresça em sua capacidade de alcançar os resultados desejados. As equipes aprendem através do diálogo generativo, criando significados a partir de pensamentos divergentes, e a partir de novas experiências e práticas. Entretanto, todo o aprendizado é uma experiência vulnerável, pois nos tira de nossa familiar zona de conforto. Quando não nos sentimos seguros, nossa energia é direcionada para proteger a nós mesmos e aos outros, muitas vezes através de comportamentos defensivos. A segurança psicológica é, portanto, fundamental para o aprendizado e a mudança da equipe. Sem ela, o coaching de equipes pode fazer com que a equipe levante seus muros enquanto faz sua retirada. Entretanto, em um clima de segurança psicológica, as equipes podem estar no seu melhor desempenho e inovar.

O que é segurança psicológica?

Todos nós nos sentiremos inseguros em um grupo ou equipe em algum momento de nossas vidas. Como seres humanos, somos seres sociais e, na maioria, as pessoas são membros de vários grupos, tanto formais quanto informais. Portanto, em vez de procurar uma definição de segurança psicológica, convido-os a reservar um momento para refletir sobre sua experiência pessoal de ser membro de vários grupos e equipes, tanto em sua vida organizacional como privada.

Então, relembre uma experiência de não se sentir psicologicamente seguro no grupo. Talvez você se sentisse assim toda vez que estivesse envolvido com o grupo, ou talvez fosse um momento no tempo ao longo do ciclo de vida do grupo. O que influenciou sua experiência? Agora, pegue seu diário e anote os fatores que o fizeram sentir-se inseguro. Depois faça o oposto e pense em um grupo em que você se sentiu, ou se sente, muito seguro. Escreva os fatores que contribuíram ou contribuem para seu sentimento de segurança.

Diante de um novo mercado global para estudantes, uma prestigiosa universidade britânica elaborou um plano estratégico delineando cinco objetivos-chave que impulsionariam o desempenho. Este plano era ambicioso e exigiria um desempenho de elite da equipe executiva. O sucesso não seria alcançado simplesmente por ter boas pessoas; seria necessário um esforço consciente e determinado como equipe. Para este objetivo, o diretor de RH propôs algum coaching de equipe.

Encontrei-me com o vice-chanceler (VC) e concordei com uma abordagem que começou com uma fase de descoberta, incluindo uma avaliação da equipe executiva e entrevistas individuais com cada membro da equipe. Os resultados da avaliação seriam inicialmente analisados com o VC, e depois com a equipe como um todo, com o objetivo de esclarecer as áreas de desenvolvimento da equipe.

Os dados revelaram uma falta de confiança e abertura no fórum da equipe. Os membros da equipe foram extremamente cautelosos ao falar em reuniões de equipe, acreditando que seria limitador da carreira. Eles disseram "o que o diretor quer ouvir" em vez de falar o que pensavam, e não valeu a pena o esforço de falar de qualquer forma, pois o VC já havia decidido o que ele queria antes de qualquer reunião. Na realidade, as conversas eram mais construtivas fora das reuniões da equipe do que dentro.

Como combinado, encontrei-me com o vice-chanceler para compartilhar os temas do diagnóstico. Perguntei-lhe se eu podia falar claramente e ele disse que era todo ouvidos. Eu disse: "Há muitos temas fortes nos dados, principalmente em torno do excelente trabalho realizado sobre o novo plano estratégico. No entanto, sua equipe tem medo de falar o que pensa. Eles sentem que precisam antecipar o que você quer ouvir e que você não valoriza a contribuição deles para a tomada de decisões.". Eu fiz uma pausa. Houve um longo silêncio durante o qual o VC estava olhando para o chão com a testa pressionada contra os dedos íngremes. Eventualmente, ele olhou para cima e me olhou diretamente nos olhos e disse: "Eu lhes pago para fazer, não para pensar.", seu tom como uma bofetada no meu rosto. Eu me senti corar. Perguntei: "Mas as instituições acadêmicas não têm tudo a ver com fomentar e valorizar o pensamento independente?". Ele respondeu que precisava que eles entrassem e fizessem seu trabalho e que, se o coaching da equipe era para que eles discutissem e debatessem, ele não estava tendo nada disso.

A pesquisadora de Harvard Amy Edmondson (1999) define a segurança psicológica da equipe como "uma crença compartilhada pelos membros de uma equipe de que a equipe está segura para assumir riscos interpessoais". Isto não é o mesmo que coesão de equipe, o que pode resultar em pensar em grupo, pois, para preservar a harmonia, os membros da equipe não estão dispostos a discordar ou desafiar os pontos de vista dos outros. Em equipes com alta segurança psicológica, os membros se sentem confiantes para falar sem medo de serem vistos como ignorantes, incompetentes, negativos ou perturbadores.

*Veja o **site** do livro para detalhes da pesquisa do Projeto Aristóteles sobre "O que torna uma equipe eficaz no Google", com base no trabalho de Edmondson. Ele oferece definições de 'equipe' e 'eficácia', bem como algumas grandes ferramentas para promover a segurança psicológica.*

Para fornecer orientação mais específica para os coaches de equipe, na TCS, definimos a competência da segurança e confiança psicológica como "a capacidade de criar uma atmosfera segura e de apoio para o aprendizado e crescimento da equipe". Os comportamentos que apoiam isto são:

1. **Criar um ambiente que incentiva o contínuo respeito mútuo e a confiança no processo de coaching.**

2. **Estabelecer acordos claros, cumprir promessas e buscar permissão para treinar em áreas sensíveis.**

3. **Demonstrar integridade pessoal, honestidade e sinceridade e respeito pelos valores, crenças e estilos de aprendizagem da equipe.**

4. **Envolver se ativamente em *feedback* bidirecional aberto.**

5. **Fornecer apoio contínuo para novos comportamentos que apoiem correr riscos e o medo de falhar.**

A segurança psicológica da equipe vai além da confiança, muito reconhecida como importante na dinâmica de grupo; ela descreve um clima de respeito mútuo e confiança no qual as pessoas se sintam confortáveis em ser elas mesmas.

Criação de um contêiner

Não se pode trabalhar 'em' um campo. Mas você pode criar um 'contêiner'.

– William Isaacs (1999)

Um contêiner é um "recipiente" no qual a dinâmica e as correntes subterrâneas da equipe podem emergir com segurança. Às vezes referido como "espaço de retenção" pela intensidade emocional do grupo e sua situação, isto permite conversas que simplesmente não aconteceram antes. As equipes não dispõem de muitos desses espaços. As reuniões frequentemente tomam a forma de uma série de monólogos para serem sobrevividos, em vez de proporcionar um espaço onde as pessoas possam compartilhar a intensidade e a complexidade de suas circunstâncias. As equipes não podem aprender ou mudar sem diálogo e, sem um recipiente conscientemente mantido, nenhum diálogo acontecerá. Ao invés disso, as pessoas tentarão evitar problemas, resistir ao que está acontecendo ou recorrer à culpa.

Como coach de equipe, grande parte de seu foco inicial será a criação de um contêiner desse tipo. Com o tempo, o contêiner pode evoluir e se aprofundar e ser mantido pela equipe e não por você. O processo de construção do contêiner começa, como sempre, com a forma como você está aparecendo e sua mentalidade. A adoção de uma mentalidade "eu estou bem, você está bem, eles estão bem, nós estamos bem" cria a atmosfera, ou "campo" para o trabalho.

Uma vez que você esteja gerenciando com sucesso sua maneira de ser, então, concentre-se em gerenciar conscientemente os limites, pois isto é essencial para criar segurança. Uma maneira de pensar sobre limites é como um conjunto de normas para como as interações acontecerão. As normas são padrões de comportamento que se desenvolvem naturalmente em equipe. Com o tempo, elas se transformam em hábitos, até se tornarem expectativas comportamentais ou um contrato social. Esses hábitos podem apoiar ou dificultar a eficácia da equipe. As normas determinam como uma equipe funciona, por exemplo, como as agendas de reuniões são estruturadas. Elas determinam como as pessoas interagem umas com as outras. Elas são barulhentas, brincalhonas e turbulentas, ou formais e reservadas? Elas determinam se as pessoas chegam às reuniões na hora certa e vão direto aos negócios, ou se o atraso é normal, ao lado de uma boa dose de brincadeira social, antes de chegar à tarefa. Elas definem como as decisões são tomadas e como as pessoas são responsabilizadas. Elas também tratam de como a equipe lida com conflitos – ou não lida.

As equipes não podem NÃO formar normas!

Assim, equipes inteligentes as criarão de forma consciente e intencional.

Algumas vezes referidas como "regras básicas", "regras de ouro" ou "princípios operacionais", as normas podem ser formadas em um conjunto de acordos que orientem as expectativas e o comportamento da equipe. Normas bem formadas têm muitos benefícios positivos, tais como proporcionar um senso de controle e segurança na equipe, assim como um senso de responsabilidade, prestação de contas e confiança.

A título de exemplo, muitas vezes observo os melhores times durante suas reuniões de rotina normais, e é comum encontrar um membro da equipe se apresentando sem ninguém prestar atenção nele, pois eles estão ocupados lendo papéis ou fazendo anotações enquanto o apresentador está falando. Você já tentou falar com convicção ou teve uma conversa que mudou o jogo quando ninguém estava olhando para você? Uma regra básica útil pode ser que os membros da equipe estejam conscientes de olhar uns para os outros para se envolverem na conversa que está acontecendo diante deles.

> *Visite o **site** do livro para conhecer alguns conjuntos de normas que você pode compartilhar com os times.*

Entretanto, cada equipe opera em uma cultura e contexto diferentes, e isto informará as normas que provavelmente serão as mais eficazes para a equipe com a qual você está fazendo coaching. Portanto, convide a equipe a explorar e desenvolver normas e práticas que transformem hábitos inúteis em hábitos úteis.

Embora não exaustiva, aqui está uma lista de áreas a serem exploradas com as equipes:

➤ Qual estrutura de reuniões de equipe lhe servirá melhor?

  ➤ Como serão formadas as agendas?

  ➤ Quem irá liderar a reunião?

  ➤ Quanto tempo vamos dar para o debate?

  ➤ Quem irá registrar as discussões e decisões?

  ➤ Como as informações serão repassadas aos demais?

➤ Quais são as suas expectativas em relação uns aos outros nas reuniões?

  ➤ É aceitável perder reuniões?

  ➤ Em caso afirmativo, outro representante pode se apresentar?

  ➤ Como você incentivará a participação?

  ➤ Como você vai garantir que o diálogo seja significativo e útil?

➤ Como vocês aplicarão as normas e padrões?

➤ Como você irá discutir e debater os itens?

➤ Como serão tomadas as decisões?

➤ Como as ações de acompanhamento serão rastreadas?

➤ Como vocês se responsabilizarão mutuamente pela execução das decisões?

➤ Que faíscas entram em conflito?

➤ Como será trabalhado?

➤ Como concordamos em estar uns com os outros em tempos de conflito?

➤ Como lidar com os erros?

Há uma coisa em comum entre todas as equipes de alto desempenho: elas desenvolveram normas de grupo que criam um senso de união, ao mesmo tempo em que incentivam as pessoas a assumir riscos.

Check-ins

> A maioria dos indivíduos parece não conseguir reconhecer as correntes subterrâneas sob a superfície de suas conversas, correntes subterrâneas que podem unir as pessoas ou dilacerá-las.
>
> – William Isaacs (1999)

Um *check-in* é uma das práticas mais simples de coaching de equipes, convidando as pessoas, uma a uma, a dizerem algumas palavras sobre quais pensamentos ou sentimentos as estão movendo no momento. A beleza dos *check-ins* é que eles invocam nossa humanidade, convidando-nos a falar com nossa própria experiência e com o que mais nos importa. A oportunidade é diminuir o ritmo, a fim de nos conectarmos, refletirmos e sermos ouvidos. Os *check-ins* muitas vezes iniciam o processo de aflorar as correntes subterrâneas que existem sob a superfície da conversa, já que estas muitas vezes contêm informações cruciais para qualquer diálogo subsequente em equipe.

Enquanto alguns profissionais defendem processos de *check-in* específicos, tais como rodadas de reflexão, revezar quem fala ou o uso de 'bastões de fala' ou outros artefatos, eu acho melhor manter o processo muito simples e com poucas instruções além de ouvir e estar presente. Como você mantém o espaço e sua própria presença pode ser muito mais impactante do que um processo prescrito. Uma vez que a equipe experimenta a arte de fazer o *check-in* juntos, eles raramente voltam atrás. Como diz Peter Senge, "Uma vez despertas, as pessoas não voltam a dormir".

Para sua própria sanidade e proteção, vale a pena observar que você não pode criar segurança psicológica em todos os contextos e condições. Muitos coaches, inclusive eu, acreditam apaixonadamente no potencial humano e estão profundamente motivados para fazer do mundo um lugar melhor. Mas alguns locais de trabalho são tóxicos – caracterizados pelo drama, pela luta interna, pela política e pelas batalhas pessoais. Eles são frequentemente o resultado de corrupção e líderes motivados pelo poder pessoal, *status* e riqueza e que estão preparados para usar meios antiéticos e/ou ilegais para atingir seus objetivos. Cuidado com qualquer fantasia que você possa ter de ser capaz de consertar o que está profundamente quebrado. Você pode ser um grande coach, mas não tem o poder de mudar uma cultura inteira sozinho, e pode se machucar – sentindo-se um fracasso, tornando-se autocrítico, perdendo a confiança – enganando-se a si mesmo de que pode alcançar o inalcançável. O contexto em que uma equipe se situa configura o que é possível, portanto, preste atenção tanto ao contexto quanto à equipe.

Consulte o Capítulo 12 para obter mais informações sobre os *check-ins*.

Competência 4: Relação Efetiva

Como nós pensamos afeta a forma como falamos. E como conversamos juntos determina definitivamente nossa eficácia.

– William Isaacs (1999)

Os problemas de hoje são complexos demais para serem administrados por uma só pessoa. Precisamos de inteligência coletiva para resolvê-los. A *relação efetiva* é, portanto, essencial para os avanços necessários para que as organizações possam prosperar neste mundo de turbulência e interdependência. Isso requer um compromisso demonstrável com o relacionamento, que é algo raramente considerado ou expresso na vida organizacional, e a arte do diálogo, que parece ter sido praticamente perdida em nossa cultura moderna.

Isto vai além de ouvir para pensarmos e refletirmos juntos, para construirmos ideias e chegarmos a melhores resultados. Como um coach de equipes, você pode desempenhar ativamente o papel de modelo do conflito construtivo, demonstrando como diferenciar uma forma que desenvolve a compreensão mútua, aumenta o respeito e desenvolve as relações.

O coaching de times é intrinsicamente relacional. Você entra numa relação real com a equipe, negociando diferentes perspectivas dentro da equipe e entre a equipe e você mesmo. Você cria maior confiança e segurança ao longo do tempo, ocupando um espaço onde as diferenças podem ser abertamente expressas e exploradas. Isto significa estar disposto a mostrar como a equipe está impactando você, sendo respeitoso e autêntico em sua resposta.

Ser com, ao invés de fazer com, é a essência de uma abordagem relacional. Isto não surge de um item da agenda ou de um conjunto de objetivos a serem alcançados, mas é fundamental para o funcionamento ideal da equipe. A adoção de uma abordagem relacional requer um compromisso sincero com o relacionamento e com o diálogo. O diálogo é uma forma emergente de comunicação, e não pode ser planejado ou facilitado. Nosso compromisso com o relacionamento é, portanto, mais uma postura do que uma técnica ou metodologia. É a própria atitude ou mentalidade que molda a forma como nos relacionamos com os outros.

Definimos a competência *relação efetiva* como "a capacidade de estar aberto, no momento, ativamente disponível e responsivo".

Aberto: isto é, o oposto de fechado. Em termos relacionais, se estivermos fechados, estamos colocando uma barreira com o objetivo de evitar que alguém ou qualquer coisa nos afete. Portanto, a abertura exige que retiremos nossa armadura e nos deixemos vulnerabilizar. A partir deste lugar, podemos nos engajar em uma comunicação aberta, significativa e flexível.

No momento: as relações são formadas através da interação momento a momento. Aprendemos uns sobre os outros e sobre a vida através de nossas relações. Aparecemos autenticamente em cada momento, abertos aos outros e às nossas diferenças.

Ativamente disponível e responsivo: Não há nada mais ameaçador do que falar a sua verdade apenas para ser atendido por uma expressão de cara de paisagem, com a reação de uma mosca morta. Como coach de equipes, sua disponibilidade energética e sua capacidade de resposta aos outros é a chave que abre a porta para o desenvolvimento da equipe.

Era meio da tarde, e a equipe havia passado várias horas debatendo suas prioridades. A conversa parecia estar girando em círculos. Cada um dos nove executivos estava ansioso para defender sua própria visão sobre as prioridades, mas sem nenhuma conexão com o que o orador anterior estava dizendo. Alguns estavam ficando mais tempo falando através da pura força de argumentação, e outros tinham se desconectado da conversa. A energia estava ficando baixa e a irritação estava aparecendo.

Eu permaneci alerta, porém calma, conectando-me com os outros e com a situação ao meu redor, "seating in the fire". Depois de mais alguns minutos, intervim: "Sinto um pouco de bloqueio – o que está acontecendo para cada um de vocês neste momento? Podemos ficar com isto por um momento?".

Após um silêncio desconfortável, um membro da equipe falou, relatando que se sentia frustrado (vários outros acenaram com a cabeça). Outro disse que tinha feito o check-out mentalmente há dez minutos. Outro membro da equipe correu um risco, dizendo: "Isto é normal, andamos em círculos até ficarmos sem tempo.".

Eu respondi: "Imagino que isso seja muito frustrante. Pergunto-me como seria trazer nove mentes brilhantes para o alinhamento.". Convidei-os a criar uma experiência para experimentar isto.

Eles passaram os próximos 15 minutos discutindo o que poderiam fazer de diferente. A experiência que criaram foi para uma pessoa facilitar a equipe, dando a cada pessoa o espaço para compartilhar sua perspectiva, e outras pessoas da equipe escutariam e perguntariam sem defender um ponto de vista. Eles teriam, então, uma rodada de busca para construir as ideias, e depois uma rodada final buscando uma conclusão.

Fizemos experiências com este processo, parando várias vezes para verificar o progresso e ajustar o processo. A energia se deslocou para um nível mais alto e com uma característica maior de engajamento, e todos participaram. Eu ofereci encorajamento, percebendo o que parecia estar funcionando bem ao longo do caminho. A sessão terminou com uma revisão do aprendizado da equipe e um compromisso de levar este aprendizado para suas reuniões regulares.

Esperamos que você possa ver que uma resposta empática pode ajudar a dar voz a quaisquer frustrações e convida a equipe a criar opções e maneiras de trabalhar em conjunto.

Trabalhando através das diferenças

A força de uma equipe vem de seus diversos pontos de vista. Entretanto, embora a diversidade possa melhorar o debate necessário que conduz à tomada de decisões, quando é hora de tomar decisões, as equipes frequentemente lutam para integrar perspectivas diferentes e aparentemente opostas, como ilustrado acima.

Os membros da equipe frequentemente têm perspectivas diferentes sobre a mesma situação porque têm papéis diferentes e, portanto, têm agendas e informações diferentes. A forma como vemos as coisas depende de para onde estamos olhando.

Imagine quanto mais produtividade seria obtida em equipes, em todo o mundo, se sua inteligência coletiva pudesse ser aproveitada. Os coaches de equipes têm um papel importante a desempenhar neste contexto, criando um espaço para os membros da equipe fazerem uma pausa e explorarem como eles podem fazer sentido coletivo a partir de múltiplas perspectivas que parecem estar em desacordo entre si.

Muitas vezes, se você observar uma equipe em ação, você notará que as pessoas frequentemente vão diretamente para posições ou soluções que defendem. Ao invés disso, convide a equipe a se aprofundar para entender os interesses uns dos outros, e não suas posições. Os interesses são as necessidades ou preocupações subjacentes que as pessoas usam para gerar suas posições.

Para ilustrar com um exemplo simples, se duas pessoas estão em uma reunião e uma diz que quer fazer uma pausa de 15 minutos e a outra quer continuar até que uma decisão seja tomada, essas são posições. Se você perguntar a um: "O que o leva a querer uma pausa?", ele pode dizer que eles estão cansados e precisam se refrescar para continuar a conversa. Se você perguntar ao outro: "O que o leva a querer continuar até que uma decisão seja tomada?", poderá dizer que é porque estão preocupados que o tempo se esgote e não chegarão a uma decisão. Agora entendemos os diferentes interesses, e podemos perguntar-lhes: "Como podem resolver isto de uma maneira que atenda a ambos os seus interesses?".

Pares de coaches

Muitos coaches de equipe preferem trabalhar em pares. Ao trabalhar como um par, você tem uma oportunidade real de modelar uma relação efetiva. Demonstrar uma relação efetiva de trabalho contínuo entre o par de coaches pode contribuir muito para o aprendizado da equipe. Enquanto facilitadores e professores frequentemente distribuem a liderança nas diferentes partes de um *workshop*, a dupla de coaches trabalha lado a lado. Portanto, eles precisam aprender e desenvolver habilidades sofisticadas na compreensão um do outro e confiar quando devem liderar e quando devem seguir na dança do relacionamento. Eles se escutam mutuamente, construindo abertamente sobre as ideias um do outro e, quando suas perspectivas diferem, eles demonstram o uso da curiosidade e da indagação de forma transparente para informar suas decisões.

Pausa para Reflexão

A segurança psicológica é essencial para que uma equipe se arrisque a experimentar novas formas de trabalho e, portanto, é uma pré-condição para o aprendizado e a mudança. A confiança é um fenômeno individual, ou seja, existe em um membro da equipe, enquanto a segurança psicológica ocorre entre os membros da equipe. Pergunte a si mesmo:

➤ O que eu preciso para poder confiar em X (determinado membro da equipe)?

➤ O que poderia minar essa confiança?

➤ Como posso contribuir para desenvolver um relacionamento mais baseado na confiança com X (membro da equipe)?

➤ O que eu preciso (tornar pessoal) para me sentir seguro nessa equipe (como membro ou coach da equipe)?

➤ O que poderia corroer essa segurança psicológica e quais seriam os sinais disso?

➤ Se eu observar esses sinais, que medidas tomarei?

➤ Como posso contribuir para a construção da segurança psicológica em uma equipe e o que preciso dos outros para fazer isso?

O que você aprendeu sobre relacionamento eficaz e criação de segurança psicológica e confiança e como você integrará esse aprendizado à sua abordagem de coaching de equipe?

"São necessários dois para dançar o tango", como diz o ditado, e isso não é mais verdadeiro do que em uma abordagem relacional ao coaching de equipes. Por sua própria natureza, os relacionamentos são formados entre mais de uma pessoa e, muitas vezes, entre várias pessoas, se a equipe for composta por vários membros. Portanto, os relacionamentos podem ser cocriados. Isso não é fácil para muitas equipes e, assim, os coaches de equipes podem demonstrar isso por meio da competência de relacionamento eficaz.

Tente o seguinte para desenvolver sua competência de relacionamento eficaz: pense nos relacionamentos significativos de sua vida (no trabalho e fora dele) e pergunte a si mesmo:

➤ Como você "faz" relacionamentos? Com quem você se relaciona facilmente? Com quem tem menos facilidade? O que há nessa(s) pessoa(s), real ou percebido, que contribui para um vínculo mais estreito ou uma distância maior entre vocês?

➤ Quem você prefere evitar ativamente e por quê? Isso pode revelar algumas partes de você que não foram reconhecidas (sua sombra) e que você projeta e vê nos outros. Aprenda a reconhecer e a se apaixonar por seu "eu" renegado. Isso também pode aumentar a sua conscientização sobre outras pessoas que você pode inconscientemente evitar (por exemplo, prestar menos atenção) durante o coaching de equipe!

➤ Como é estar consigo mesmo? Você pode se sentir mais confortável com isso e aceitar a si mesmo? Quando você está mais ou menos sintonizado consigo mesmo? O que desencadeia isso?

➤ Como é estar com os outros? Você pode se sentir mais confortável com isso e aceitar os outros para poder se relacionar com eles? Quando você está mais ou menos sintonizado com os outros? O que desencadeia isso?

➤ Como você constrói relacionamentos? Como você os mantém? O que você faz/não faz?

Lembre-se de que os relacionamentos são forjados (fortalecidos) por meio de calor e pressão. Uma equipe já experimentou calor suficiente para forjar relacionamentos fortes? O que aconteceria se você aumentasse a temperatura durante o coaching da equipe?

9 Fomentando uma Comunicação Eficaz

Em quase todos os ambientes onde as práticas de diálogo foram incorporadas e fazem parte das rotinas diárias, o mínimo que eu posso dizer é que as mudanças resultantes se tornaram irreversíveis.

– Peter Senge, em prefácio a Isaacs (1999)

A comunicação eficaz é o elemento fundamental de toda interação humana e é um procedimento ativo e hábil. Em equipe, é a moeda fundamental da troca e molda cada pensamento, ação e reação – para o melhor ou pior. Sem comunicação, não há trabalho em equipe.

Portanto, as três competências que fomentam a comunicação eficaz são tão essenciais para as equipes dominarem quanto para os coaches de equipes. Estas são: *comunicação direta*, *perguntas poderosas* e *escuta ativa*.

FOMENTANDO UMA COMUNICAÇÃO EFICAZ

7. Comunicação Direta   6. Perguntas Poderosas   5. Escuta Ativa

Competência 5: Escuta ativa

Nunca vi uma ou duas pessoas disputando algo convencerem a outra por meio de argumentos.

– Thomas Jefferson, Cartas

Na TCS, descrevemos a *escuta ativa* como "a capacidade de escutar profundamente os membros da equipe, a equipe e a voz do sistema no qual o time está inserido, no contexto da mudança desejada pelo cliente". Ambas as palavras "ativa" e "escuta" são vitais. A escuta não é um esforço passivo, é dinâmica e colaborativa. Como coach de equipes, você cria um espaço onde a escuta pode ocorrer. Você escuta cumulativamente de sessão em sessão e ao longo de cada sessão individual. Você escuta as aspirações, objetivos, valores e crenças da equipe. Você resume o que tem sido dito para aumentar a compreensão e viabilizar que a equipe ouça a si mesma. Conforme temas sensíveis vão aparecendo, você encoraja as pessoas a expressarem suas questões, preocupações e necessidades e reforça quaisquer pensamentos e sentimentos que elas expressem.

O papel do coach é ouvir sem críticas ou sem tentar "consertar" qualquer problema percebido. Isto permite à equipe falar sobre seus sentimentos sem julgamento ou apego e sentir-se aceita, estar mais presente e seguir em frente. À medida que eles exploram suas preocupações, apoie os membros da equipe a realmente se escutarem e ouvirem uns aos outros, e a colaborarem em ideias e sugestões.

Ouvir sem uma ideia pré-concebida é ouvir com humildade. Em vez de interpretar o que vemos através de nossos próprios modelos mentais, precisamos distinguir entre as conclusões que estamos tirando sobre uma experiência e a própria experiência. Todos nós podemos, rapidamente, tirar conclusões, mas nossas conclusões não são a realidade. Isaacs (1999) diz: "Ouvir requer que não apenas ouçamos as palavras, mas que também abracemos, aceitemos e, gradualmente, abandonemos nosso próprio clamor interior". Isto significa ouvir os outros, assim como a nós mesmos e nossas próprias reações. Escute de uma forma que permita que o sistema fale com você. Diminua a velocidade do processo para ouvir entre as palavras, o tom de voz e a linguagem corporal da equipe. Ouça tanto as palavras quanto o silêncio entre as palavras, comunicado através da linguagem corporal e da sensação percebida. Preste atenção quando algo significativo é dito, quando novos aprendizados e capacidades são encontrados, e quando a equipe descobre um poderoso senso de discernimento, identidade e espírito de equipe.

Ouça a voz da equipe e o que quer ser dito em nível coletivo. Como na música, você pode discernir qualquer nota, ou pode sintonizar toda a composição e sua melodia. Tudo está interligado; cada frase na música contém informações sobre toda a sinfonia. Ouça as dimensões mais amplas que envolvem a equipe, abrindo a porta para uma conexão maior com as necessidades emergentes das partes interessadas e do mundo. Ouvir desta forma ajuda as pessoas e as equipes a resolverem as diferenças para se tornarem mais conscientes de sua participação em um todo muito mais amplo.

Perguntei se eles estavam prontos para iniciar nossa sessão e depois convidei o CEO para começar a fazer o check-in. Ele começou a falar apaixonadamente sobre o crescimento da marca e as oportunidades.

Notei que o Diretor Financeiro cruzou seus braços, estava franzindo a testa e olhando para baixo, mexendo com sua caneta. Enquanto o CEO continuava, comecei a sentir um nó no estômago, e senti que tinha algo mais ali. Pedi para fazer uma pausa e disse:

"Enquanto me sento com vocês aqui, estou me sentindo inquieta. Estou curiosa, o que vocês estão experimentando neste momento?" (eu estava fazendo coaching com a equipe há algum tempo e a equipe estava acostumada com esta minha pergunta).

O diretor de vendas disse: "É incrível, realmente acho que estamos no ponto de inflexão.".

Eu notei a rigidez do Diretor Financeiro. Eu lhe perguntei: "Eu notei que você se sentou mais de pé e dobrou os braços com mais força. Estou curiosa, o que está acontecendo com você?". Disse ele, então: "Estou preocupado que estejamos ignorando o fato de que precisamos ter lucro. As vendas são ótimas, mas sem lucro, estamos ferrados.".

Após um longo silêncio, o CEO falou, e seu tom de voz estava mais baixo e sua energia mais estável do que antes: "Olhem, não quero preocupá-los, pois estamos tão perto do sucesso, mas, se não arrecadarmos mais dinheiro, estaremos fora do negócio em dois meses, com a nosso nível atual de despesas.". Eu me sentei em silêncio, sustentando o espaço. A tensão era palpável e parecia que estávamos todos prendendo a respiração. Eles haviam trabalhado duro e conseguido tanto, e agora estavam à beira do fracasso.

Eu disse: "Eu ouvi você [CEO] dizer que não queria preocupar a equipe e estou curiosa sobre as respostas dos membros da equipe a isso.". O diretor de operações começou a responder, olhando para mim enquanto ele falava. Rapidamente levantei minha mão, dizendo: "Convido você a falar diretamente com o CEO" (mantendo-os conectados uns com os outros e não comigo). Ele se voltou para o CEO: "Acho que todos nós pensamos que poderia ser esse o caso, mas não queríamos estragar o seu momento falando sobre isso, pois não tenho certeza se podemos fazer muito a respeito.".

A *escuta ativa* começa com a tomada de consciência de como você está escutando. Ouça a si mesmo e suas próprias reações, perguntando-se o que você está sentindo agora. Ao conectar-se com seus sentimentos, você está se conectando com o coração da experiência coletiva. Como resultado, a equipe sente aceitação, confiança e abertura e responde de acordo. Todas estas são pistas que o coach experiente usa para compreender plenamente a essência do espírito coletivo da equipe.

Em histórias reais de coaching, é impossível separar a *escuta ativa* de perguntas poderosas, assim como outras competências e meta-habilidades em ação. Por exemplo, você pode ter a sensação de que eu estava usando as meta-habilidades da presença e do uso do *self*.

Competência 6: Perguntas Poderosas

O trabalho importante e difícil é nunca encontrar as respostas corretas. É encontrar a pergunta certa.

– Peter Drucker, *A Prática da Administração*

Coaches experientes sabem que perguntar em vez de contar é central para seu trabalho. "Dizer" evita que as pessoas tenham que pensar. Fazer perguntas faz com que elas pensem por si mesmas. Edgar Schein (2013) descreve a "indagação humilde" como "a bela arte de revelar algo a alguém, de fazer perguntas para as quais você ainda não sabe a resposta, de construir uma relação baseada na curiosidade e no interesse genuíno pela outra pessoa". Grandes perguntas geram pensamento criativo e catalisam descobertas. Elas desvendam a imaginação e convidam à exploração, reflexão e descoberta.

Quando usadas no coaching de equipes, perguntas poderosas focam a atenção e criam clareza. Elas geram consciência e transferem a responsabilidade para a equipe. Perguntas poderosas podem ajudar uma equipe a moldar sua identidade e fortalecer sua crença e motivação. Elas servem para esclarecer os esforços coletivos da equipe e deslocar uma equipe desarticulada em direção ao alinhamento, evocando o coletivo em vez do individual.

As perguntas poderosas ajudam a equipe a aprender, crescer e alcançar o sucesso, o que é importante para o desempenho e o bem-estar contínuo da equipe.

Perguntas poderosas no coaching de equipes

Um consultor faz perguntas para coletar informações, diagnosticar e fazer recomendações. O consultor tem a experiência e o cliente é o beneficiário. Em contraste, como coach de equipes, você confia que a equipe tenha as respostas de que precisa. O objetivo de suas perguntas é criar consciência, percepção, opções e mudanças. Ao encontrar respostas e soluções, a equipe tem mais energia e se encontra com mais recursos e, portanto, com maior probabilidade de obter os resultados. Os coaches de equipes mais eficazes têm a "curiosidade" como um mantra central em sua postura, e a curiosidade precisa de perguntas que levem a equipe à procura de respostas.

Então, quais são as considerações específicas para utilizar perguntas poderosas com as equipes? Um princípio-chave é que as perguntas de coaching seguem os interesses e a agenda da equipe, não a do coach, porque, quando o coach lidera o foco das perguntas, ele corre o risco de dirigir a equipe, reduzindo a responsabilidade coletiva. Mas seguir a liderança da equipe pode ser um desafio, já que diferentes membros da equipe frequentemente tentam levar a conversa em diferentes direções, deixando a equipe girando em círculos. Portanto, os coaches da equipe precisam de maneiras criativas para que a equipe se concentre em uma direção por tempo suficiente para realizar algum trabalho significativo.

Geração de uma figura coletiva de interesse

Um conceito-chave em psicologia Gestalt é o *campo da figura* (ver Capítulo 12), um processo natural de percepção humana que se refere ao que prestamos atenção e ao que não prestamos. A "figura de interesse" é o foco de nossa atenção e criação de significado; o "fundo" é tudo o mais que está em segundo plano.

As equipes estão quase sempre navegando entre as figuras de interesse, que são concorrentes entre si, concorrentes de seus membros, a menos que uma crise sirva para focar a mente coletiva. Portanto, a arte do coaching de equipes é identificar uma figura coletiva que possa ser explorada por toda a equipe. Aqui estão algumas questões que podem servir para mudar uma equipe da divergência para um foco comum:

➤ **Qual é o denominador comum em todas as suas visões aparentemente diferentes?**

➤ **Se a equipe fosse uma entidade em si própria, o que ela diria?**

➤ **O que é que as pessoas estão tentando dizer aqui juntas?**

Essas perguntas procuram evocar uma história ou voz emergente que capte mais do que qualquer uma das pessoas esteja dizendo – é a voz da equipe.

Encontrar o propósito da equipe

Para que um grupo de indivíduos se forme como uma equipe, é necessário que haja um propósito comum. Um propósito de equipe claro, desafiador e coerente impulsiona a inspiração, o compromisso e a colaboração necessários para alcançar resultados notáveis como equipe. Na ausência de um objetivo coletivo atraente, os membros da equipe geralmente concentram sua energia e tempo na obtenção de resultados para seu serviço ou função, ou para si mesmos.

O propósito de uma equipe pode ser definido pelo líder da equipe, pelas partes interessadas, pelos membros da equipe ou por uma combinação entre todos eles. Há muitas perguntas que os coaches podem fazer para esclarecer o propósito da equipe, como, por exemplo:

➤ Por que sua equipe existe?

➤ Qual é o real valor agregado que vocês trazem como uma equipe?

➤ Qual é o trabalho da equipe?

➤ Que benefícios vocês trarão para a empresa e para o mundo?

➤ Que trabalho esta equipe precisa fazer em conjunto como uma equipe?

Alavancando a sabedoria coletiva da equipe

Até agora, descrevi o papel do coach ao fazer perguntas. Na conferência da ICF Converge de 2017 em Washington, o diretor executivo do MIT Leadership Centre, Hal Gregersen, fez um brilhante discurso de abertura onde ele nos desafiou a fazer *brainstorming* para perguntas, não para respostas. O público foi convidado a participar de um pequeno processo de seis minutos chamado "explosão de perguntas" que poderíamos aplicar para resolver nossos próprios problemas, bem como com nossos clientes de coaching. Desde então, tentei esta abordagem no coaching de equipes com ótimos resultados. São necessários apenas quatro passos simples:

1. Preparar o cenário: Selecione um desafio com o qual a equipe se preocupe profundamente.

2. *Brainstorming* das perguntas: Convidar a equipe a passar quatro minutos gerando o maior número possível de perguntas sobre o desafio.

3. Identificar uma busca: Convidá-los a estudar as perguntas e selecionar algumas perguntas 'catalíticas' da lista e expandi-las em seus próprios grupos de perguntas relacionadas ou de acompanhamento. Aprofundando o entendimento em torno da importância de uma pergunta e explorando os obstáculos para resolvê-la, você aumenta a determinação e a capacidade de fazer algo a respeito.

4. Comprometer-se: Peça-lhes que se comprometam a seguir pelo menos um novo caminho que tenham vislumbrado e façam o que for preciso para que o trabalho seja feito. Incentive-os a evitar tomar o caminho mais confortável ou fácil e, ao invés disso, concentrarem-se no que fará com que o problema seja resolvido.

Dicas:

➤ Busque gerar pelo menos 15-20 perguntas no tempo previsto.

➤ Não responda nenhuma das perguntas, nem mesmo explique por que se está fazendo a pergunta.

➤ As questões catalíticas são as que apresentam maior potencial para perturbar o *status quo*.

➤ Para ler mais sobre as perguntas e esta abordagem, veja o trabalho de Gregersen (2018a, b).

Embora eu tenha dado alguns exemplos de perguntas aqui, as perguntas realmente poderosas de coaching surgem espontaneamente durante as sessões de coaching de equipes, muitas vezes até mesmo pegando você de surpresa. Isto requer uma relação forte de coaching de equipes, fundada na *segurança psicológica e na confiança*. Quando você estiver totalmente presente à STS (*self*, time e situação), perguntas poderosas simplesmente virão até você.

> Visite o **site** do livro para um material sobre perguntas poderosas no coaching de equipes.

Competência 7: Comunicação direta

Quando seu coração e sua mente estão claros, você é capaz de falar de forma simples e direta. Se você estiver entulhado de "deverias", "e ses", medo, emoção ou julgamento, sua mensagem será nebulosa.

– Marion Franklin, boletim informativo 'Lições Pequenas da Vida'.

Fazer perguntas é potencialmente muito poderoso, mas os coaches muitas vezes precisam de outras habilidades para ter impacto no coaching de equipes. A *comunicação direta* é uma habilidade crítica para os coaches de equipes, já que se trata de ver outras perspectivas, fornecer *feedback* e desafio.

As equipes podem estar uma confusão quando as informações fluem através de múltiplas fontes e em múltiplos níveis. As pessoas muitas vezes dizem coisas num tom que não traduz o que querem dizer e lutam para dizer o que querem dizer da forma mais adequada e efetiva. Ideias úteis se perdem à medida que a pessoa tenta traduzir seu pensamento em palavras, e a pessoa que grita mais alto é ouvida. As pessoas são mestres da comunicação indireta, agindo ao invés de expressar diretamente um ponto de vista ou uma preocupação. Isto pode levar a falsas suposições e mal-entendidos, conflitos e perda de confiança. Por causa disso, a *comunicação direta* é uma das competências mais importantes.

Na TCS, definimos a *comunicação direta* como "a capacidade de comunicar-se clara e diretamente em interações de coaching". A habilidade envolve:

➤ Declarar claramente os objetivos do coaching, o tema da sessão e a finalidade dos exercícios.

➤ Utilizar uma linguagem apropriada e respeitosa para iluminar o processo da equipe ou para ilustrar um ponto.

➤ Ser claro, articulado e direto em compartilhar e fornecer *feedback*.

➤ Reenquadrar para ajudar a entender outras perspectivas.

➤ Nomear e desafiar suposições e crenças limitantes.

Era o outono de 2020. Presos nas tentativas de liderar através de repetidos ciclos de confinamento, ao longo dos meses de pandemia, as avaliações de engajamento haviam caído. Como uma organização que se orgulhava em estar na lista das "Melhores empresas para se trabalhar", a equipe sênior ficou alarmada com estas pontuações. Seus membros reconheceram que, desde o confinamento, tinham cancelado a conferência anual e as reuniões de assembleia com todos os colaboradores. Mergulhando mais profundamente em sua realidade, eles perceberam que suas reuniões, todas conduzidas virtualmente, tinham se tornado muito transacionais, pois se concentravam em realizar as tarefas da maneira mais eficiente possível. Quando perguntados "Quais são as possibilidades?", eles responderam que precisariam esperar para melhorar o engajamento do pessoal até que o confinamento terminasse e pudessem se encontrar pessoalmente novamente. Eu disse: "Uma força de trabalho engajada ajudará você a navegar nesta crise.". Isto foi suficiente para abrir novas possibilidades e, uma semana depois, a equipe sênior organizou uma reunião virtual com toda a organização para reconectar, ouvir e oferecer segurança.

Como você pode ver, a *comunicação direta* é uma declaração cirúrgica – "Uma força de trabalho engajada o ajudará a navegar nesta crise." – e não uma pergunta. Pode ser seguida por uma pergunta, mas certifique-se de que a declaração tenha tempo para aterrissar.

Também inclui 'reenquadramento' para ajudar a equipe a olhar a situação de uma perspectiva diferente. Isto pode incluir mensagens diretas, reflexões e observações ou metáforas, já que estas podem ser muito eficazes em ir direto ao ponto, tais como "É como um quebra-cabeça e cada um está olhando para peças individuais. Como você pode juntar todas as peças para formar uma imagem?". Ou você poderia dizer: "Esta equipe é como bando de gansos voando, com cada um se revezando para tomar a liderança.", destacando o progresso da equipe em compartilhar a liderança.

Uma última dica: lembre-se de que, ao utilizar a *comunicação direta* com uma equipe, você está modelando uma habilidade incrivelmente valiosa para que seus membros também dominem. Portanto, pratique esta competência com colegas coaches para que se torne fluida e gentil.

Pausa para Reflexão

A moeda corrente de qualquer relacionamento é a capacidade de se comunicar – tanto ouvir quanto falar, e este capítulo explica ambos.

Embora tanto a escuta ativa quanto a comunicação direta se apliquem ao coach de equipes, elas também se aplicam a uma equipe. Em outras palavras, são competências que o coach deve demonstrar e incentivar, portanto, o coach "promove" a comunicação eficaz em uma equipe. Ambas são habilidades que podem ser desenvolvidas pelo coach da equipe.

Experimente esta atividade para desenvolver sua escuta ativa:

➤ Reflita sobre seu trabalho mais recente com grupos e equipes.

➤ Quem você ouviu – a equipe inteira como uma entidade intacta ou os membros individuais da equipe – ou ambos? Como você escuta a "voz da equipe" e como a equipe escuta isso?

➤ O que você estava escutando? É provável que você tenha padrões em seus hábitos de escuta. Após cada sessão de coaching de equipe, faça algumas anotações breves sobre o que ouviu. Compare-as entre sessões e entre diferentes equipes. Que padrões você pode observar?

➤ Em que você está prestando atenção? Quanto da sua atenção está sendo dedicada a uma pessoa e/ou tópico específico? Com esse foco, ao quê poderíamos estar prestando pouca ou nenhuma atenção?

➤ Quais são suas coisas mais e menos favoritas de escutar?

➤ Verifique o foco do que você buscou escutar e ouvir com um co-coach de equipe ou par. É provável que vocês tenham escutado e ouvido coisas diferentes. Como você pode ampliar seu radar de escuta coletiva? Como preencher as lacunas em sua escuta coletiva?

A "comunicação direta" é mais difícil do que parece. Para desenvolver essa competência, tente:

➤ Foco a "laser" – Pratique ser preciso em sua comunicação. Evite jargões e palavras complexas. Mantenha as instruções curtas. Verifique a compreensão da equipe. Observe o impacto desse foco mais preciso na equipe.

➤ Brevidade – Pratique o uso do menor número possível de palavras, mantendo sua linguagem simples e direta. Observe o efeito dessa brevidade na equipe.

O que você aprendeu sobre as competências de escuta ativa e comunicação direta e como você integrará esse aprendizado à sua prática de coaching de equipes?

Como você desenvolve ou desenvolverá as capacidades de escuta ativa e comunicação direta da equipe?

10 Trabalhando com Sistemas e Dinâmicas

Não podemos impor nossa vontade a um sistema.

Podemos ouvir o que o sistema nos diz...

Não podemos controlar os sistemas ou descobri-los.

Mas nós podemos dançar com eles!

– Donella Meadows (2008)

O ar muda, uma ligeira brisa agita as folhas. As nuvens estão se acumulando e você sente que a chuva está chegando. Primeiro uma gota, depois uma cascata, correndo pela rua e para os esgotos. A tempestade continua por horas e depois dias. O rio que atravessa sua cidade natal inunda, fazendo com que as casas sejam evacuadas e as pessoas se dispersem para ficar com amigos e familiares em outro lugar. Como diz Senge (2006), "Você só pode entender o sistema de uma tempestade contemplando o todo, não uma parte individual do padrão.".

Barry Oshry (2007) fez uma simples observação sobre sistemas. Em múltiplas organizações, independentemente da geografia, indústria ou setor, ele notou os mesmos padrões de comportamento autolimitados. Quando os problemas foram identificados, a organização procurou os culpados e demitiu, trocou ou mudou os jogadores. Mas o problema não desapareceu; os mesmos problemas sempre voltavam. Ele percebeu que a maioria dos problemas nas organizações não eram pessoais, e sim sistêmicos. O caminho para o sucesso não estava em mudar os jogadores, mas em 'ver o sistema' – os padrões interconectados – e trabalhar as questões subjacentes.

O pensamento sistêmico é uma disciplina para ver a inteireza. É uma estrutura para enxergar inter-relações em vez de coisas, para ver "padrões de mudança" ao invés de "fotografias" estáticas.

– Peter Senge (2006)

Por mais que possamos tentar, os sistemas não são controláveis; eles são não lineares, auto-organizáveis e imprevisíveis. Podemos sonhar com o futuro e fazer planos que esperemos serem totalmente realizáveis. Isto pode funcionar quando nos propomos a fazer um bolo, mas obrigar um sistema complexo a fazer o que você quer que ele faça é uma fantasia. Você não pode controlar os sistemas, mas pode dançar com eles.

Dançar com o sistema significa visualizar ao invés de prever; projetar ao invés de planejar; esperando mudanças, flexibilizando e adaptando-se ao que está surgindo; aprendendo à medida que avançamos. Significa ver o sistema, ouvir o sistema, ser influenciado pelo sistema.

Observar como o sistema se comporta e os padrões que surgem dentro da equipe, entre a equipe e outras equipes, e na organização como um todo. Observar o que está ocorrendo no mundo em nível político, social, econômico e psicológico. Ouça a sabedoria que o sistema tem para compartilhar com você.

O que queremos dizer com "sistêmico"?

O termo "sistêmico" tornou-se muito popular no campo do coaching de equipes, oferecido na forma de atividades específicas, tais como entrevistas 360° ou "constelações". Algumas vezes, porém, estes processos são abstraídos dos princípios mais amplos que informam todas as abordagens sistêmicas.

No coaching de equipes, estamos nos concentrando em sistemas de relacionamento – ou seja, qualquer grupo de pessoas que compartilha uma identidade ou propósito comum. Um grupo é uma entidade distinta com personalidade e cultura próprias, criadas através de sua história, relações que existem entre os membros e aqueles com quem interage. É como um casamento, onde ambas as pessoas são "eu" separadas e o casamento é o "nós" do relacionamento. Um casamento saudável apoia o "nós".

Quando você vê a equipe como um sistema relacional, ela se torna mais do que a soma de suas partes, uma entidade em seu próprio direito. Uma entidade de equipe tem sua própria identidade, propósito, valores, metas, rede de relacionamentos, necessidades e desafios. Ao se relacionar com a equipe como um sistema relacional, você está se concentrando no "poder e potencial do nós", canalizando a inteligência coletiva e a energia da equipe.

A palavra "sistêmico" vem sendo apropriada por diferentes autores para significar coisas bem diferentes (Lawrence, 2021). Como coaches, precisamos entender como pensar sobre sistemas, pois a forma como os enxergamos moldará nossa metodologia e forma de trabalhar com a equipe. Não vou comparar as diferentes abordagens sistêmicas aqui, portanto, recomendo a leitura da série de quatro artigos de Lawrence sobre 'The Systemic Coach' para saber mais.

🖥 *Visite o **site** do livro para acessar os artigos de Lawrence.*

Além de pensar em interconectividade e padrões, trabalhar com sistemas e dinâmicas também significa observar como a cultura e o contexto estão criando as condições que definem como a equipe está pensando e se comportando. Se você participar de nossos *webinars* ou cursos sobre coaching de equipes, muitas vezes nos ouvirá dizer "o contexto cria o campo", ou "o contexto molda o que é possível".

No grupo "Trabalhando com Sistemas e Dinâmicas", há três competências: foco *nas relações no sistema (abreviado para 'relações no sistema' no diagrama); engajamento com o contexto mais amplo e as expectativas das partes interessadas (contexto mais amplo e partes interessadas)* e *trabalhando com poder e autoridade (poder e autoridade).*

Competência 8: Relações no Sistema

Individualmente, somos uma gota. Juntos, somos um oceano.

– Ryunosuke Satoro

Descrevemos esta competência como "a capacidade de servir a equipe coletivamente, em um sistema, reconhecendo os interesses, pontos fortes, valores e necessidades do indivíduo".

Trata-se de ajudar a equipe a formar sua identidade com consciência e a dar sentido à natureza intrincada das relações entre os membros. Trata-se de perceber os padrões, observar os papéis desempenhados, reconhecer as dinâmicas de poder e emergir o que ainda não foi dito. Trata-se também de intervir no nível adequado do sistema.

Níveis do sistema

Qualquer sistema organizacional tem muitos níveis – individual, díade, subgrupo, equipe, interequipe, organização, sistema amplo de partes interessadas e até mesmo além.

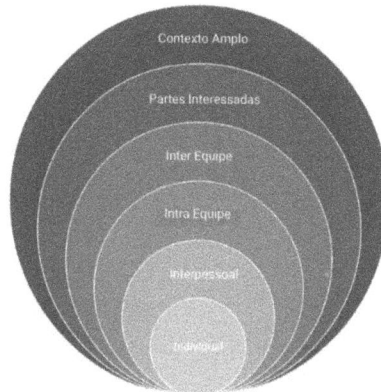

Níveis de um sistema

Uma pergunta-chave a ser feita é: "Quem deve participar das conversas?".

Considerando esta pergunta, veja estes exemplos de situações:

1. Uma nova equipe precisa acelerar seu processo de formação. Seus membros querem se conhecer, compreender seus pontos fortes e fracos e trabalhar em um estatuto da equipe.

2. Dois membros da equipe são envolvidos em um conflito. As atividades são comandadas pelo indivíduo mais assertivo e o mais calmo quase "desaparece". O resto da equipe se tornou espectador, pisando em ovos ao redor do conflito.

3. A equipe de *marketing* tem um desempenho abaixo do esperado. A maioria de seus projetos está atrasada, ou não está tendo o impacto desejado. Seus membros culpam a equipe de produtos, alegando que se concentra nos seus projetos favoritos e não naqueles necessários para o negócio.

4. Após a fusão, uma organização está lutando para materializar quaisquer ganhos devido a um choque cultural e "guerras tribais".

5. Uma organização editorial está enfrentando uma crise existencial. Os consumidores não estão mais comprando jornais e os lucros estão despencando. A equipe sênior está procurando um coach para apoiá-la a reimaginar a organização.

*Visite o **site** do livro para ver um material informativo adicional com minhas percepções.*

Reconectar o que ficou desconectado

No ritmo frenético da vida cotidiana dos negócios, é fácil para uma equipe ficar desconectada. Em vez de operar eficazmente como um todo, a equipe se fragmenta, com cada membro concentrando seu tempo e energia em sua própria função, divisão, objetivos ou interesses individuais. O sentido de "nós" desaparece e temos uma coleção de "eus". Uma equipe também pode se desligar do sistema mais amplo, como, por exemplo, uma equipe sênior cujas decisões não estão alinhadas com o conselho de administração, ou uma equipe de TI que desconhece as necessidades e percepções de suas partes interessadas.

Equipes bem-sucedidas percebem quando isso acontece e tomam medidas para remediar a situação, mudando o foco para suas relações interconectadas e interdependentes. Em seguida, procuram "conectar os pontos", reconectando o que se tornou desconectado.

O coaching de equipes proporciona um espaço onde todos tenham voz e sejam ouvidos. Também proporciona um espaço para que os membros da equipe se reúnam em torno de seu propósito maior e processem conversas difíceis que venham sendo evitadas. Quando as pessoas se sentem ouvidas, compreendidas, e veem como contribuem para o coletivo, uma mudança na dinâmica acontece rumo à colaboração.

Para reconectar o que se desconectou, trabalhe com a equipe para:

➤ certificar-se de que todos tenham clareza do propósito e objetivos da equipe, assim como seu papel na realização destes;

➤ identificar interdependências e oportunidades de colaboração;

➤ emergir barreiras à colaboração e avançar ao alinhamento;

➤ tomar consciência das desconexões e desenvolver sua capacidade de reconectar;

➤ pausar regularmente para o diálogo em equipe, apoiando a conscientização coletiva, a criação de significado e a tomada de decisões colaborativa.

Triangulação

Como um coach de equipes, você potencialmente recebe muita informação sobre os indivíduos, o líder e as várias dinâmicas entre os membros da equipe. A triangulação ocorre quando a pessoa A fala da pessoa B para a pessoa C – geralmente em forma de uma reclamação ou crítica, que alimenta a fragmentação. Ao apoiar as pessoas a terem conversas abertas e honestas umas com as outras sobre pontos de conflito, expressando seus sentimentos e fazendo pedidos umas às outras, pode-se transformar essa fragmentação em conexão.

Introduza o conceito de triangulação às equipes e pergunte sobre o efeito que isso tem sobre elas, a equipe e sua organização. Você pode então explorar alternativas para mudar do comportamento da triangulação para a comunicação saudável e o conflito construtivo. Por exemplo: "imagine que você acabou de sair de uma reunião de equipe e está frustrado. Você vai tomar um café com um de seus colegas de equipe. O que você diz?"

Talvez seguido por: "O que poderia estar impedindo você de ter esta conversa com a equipe?" Frequentemente, suas preocupações decorrem de uma falta de *segurança psicológica e de confiança*. Experimente interromper o fenômeno de triangulação no coaching de equipes. Aqui estão alguns exemplos:

➤ Mike, você estaria disposto a dizer isso diretamente a Jo? Se sim, que tal ensaiarmos?

➤ Como posso apoiá-lo para que você possa expressar suas preocupações?

➤ O que vocês podem realizar juntos?

> [Para A] O que é importante para B sobre este tópico? Qual é a sua posição sobre o assunto?

> No que a equipe precisa de vocês como um par?

Às vezes, as pessoas ainda não desenvolveram habilidades de *comunicação direta* que discutimos no capítulo anterior. Isto pode representar uma oportunidade de praticar conversas difíceis com uma equipe para fortalecer esse 'músculo'. Desta forma, elas podem encontrar uma linguagem e abordagem comuns que sejam aceitáveis para elas como equipe.

Alavancar as forças individuais a serviço da efetividade da equipe

Raramente encontro uma equipe que esteja realmente alavancando os pontos fortes dos seus indivíduos, permitindo que a equipe como entidade seja mais efetiva. No entanto, fazer isso pode liberar o potencial das equipes quando elas estagnam, ao aumentar a energia, o engajamento, o senso de pertencimento, impactando a efetividade da equipe.

David, o CEO, um evangelista por natureza, foi extremamente hábil em mobilizar a energia da equipe ao redor de seu propósito coletivo. Com um estilo facilitador, ele brilhava ao fazer perguntas abertas, gerando ricos debates e construindo confiança. Entretanto, muitas vezes ele falhou em garantir que as decisões fossem claras e compreendidas, ou em verificar que a equipe estivesse alinhada.

Enquanto observava a equipe em ação, minha atenção foi chamada para Richard, que naturalmente procurava trazer clareza à conversa. Ele era articulado, conciso e tomava notas. Entretanto, seus pontos fortes não estavam sendo empregados a serviço da equipe. Compartilhei esta observação e perguntei à equipe como seus pontos fortes poderiam servir melhor à equipe. O CEO havia presumido que seu papel era de facilitar a reunião da equipe, incluindo definir a pauta da agenda, mobilizar a energia, abrir para o debate e fazer o encerramento. Ele não havia considerado pedir a outros membros da equipe que contribuíssem para a condução da reunião. Uma vez que Richard foi capacitado a assumir o papel de esclarecer as decisões e checar o alinhamento, as reuniões da equipe se tornaram imediatamente mais produtivas. Eventualmente, a responsabilidade por muitos dos processos da equipe foi distribuída entre os membros, deixando o CEO usar seus pontos fortes.

Que perguntas você pode usar para explorar os pontos fortes da equipe e o papel que cada membro possa desempenhar para maior efetividade? Aqui estão algumas das minhas perguntas:

➤ Que pontos fortes vocês apreciam uns nos outros?

➤ O que você traz para a equipe?

➤ Que pontos fortes você tem individualmente, mas poderia alavancar mais?

➤ De que papéis informais você precisa na equipe para ser eficaz?

➤ Quem poderia contribuir para essas funções?

Quando digo um "papel informal", quero dizer um papel que um indivíduo desempenha na equipe, como coordenador, "advogado do diabo", especialista, buscador de esclarecimentos, gerador de ideias, organizador, nutridor etc.

Competência 9: Engajar-se com o contexto mais amplo e as expectativas das partes interessadas

Existe uma profunda interconexão de toda a vida na Terra, desde os organismos menores até os maiores ecossistemas, e, em absoluto, entre as pessoas.

– Bryant McGill, *Voz da Razão*

Nenhuma equipe é uma ilha. As organizações são como redes de equipes. Cada entidade de equipe tem sua própria identidade, propósito e objetivos, que precisam contribuir para o propósito e visão geral do negócio. Elas também precisam colaborar com outras equipes. Por exemplo, em um fabricante de produtos elétricos, a equipe de produtos precisa garantir que os itens que ela projete correspondam às necessidades dos clientes, fazendo interface com as equipes de vendas e atendimento ao cliente. O *marketing* precisa promover os produtos, de modo que precisa de clareza da equipe de produtos sobre as especificações e benefícios. O TI fornece a plataforma *on-line* de vendas, *marketing* e administração do negócio, então mais interfaces, e assim por diante. Cada equipe de interface é um "grupo de partes interessadas" (grupo de interessados").

A diretoria da organização estabeleceu prioridades para melhorar a qualidade de seus produtos e sua rapidez de comercialização; é também um *stakeholder*, que em inglês significa parte interessada, juntamente com clientes, fornecedores e funcionários. Cada grupo de partes interessadas tem expectativas em relação à equipe que você está trabalhando.

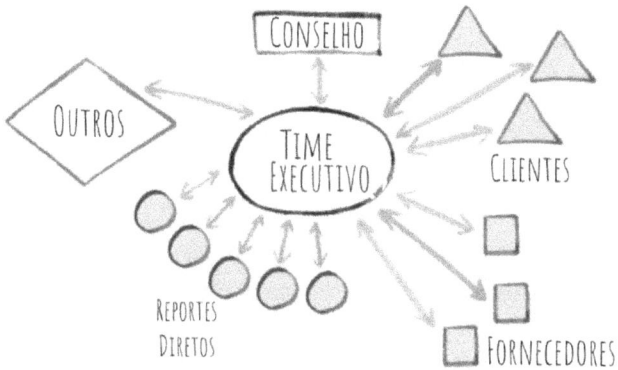

Partes Interessadas da Equipe

Além disso, a equipe e a organização existem dentro do contexto mais amplo do sistema social, político, econômico, ambiental e tecnológico. Este sistema mais amplo tem necessidades que qualquer organização ignora por sua conta e risco. Por exemplo, o plano do governo de acabar com a venda de veículos novos a diesel e a gasolina até 2035 no Reino Unido não só influenciará os veículos que estão sendo projetados e construídos, como também exigirá mudanças na infraestrutura para proporcionar maior acesso às estações de carregamento de veículos elétricos.

No futuro, o sucesso e a sustentabilidade dependerão da capacidade das equipes de escanear horizontes para identificar novas oportunidades e desafios, e impulsionar estas descobertas para mais além das convencionais. Elas também precisarão melhorar drasticamente sua capacidade de se envolver e compreender suas partes interessadas, pois, quando as empresas ou equipes não atenderem mais às necessidades destas, se tornarão rapidamente obsoletas.

Definimos a competência de *se engajar com o sistema mais amplo e as expectativas das partes interessadas* como "a capacidade de trabalhar holisticamente, trazendo o sistema no qual a equipe está operando para dentro da sala". Ao fazer coaching com equipes, há literalmente centenas de perguntas que você poderia fazer; estas são algumas poucas para começar:

➤ Quem são as partes interessadas da equipe?

➤ Quais são suas expectativas e necessidades?

➤ Qual é a qualidade das interações entre as partes interessadas e a equipe?

➤ O propósito, objetivos e prioridades da equipe estão alinhados com o resto da organização?

➤ Como o contexto mais amplo está mudando? Que influências existem sobre a organização e a equipe? Que oportunidades temos de nos tornar mais relevantes no futuro?

Além de usar perguntas, há muitas ferramentas e abordagens que você pode usar, incluindo mapeamento de participantes, cadeira vazia, constelações e entrevistas com participantes, para citar algumas. Veja o Capítulo 12 sobre Estruturas, Ferramentas e Técnicas para mais exemplos.

Competência 10. Trabalhando com poder e autoridade

Há muitos líderes, mas pouca liderança por aí.

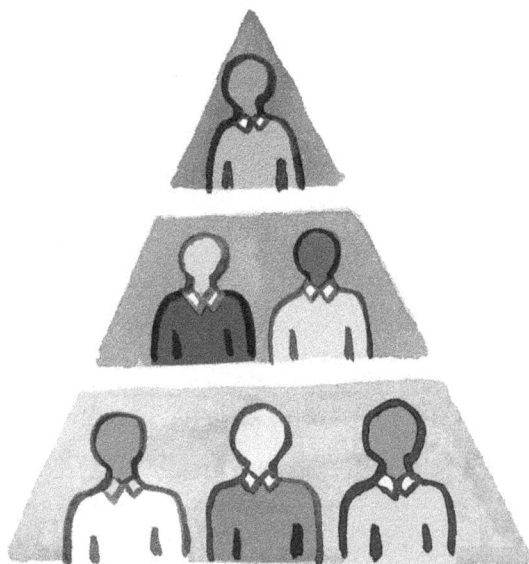

O poder está vivo em cada organização e equipe, mas raramente se fala dele e às vezes até se considera que seja um palavrão. Mesmo nas equipes mais lineares, certas pessoas têm mais poder do que outras. O que cria poder é multifacetado; ele deriva do título ou *status*, conhecimento, habilidades, experiência, relacionamentos e muito mais. Pode ser usado para influenciar, engajar, dominar ou controlar. O poder existe, queiramos ou não. O poder é um processo psicológico central em curso em grupos, seja ele centralizado ou distribuído.

PODER NO TOPO

PODER DISTRIBUÍDO

As culturas organizacionais possuem crenças e valores bastante diversos em relação ao poder. Algumas culturas organizacionais esperam que a liderança seja exercida de forma hierárquica, enquanto outras têm uma abordagem mais voltada para capacitar os membros da equipe. No contexto do desenvolvimento de lideranças, é comum falar-se em "empoderamento", mas é importante reconhecer que, em determinadas situações, uma equipe liderada por um líder é mais adequada tanto para a organização quanto para a equipe. Considerando esses paradigmas, algumas equipes têm um líder único, enquanto outras possuem líderes distribuídos entre os membros.

A liderança desempenha várias funções específicas dentro de uma equipe, tais como estabelecer ou esclarecer o propósito e as metas da equipe, selecionar membros, criar estruturas de recompensa, coordenar tarefas, entre outras responsabilidades. Equipes eficazes são transparentes quanto às funções exercidas pelo líder (ou líderes) e as funções desempenhadas pelos membros da equipe. É útil considerar a "Matriz de Autoridade", no Capítulo 12, para obter mais informações sobre esse aspecto.

Para os coaches de equipes, é importante considerar o trabalho que realizam com o líder individualmente e o trabalho que realizam com toda a equipe. Algumas questões relevantes para explorar são:

➤ **Quais são as expectativas da organização em relação ao líder?**

➤ **Quais são as crenças do líder em relação à liderança?**

➤ **Como o líder enxerga o seu papel?**

➤ **Como as decisões serão tomadas?**

➤ **Quais decisões cabem ao líder e quais são compartilhadas com os membros da equipe?**

No estágio inicial do desenvolvimento de uma equipe, é necessário que haja clareza sobre a liderança. Conforme a equipe amadurece, é comum que o poder seja distribuído entre os membros. A liderança apresenta desafios e, por vezes, os líderes podem abdicar excessivamente de sua autoridade. Em contrapartida, a equipe pode esperar mais direção e clareza do líder, enquanto o líder busca promover uma liderança mais compartilhada. Existe um equilíbrio entre não intervir quando a equipe necessita de orientação e intervir excessivamente, não permitindo espaço para a autonomia da equipe.

Faça coaching com os líderes para que liderem suas próprias equipes

Você pode ajudar os líderes a desenvolverem a confiança em liderar a equipe, estabelecendo relacionamento e parceria com eles. É importante compreender as expectativas da organização em relação ao líder, respeitando a estrutura de autoridade e tornando-a mais transparente. Explore as opiniões do líder sobre seu papel e como ele pretende utilizar seu poder, observando como está sendo empregado de forma útil ou não. Ajude-os a assumir um papel de liderança que inspire o melhor em sua equipe. Os líderes se tornam mais eficazes quando estão atentos ao que é necessário, intervindo e fornecendo clareza ou direção, mas também permitindo que a equipe atue sem interferências quando apropriado.

Faça coaching na medida certa

Muitas vezes, é sugerido aos coaches de equipes que devem trabalhar com uma equipe apta a definir o propósito da equipe. No entanto, em algumas situações, não está ao alcance do coach definir o propósito, pois isso já foi decidido por comitês ou outras partes interessadas. Por exemplo, considere uma empresa de capital privado – *private equity* (PE) – que adquire um negócio com o objetivo de duplicar seu tamanho em três anos e monta uma equipe sênior para ajudá-la a alcançar esse objetivo. Os resultados desejados não são negociáveis; no entanto, como o negócio alcança esse objetivo é o trabalho da equipe sênior. Nesse caso, ter as partes interessadas (a empresa de PE) na sala para comunicar o propósito da equipe pode ser de grande ajuda.

Se a equipe não tem autoridade para definir seu próprio propósito, evite o erro de pedir que seus membros o cocriem. Em vez disso, trabalhe com eles para descobrir como podem cumprir o propósito que lhes foi dado.

Coach, conheça a si mesmo

Como coach de equipes, é essencial compreender sua própria relação com o poder e a autoridade. Geralmente, percebo que poucos coaches têm dado a devida consideração a esse aspecto. Alguns de nós podem ter problemas com autoridade, muitas vezes enraizados em nossa história familiar ou cultural. Sem perceber, isso pode nos levar a contornar ou minar o líder. Outros podem sentir inveja da liderança e acabar se colocando em posição de liderar ou competir com o líder. Alguns têm uma grande deferência pelos líderes e podem acabar sendo excessivamente subordinados, perdendo, assim, a capacidade de fazer coaching efetivamente com o líder. Por outro lado, há também aqueles que admiram o líder como herói, criando uma espécie de adoração secreta, agindo mais como um "capanga" do líder do que como um coach. Aqui estão alguns pontos de observação importantes para refletir sobre essa dinâmica:

➤ Não peça a toda equipe que defina seu propósito coletivo, sem descobrir se ela tem o direito de definir isto.

➤ Não espere automaticamente que todas as decisões sejam tomadas por consenso sem considerar a estrutura de autoridade da equipe.

➤ Seja cauteloso usando a votação para obter decisões importantes. Isto iguala o poder, quando às vezes um método de decisão ponderado pode ser mais apropriado.

➤ Em uma equipe onde o poder é distribuído, não defira automaticamente todas as decisões para o líder.

Para desenvolver sua própria capacidade de trabalhar com poder e autoridade, examine suas crenças em torno da liderança, poder e tomada de decisões. Naturalmente, pode ser muito útil trabalhar com um colega ou supervisor que possa ajudá-lo a conhecer-se mais profundamente.

Pausa para Reflexão

As equipes, nas organizações, não operam isoladamente. Elas funcionam como uma unidade e trabalham junto e com outras equipes. Coletivamente, elas formam um sistema. Este grupo de competências, trabalhando com sistemas e dinâmicas, explora como uma equipe influencia e é influenciada pelo sistema e pelo contexto do qual faz parte.

Como a "força" nos filmes Star Wars, ela está ao nosso redor e sempre presente e, embora muitas vezes invisível, tem uma capacidade significativa de impactar uma equipe. Sendo assim, é uma habilidade fundamental para um coach de equipe ver e entender um sistema com mais clareza e ajudar a equipe a fazer o mesmo.

Concentrar-se nos relacionamentos no sistema e envolver-se com o contexto mais amplo e as partes interessadas. As intervenções com as equipes são mais eficazes quando estão no nível correto do sistema. Um pré-requisito para poder intervir, portanto, é ser capaz de ver e entender um sistema complexo. Pergunte a si mesmo:

➤ De que forma você ajuda um sistema a se revelar? Quais abordagens ou ferramentas você usa?

➤ Como você se envolve com o contexto mais amplo (por exemplo, outras equipes, principais partes interessadas) e permite que suas necessidades sejam ouvidas por uma equipe?

➤ Como você procura entender e dar sentido a um sistema?

➤ Pense em tarefas recentes de coaching de equipes. O que você observou sobre:

➤ O fluxo da conversa – foi de ida e volta entre o coach e a equipe, ou diretamente entre os membros da equipe e/ou o líder da equipe?

➤ A qualidade das "trocas" (comunicações) entre os membros da equipe?

Como você pode incentivar mais diálogo entre os membros da equipe para melhorar a força do relacionamento deles?

Trabalhando com poder e autoridade

➤ Ao ouvir as palavras "poder" e "autoridade", que associações e sentimentos elas evocam em você?

➤ Qual é a sua experiência pessoal de trabalho em um sistema? Qual era a cultura desse sistema e qual(is) função(ões) você ocupava? Que poder e autoridade estavam associados a cada função?

➤ Como coach de equipe, de que forma você estabelece sua autoridade com uma equipe? Como isso pode ser diferente no início de uma designação de coaching de equipes e mais tarde na jornada?

➤ Como você pode estabelecer contratos em torno do poder com o líder da equipe que lhe permitam intervir com a equipe durante o coaching?

➤ Qual é o significado de poder e autoridade para você e quais são as implicações para a sua prática de coaching de equipes?

O que você aprendeu sobre trabalhar com sistemas e dinâmicas e como você integrará esse aprendizado à sua abordagem de coaching de equipes?

11 Facilitando o Aprendizado e o Crescimento

Como coach de equipes, eu sou uma agente de conscientização e não uma agente de mudança.

Essencialmente, o objetivo do coaching de equipes é cultivar o aprendizado e o crescimento. Há muitos coaches e livros que falam sobre "coaching de equipes de alto desempenho", mas isto pode criar confusão sobre o papel do coach. O desempenho é o domínio do(s) líder(es) e da equipe. Facilitar o aprendizado e o crescimento é o domínio do coach, e começa com a criação de consciência, fluindo para a geração de resultados.

Competência 11: Criando Consciência

A Consciência nos permite sair de nossa mente

– Dan Brulé

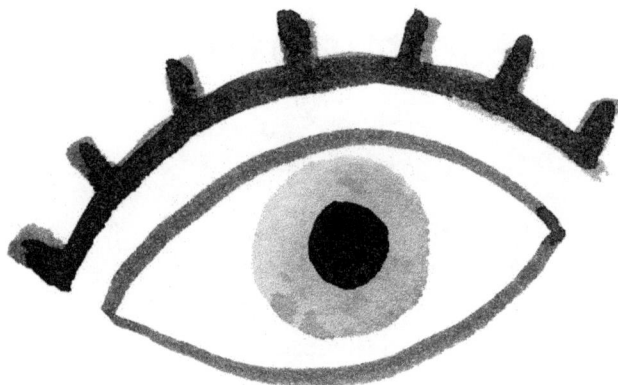

O aprendizado e o crescimento têm origem na ampliação de consciência. Como Einstein famosamente disse: "Nenhum problema pode ser resolvido a partir do mesmo nível de consciência que o criou.". Portanto, é essencial fomentar a ampliação de consciência e utilizá-la para impulsionar a mudança. Em equipes, não existe apenas "uma consciência"; são múltiplas consciências competindo por atenção, onde é preciso aprender a sintetizar em um todo conectado. Aumentar a consciência de uma equipe e alinhar as diversas perspectivas é um processo interativo, colaborativo e iterativo, centrado em cinco princípios-chave:

1. Criar consciência a partir de múltiplas fontes de informação e ajudar a equipe a transformar os dados em *insights*.

2. Convidar as perspectivas do sistema mais amplo e das partes interessadas para o diálogo.

3. Auxiliar a equipe a descobrir seus próprios valores e crenças.

4. Criar espaço para o diálogo, permanecendo atento ao que está surgindo e apoiando a criação coletiva de sentido e significado.

5. Identificar padrões que possam estar contribuindo ou prejudicando o sucesso da equipe.

Criar consciência a partir de múltiplas fontes de informação, e ajudar a equipe a transformar os dados em insights

Como já discutido, há muitas maneiras de coletar dados para apoiar o coaching da equipe, incluindo: entrevistas com o líder da equipe e membros; entrevistas com as partes interessadas; uso de avaliações da equipe e perfis de personalidade; observação da equipe em ação; e muito mais. É fácil ficar sobrecarregado no processo de *conscientização*, portanto, é essencial encontrar maneiras eficazes de transformar informações em *insight*.

Convidar as perspectivas do sistema mais amplo e das partes interessadas para o diálogo.

No Capítulo 10, discuti os diferentes níveis de um sistema onde as equipes podem reunir dados – membros individuais, a equipe como uma entidade, as partes interessadas da equipe e o contexto mais amplo. Normalmente, vejo que as equipes preferem suas próprias perspectivas (nível individual ou de equipe) às de outras partes interessadas ou do contexto mais amplo. O coach da equipe, portanto, frequentemente age como a consciência da equipe, convidando estas vozes "para dentro da sala".

Auxiliar a equipe a descobrir seus próprios valores e crenças, criando um clima que reflita a mudança desejada

Equipes bem-sucedidas têm uma cultura extraordinária onde as pessoas são engajadas, cooperativas e apaixonadas pelo seu propósito. A cultura é o *espírito* da equipe; ela atrai os melhores talentos e compele brilhantismo. A cultura da equipe é o conjunto de valores e crenças fundamentais que os membros compartilham e que orientam seu comportamento, tais como 'ser curioso' e 'buscar entender'. Grandes equipes podem articular seus valores e crenças fundamentais e agir de acordo com eles. Uma equipe que valoriza as relações é capaz de construir relações fortes e duradouras; enquanto uma equipe que valoriza a qualidade é capaz de buscar *feedback* para melhoria. Valores também podem prejudicar o progresso, como quando a equipe acredita que o conflito deve ser evitado a todo custo, e não sendo essencial para a criatividade e a melhor tomada de decisões.

*Há muitas atividades e exercícios que você pode usar como coach para apoiar uma equipe a explorar e esclarecer seus valores. Veja o **site** do livro para exemplos.*

Infelizmente, é comum que um conjunto de valores se torne teórico, em vez de serem colocados em prática. É preciso ter a intenção consciente e disciplina para se comprometer com um conjunto de valores e vivê-los. Portanto, pode ser útil para o coach observar a cultura da equipe em ação. Observar como as pessoas se tratam, como se comportam, como as reuniões são conduzidas, como as decisões são tomadas e como elas conduzem suas relações com os outros. Observe como você é recebido ao entrar no prédio e como é conectado no trabalho com a equipe. Sua experiência pessoal em relação à equipe, desde o ponto de contato inicial, lhe dará uma noção do que elas realmente valorizam *versus* o que elas dizem valorizar.

Criar espaço para o diálogo, permanecendo atento ao que está surgindo e apoiando a criação coletiva de sentido e significado

Não há receitas ou fórmulas, nem listas de verificação ou conselhos de especialistas que descrevam a "realidade" ... Devemos nos engajar uns com os outros e experimentar para encontrar o que funciona para nós.

– Margaret Wheatley (2006)

Todos sabemos que o mundo está mudando a um ritmo incrível e que o futuro parece volátil, imprevisível e incerto. A liderança nas organizações de hoje é como o *rafting* nas corredeiras mais extremas e requer o melhor trabalho de equipe, onde cada pessoa acesse e disponibilize o seu melhor para o desafio. O coaching de equipes é uma das formas mais eficazes de apoiar equipes para enfrentarem os desafios de hoje e, ao mesmo tempo, criarem futuros sustentáveis.

Equipes têm uma "inteligência coletiva" que só pode ser alavancada quando operarem como mais do que a soma de suas partes. Ter muitos membros inteligentes da equipe não garante que a equipe tenha uma alta inteligência coletiva. Na verdade, muitas vezes tem o efeito oposto, pois os membros competem e se esforçam para serem os melhores. Para gerar sabedoria coletiva, as equipes precisam de diversos pensadores, pessoas que abordem os problemas de maneira diferente. Mas a diversidade, por si só, não lhes permitirá ter acesso à sabedoria coletiva, eles precisam se tornar excelentes colaboradores entre si. O coaching de equipes cria espaço para o diálogo e a criação de significados, um pré-requisito para a tomada de melhores decisões.

A criação de sentido é o processo pelo qual interpretamos situações ou eventos à luz de nossa própria experiência.

Um coach experiente ajudará a equipe a desenvolver sua capacidade de ser eficaz na transformação de seu significado coletivo em inteligência estratégica para o negócio. Isto se torna uma superpotência de equipe, ajudando seus membros a vencerem repetidamente juntos e protegendo o sucesso futuro.

Os coaches apoiam a criação de significado:

➤ pedindo à equipe que perceba "O que está acontecendo neste momento?";

➤ assegurando que todas as vozes sejam ouvidas e consideradas;

➤ encorajando os membros da equipe a se ouvirem uns aos outros, fazendo conexões e perguntas esclarecedoras antes de fazer uma intervenção com uma visão diferente;

➤ nomeando "o elefante" na sala;

➤ compartilhando sua sensação percebida.

Identificar padrões que possam estar ajudando ou prejudicando o sucesso da equipe

Sempre que um grupo de pessoas se envolve no trabalho conjunto, elas estabelecem formas de relacionamento que se tornam padrões, como padrões de dança coreografados ao longo do tempo – uma dança sistêmica. Esses padrões podem ser produtivos ou não. Eles estão criando e reforçando os resultados da equipe.

Como coach, você observa e cria consciência sobre os padrões de interação da equipe. Você fica curioso se um padrão é produtivo e, se não for, experimenta formas mais eficazes de trabalhar em conjunto. Como a improvisação de *jazz*, você não sabe antecipadamente quais padrões aparecerão nem quando, então, você precisa ser capaz de trabalhar no aqui e agora, ao invés de confiar em exercícios pré-prontos que podem ou não ser úteis.

Competência 12: Geração de resultados

Sozinhos, podemos fazer tão pouco; juntos, podemos fazer tanto.

– Helen Keller

O objetivo de qualquer equipe é, em última instância, gerar resultados. Como coach, porém, seu foco não está nos resultados em si, mas no que a equipe precisa aprender e ampliar sua capacidade, o que, por sua vez, produz resultados. Muitos coaches de equipes caem na armadilha de monitorar o desempenho da equipe em relação a seus objetivos. Eu defendo que é o papel do líder e dos membros da equipe rastrear seu progresso. Se o coach também está fazendo isso, ele pode rapidamente criar confusão de papéis, o que impacta em uma liderança pouco clara.

Durante um grupo de supervisão para coaches internos de uma grande empresa de tecnologia, os coaches reclamaram que se sentiam atraídos a cobrar seus clientes para atingirem seus objetivos de desempenho. Ao mesmo tempo, os gestores dos clientes acreditavam que o papel dos coaches era de administrar o desempenho e estavam zangados porque estes estavam pisando em ovos. E os próprios clientes não sabiam a quem estavam realmente reportando, e quem estava influenciando suas avaliações de desempenho. Ao aumentar sua própria consciência em torno desta dinâmica, os coaches mudaram seu foco e recontrataram com seus clientes em torno de seus resultados de coaching desejados.

Cocriar um plano eficaz de coaching de equipes, deixando a responsabilidade com a equipe pela ação e desempenho

A maioria dos coaches individuais trabalha com algum tipo de plano de trabalho que detalha os resultados desejados da parceria de coaching. Mesmo os coaches que preferem trabalhar de forma mais emergente, sem pauta fixa, reconhecem a necessidade de um propósito abrangente para o coaching da equipe. Há sempre alguma razão para que um cliente venha ao coaching, e o coaching de equipes não é exceção.

As perguntas "Por que o coaching de time?" e "Por que agora?" podem ser eficazes como ponto de partida. Elas podem ser feitas ao líder da equipe, ao representante de RH, à equipe como um todo, ao patrocinador da equipe ou às partes interessadas. As respostas a estas perguntas podem contribuir para definir os resultados desejados do coaching de equipe. Para transformar isto em um plano, perguntas de acompanhamento em torno do que a equipe precisa aprender ou mudar para alcançar estes resultados desejados são um ponto de partida útil. No entanto, raramente estas perguntas são suficientes, já que, muitas vezes, os clientes não têm clareza sobre o que precisam aprender ou mudar – eles estão simplesmente cientes de que poderiam ser melhores. Por esta razão, os coaches de equipes frequentemente fornecem uma "fase de descoberta" no início de um novo programa de coaching, cujo objetivo é ampliar a consciência sobre as oportunidades de crescimento. Você pode ler mais sobre isto no Capítulo 4.

Aconselho a ter cautela ao reunir as contribuições dos participantes nos estágios iniciais de um programa de coaching de equipes, pois algumas equipes não têm segurança psicológica, confiança ou habilidades de diálogo suficientes para processar os dados. Como resultado, a pressão que isso exerce sobre a equipe pode fazer com que ela se torne defensiva e até mesmo fragmentada. Portanto, muitas vezes é mais produtivo focar inicialmente na construção do contêiner e habilidades de diálogo, antes de trazer dados externos para a mesa.

Assumir a responsabilidade pelo processo de coaching e apoiar a equipe a se manter no caminho certo

O processo de coaching consiste na parceria com a equipe ao longo de uma jornada definida, na aplicação das competências de coaching de equipes a serviço do aprendizado e mudança desejados pela mesma.

Ao falar "apoiar a equipe a se manter no caminho certo", queremos dizer no caminho certo para os resultados desejados de seu processo de coaching da equipe. Isto parece simples o suficiente, mas pode ser surpreendentemente difícil acompanhar o progresso. Portanto, é útil esclarecer como a equipe pode acompanhar e monitorar seu progresso – repito, como a *equipe* pode acompanhar seu progresso. Perguntas simples funcionam melhor aqui, como, por exemplo:

➤ Quais são seus objetivos de aprendizado e resultados de mudança?

➤ Como você vai saber quando tiver atingido tais resultados?

➤ Como você acompanhará as mudanças ao longo do caminho?

➤ Quais serão os indicadores de progresso ao longo da jornada?

➤ O que vocês, como time, vão ver, ouvir, sentir...?

➤ De que recursos vocês precisam para ajudá-los(as) a acompanhar o progresso?

➤ Em uma escala de 1-10, sendo 10 "no caminho certo" e 1 "sem progresso", onde vocês estão agora?

Isto pode ser feito através do diálogo, ou você pode ser criativo e convidar a equipe a produzir um painel de aprendizado e mudança – onde a equipe captura suas três a cinco principais metas de desenvolvimento e rastreia seu progresso – ou outra ferramenta de avaliação que ela possa usar para medir o progresso.

Explorar cocriativamente preocupações e oportunidades específicas centrais para os resultados de coaching desejados pela equipe

Sempre que há mudanças, há preocupações e oportunidades. É da natureza humana desejar a mudança e resistir a ela, muitas vezes, em igual medida. Criar um ambiente seguro onde a equipe possa discutir e explorar abertamente qualquer resistência, sem críticas ou julgamentos, pode ser muito poderoso. Podemos escolher entre trabalhar com as oportunidades *ou* com as preocupações, dois polos opostos. Normalmente, é melhor explorar completamente um polo de cada vez, em vez de alternar entre eles, pois isso pode levar a uma sensação de que as oportunidades e preocupações se anulam mutuamente, resultando em um jogo de soma zero. Ficar com cada polo, um de cada vez, permite que ele seja explorado em maior profundidade; desta forma, a equipe pode realmente se envolver com uma oportunidade e com o que ela pode significar para si. Isto gera maior energia. Qualquer preocupação pode ser trazida à consciência e trabalhada de uma forma que seja de apoio e permita que o aprendizado e a mudança ocorram.

Os membros de uma equipe sênior queriam passar de um foco operacional e de tarefas para tomada de decisões estratégicas, liderando o ambicioso plano de crescimento da organização. Eles identificaram oportunidades para esclarecer sua visão para a organização e determinaram cinco objetivos estratégicos-chave, que mudariam o jogo. Anteriormente, eles tinham dezenas de metas de negócios, estabelecidas de forma departamentalizada, e não tinham considerado ter metas estratégicas. Embora entusiasmados e animados com esta ideia, eles se perguntavam por que não haviam feito isto antes. Eles perceberam que tinham medo de perder o foco no desempenho do dia a dia. O coach trabalhou com eles para explorar como eles poderiam tanto liderar estrategicamente, quanto manter o desempenho. Uma vez que reconheceram que não era um caso de um ou outro e que precisavam fazer ambos, seguiram em frente com seu plano.

Permitir que a equipe integre o aprendizado, acesse diferentes recursos e celebre o sucesso para o crescimento futuro

Quando as equipes realmente integram o aprendizado, elas estão aumentando suas capacidades e condições para alcançar maior sucesso, gerando valor para as partes interessadas. Isto requer uma cultura de aprendizado contínuo na qual a equipe colhe o aprendizado de forma coletiva e intencional, e o transfere para uso futuro. Em vez de acreditarem que 'chegaram', elas celebram seus sucessos e depois começam a identificar o que podem aprender a seguir. As equipes com uma cultura de aprendizado contínua acreditam que podem aprender e crescer continuamente e ver os desafios e fracassos como oportunidades de melhoria.

Você pode ajudar a equipe a fomentar este tipo de cultura, encorajando-os a reservar um tempo para pausa, fazer um balanço e "desacelerar para acelerar". Convide os membros da equipe a compartilharem histórias de sucesso e a colherem lições aprendidas.

Perguntas poderosas são:

➤ O que está funcionando bem?

➤ O que seria ainda melhor?

➤ O que você aprendeu?

➤ Que novas habilidades e capacidades vocês tem agora como equipe?

➤ Como vocês poderiam crescer ainda mais?

➤ Se você transformasse esse aprendizado em uma superpotência de equipe, o que faria?

Pausa para Reflexão

Este capítulo propõe que uma equipe mudará se houver consciência suficiente da necessidade de mudança, e o papel do coach de equipe é atuar como um agente de conscientização.

Pense nas equipes com as quais você já trabalhou. Pergunte a si mesmo:

➤ Como você fez para aumentar a consciência das equipes? Que abordagens, métodos ou ferramentas você usou?

➤ Você forneceu informações/dados (por exemplo, por meio do uso de ferramentas psicométricas) ou percepções?

➤ Como você ajuda uma equipe (sem estar no papel de coach da equipe) a extrair significado dos dados?

➤ O que você poderia fazer de diferente como coach da equipe para ajudar uma equipe a assumir a responsabilidade pela criação de sentido?

➤ Como você evita ficar sobrecarregado e sobrecarregada com grandes quantidades de dados? Como você pode ajudar uma equipe a fazer o mesmo?

➤ O quanto você trabalha dinamicamente "no momento" e trabalha com "o que é"? Você tem prática em "nomear" dinâmicas e padrões? Ambos podem ajudar uma equipe a dar mais significado ao que está acontecendo.

No Capítulo 3, analisamos as crenças e os valores de um coach de equipe. Se você pulou essa atividade reflexiva ou deseja relembrar suas respostas, seria útil examiná-la novamente. Agora pergunte a si mesmo:

➤ Quais são os seus valores e crenças, por exemplo, sobre equipes, mudanças, liderança etc.?

➤ Como você faz para identificar os valores e as crenças de uma equipe?

➤ Como você concilia as diferenças entre os seus valores e crenças como coach de equipe com os do líder e da equipe?

➤ Como explorar o grau em que uma equipe está vivendo e sustentando seus valores?

➤ Como você ajuda as equipes a refletir e aprender?

Por fim, faça anotações sobre o que você aprendeu sobre como facilitar o aprendizado e o crescimento e como você integrará esse aprendizado à sua abordagem de coaching de equipes.

12 Estruturas, Ferramentas e Técnicas

Nem eu nem ninguém pode percorrer essa estrada por você.

Você deve percorrê-la sozinho.

Não é longe. Está ao seu alcance.

Talvez você tenha estado nela desde que nasceu, e não sabia.

Talvez ela esteja em toda parte – na água e na terra.

– Walt Whitman, *Folhas de relva*

Neste capítulo, ofereço algumas estruturas conceituais, ferramentas e técnicas que podem ser úteis como parte de sua caixa de ferramentas de coaching de equipes. Estas estão na parte externa, propositalmente, da Roda de Metodologia do coaching de equipes TCS, pois as consideramos úteis e têm seu lugar, mas não são essenciais. O núcleo interno é a sua filosofia e postura, que molda sua maneira de ser e agir como um coach de equipes. As meta-habilidades proporcionam impacto e uma metodologia do "aqui e agora" para a mudança. As competências de coaching de equipes são as habilidades necessárias para que qualquer coach de equipes seja efetivo. Portanto, pense nestas estruturas, ferramentas e técnicas como acompanhamentos ocasionais do prato principal – dando um sabor especial à sua comida, adicionando cor e acentuando certos sabores.

Estruturas conceituais

Uma condição determinante do ser humano é que temos que entender o significado de nossa experiência.

– Jack Mezirow, "Aprendizagem Transformativa: Teoria para a Prática"

Utilizamos estruturas conceituais em todos os níveis de vida, não apenas no coaching. Elas nos ajudam a organizar ideias e a informar o processo de criação de sentido, que Kegan (1983) descreve como a atividade de dar sentido à nossa experiência através da descoberta e resolução de problemas. Criar sentido é essencial no coaching: é como entendemos e damos sentido às circunstâncias em que nos encontramos. Em qualquer grupo ou equipe, conforme as coisas novas são vivenciadas e integradas, o conhecimento é ativamente criado e o aprendizado ocorre.

Como coach, as estruturas conceituais que você utiliza ajudam os indivíduos e a equipe a dar sentido à sua experiência, fornecendo um sistema de organização de dados compreensível e funcional. Entretanto, essas estruturas não são neutras, elas guiam o criador do significado a ver os dados desde um determinado ponto de vista. Imagine que você está olhando para o oceano; a perspectiva que você tem será muito diferente se você está olhando desde um bote ou um navio de cruzeiro gigante, desde uma visão aérea ou desde o fundo do mar para a superfície. Portanto, é importante certificar-se de que as estruturas, ferramentas e técnicas escolhidas sejam congruentes com sua filosofia e postura. Por exemplo, se seu coaching for influenciado por princípios focados em soluções, você pode decidir usar uma estrutura de Investigação Apreciativa, convidando a equipe a dar sentido através de cinco aspectos: definição, descoberta, sonho, desenho e destino.

Abaixo, estão algumas estruturas que muitos coaches de equipes consideram úteis. Elas não são uma parte fixa do meu processo de coaching de equipes; ao contrário, eu recorro a alguma dessas estruturas quando me vem à mente à luz de uma situação que acontece no aqui e agora com a equipe com a qual estou fazendo coaching. Muitas das estruturas abaixo podem ser usadas tanto no coaching individual quanto no coaching de equipes.

EU ESTOU OK VOCÊ NÃO ESTÁ OK Livre-se de	EU ESTOU OK VOCÊ ESTÁ OK Continue com
EU NÃO ESTOU OK VOCÊ NÃO ESTÁ OK Não chegar a lugar nenhum	**EU NÃO ESTOU OK VOCÊ ESTÁ OK** Fique longe de

A Matriz de Okeidade

A análise transacional se baseia no princípio de que todos nascemos "OK" (bons e dignos). Franklin Ernst desenvolveu isto em uma matriz que ficou conhecida como a "Matriz de Okeidade". É um modelo brilhantemente simples que pode nos ajudar a entender o que acontece entre as pessoas em seus encontros umas com as outras.

Cada uma das quatro posições de vida mantém crenças básicas sobre si e os outros, que são usadas para justificar decisões, comportamentos e determinar como interagimos com os outros. Embora nossa "posição de vida" possa ser situacional, todos nós temos uma posição de vida dominante. Em todos, exceto na saudável posição "eu estou Ok, você está Ok", as pessoas estão assumindo muita ou pouca responsabilidade, gerando culpas e/ou comportamentos destrutivos.

Em equipes onde há uma ausência de liderança para fornecer a estrutura e o apoio necessários, a "não okeidade" pode se desenvolver. No vácuo do que as pessoas precisam, a crença de que algo está errado pode se desenvolver, e alguém não deve estar bem. O significado construído por cada membro da equipe dependerá de sua posição de vida. Por exemplo, se 'Você não está ok, eu ok', então é provável que eu acredite que a culpa seja sua.

Para desenvolver um senso de okeidade, os membros da equipe podem monitorar suas próprias reações internas e considerar que ajustes podem fazer para permanecer em uma posição OK-OK.

A matriz de okeidade é um modelo útil a ser compartilhado com equipes para desenvolver maior compreensão das razões pelas quais as pessoas se relacionam entre si da maneira como se relacionam, e como as relações podem ser fortalecidas. Você também pode experimentar o modelo, pedindo à equipe que discuta um tópico coletivo com cada pessoa tomando uma das posições "Não OK". Pause a discussão após alguns minutos e, em seguida, convide-as a mudar para uma posição "Eu estou ok, vocês estão ok" e a retomar a discussão. Isto permite que a equipe experimente as diferentes posições em ação.

As Seis Condições para a Efetividade da Equipe

Wageman et al. (2008) descrevem este modelo em seu livro *Senior Leadership Teams*. Suas pesquisas mostraram que estas seis condições diferenciam as equipes de melhor desempenho em todo o mundo.

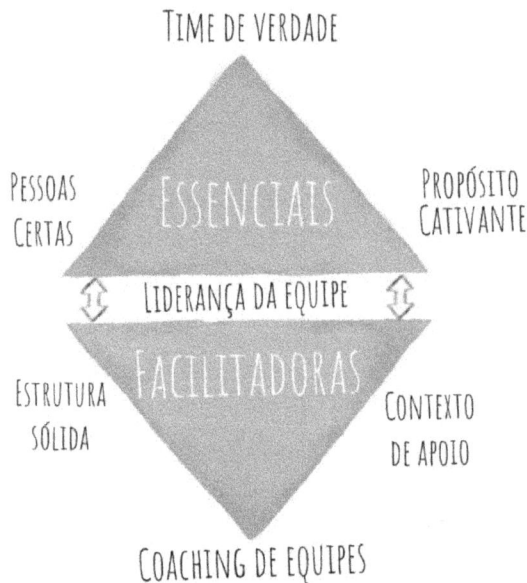

As Seis Condições para a Efetividade da Equipe

Existem três condições *essenciais* que as equipes precisam ter para serem efetivas e três condições *facilitadoras,* que aceleram o desenvolvimento. As condições são as seguintes:

Essenciais:

Time de Verdade. A equipe não é uma equipe apenas no nome, mas uma unidade delimitada, estável e interdependente. Todos estão cientes de quem são os membros da equipe. Eles permanecem juntos tempo suficiente como uma equipe para aprenderem a trabalhar juntos. Eles compartilham a responsabilidade por um propósito comum e têm que trabalhar juntos para conseguir isso.

Propósito Cativante. O propósito para a existência da equipe é bem especificado, o que significa que é claro e que os membros sabem como é o sucesso. O objetivo também é desafiador, exigindo um esforço para alcançá-lo. O propósito é consequente, tendo um impacto real sobre a vida e o trabalho dos outros.

Pessoas Certas. Os membros da equipe têm a capacidade de alcançar o objetivo, incluindo a diversidade, a tarefa e as habilidades de trabalho em equipe necessárias para trabalharem juntos de forma eficaz.

Facilitadoras:

Estrutura sólida. A estrutura básica para a realização do trabalho é clara e bem projetada. O trabalho da equipe é motivador, o tamanho da equipe é correto e as regras de participação (normas) são bem especificadas.

Contexto de apoio. Seus sistemas permitem e incentivam o trabalho em equipe. Os membros da equipe são bem recompensados e reconhecidos por seu excelente desempenho em *equipe*, ao invés de realizações individuais. Eles têm a informação, treinamento, tempo, dinheiro e recursos de que precisam para cumprir seu propósito.

Coaching de equipes. Isto está disponível para a equipe e proporciona intervenção em tempo real para ajudar a equipe a fazer bom uso de seus recursos coletivos.

Wageman et al. definem três critérios de efetividade da equipe:

1. *Desempenho da tarefa.* **A produção da equipe (seu produto ou serviços) atende ou excede as expectativas de seus clientes ou partes interessadas.**

2. *Qualidade do processo grupal.* **Os processos sociais que a equipe utiliza na execução do trabalho aumentam a capacidade dos membros de trabalharem juntos de forma eficaz no futuro.**

3. *Satisfação dos membros.* **A experiência da equipe contribui positivamente para o aprendizado e o bem-estar de cada um de seus membros.**

As Seis Condições podem ser usadas como uma estrutura conceitual para ajudar na discussão em torno do que significa efetividade para si como uma equipe. Também pode ser usada como uma lista de verificação que a equipe pode revisar periodicamente. Você também pode usar a avaliação *on-line*, *Team Diagnostic Survey* (TDS), para avaliar a efetividade da equipe.

Para mais informações, veja www.6teamconditions.com

Matriz da Autoridade

Ruth Wageman também me apresentou à Matriz de Autoridade de Hackman (2002).

A Matriz de Autoridade

Muitas vezes falta aos coaches de equipe identificar a estrutura de autoridade que existe, porém é absolutamente essencial. O modelo de Hackman define quatro níveis de autogestão da equipe. Como você pode ver pelo modelo, as equipes autogeridas têm autoridade sobre os quatro níveis:

1. *Dirigidas pela gestão:* **os membros têm autoridade, de fato, apenas para executar a tarefa. Os gestores monitoram e gerenciam os processos de trabalho e o progresso da equipe.**

2. *Autodirigidas:* **os membros têm a responsabilidade não só de**

executar a tarefa, mas também de monitorar e gerenciar seu próprio desempenho.

3. *Autodesenhadas*: os gestores definem a direção da equipe. Os membros têm a autoridade sobre o desenho da equipe e todos os outros aspectos do trabalho.

4. *Autogovernadas*: os membros têm responsabilidade pelas quatro principais funções – decidir o que é feito, estruturar a equipe, gerenciar o desempenho e realizar o trabalho.

Se este trabalho não for realizado explicitamente, os membros o farão implicitamente, correndo o risco de tomar decisões insuficientes ou de ultrapassar os limites de sua autoridade.

Além disso, em minha experiência em treinar e supervisionar coaches de equipes, vejo que muitos não examinam seus próprios vieses inerentes de liderança. Isto pode resultar no coach involuntariamente oferecer decisões demais para a equipe tomar coletivamente, tais como sua visão e propósito, ou o contrário, quando o coach empurra a tomada de decisões para um líder de uma equipe desenhada para ser autogovernada.

Os Três Componentes

Existem realmente apenas três grandes categorias com as quais você pode trabalhar no coaching de equipes; chamamos estes de os Três Componentes do coaching de Equipes.

LIDERANÇA

ESTRUTURAS DINÂMICAS

Os Três Componentes do coaching de Equipes

Liderança: A capacidade de passar de um estilo diretivo para um estilo cocriativo e, finalmente, para a autonomia da equipe. Isto dependerá do nível de maturidade da equipe e das exigências da situação específica do momento.

Estruturas: As estruturas, ferramentas, exercícios, processos e técnicas que você poderá utilizar no coaching de equipes. É importante ter uma gama de estruturas disponíveis e compreender para que servem, o impacto e como operacionalizá-las.

Dinâmica: Compreender e ser capaz de trabalhar o que está acontecendo na equipe e seu sistema no nível psicológico.

Modelo Linha D'Água

O modelo Linha D'Água é baseado no artigo de Roger Harrison "Choosing the Depth of Organizational Intervention" (1970). Seu objetivo era prover um modelo conceitual que conectasse as estratégias de intervenção aos problemas específicos da organização. A ideia básica do modelo da linha d'água é simples. Uma equipe está sempre em busca de objetivos particulares, e seus membros trabalhando em tarefas para atingi-los. Quando tudo está funcionando bem, considera-se que está "acima da linha d'água".

Na realidade, as coisas raramente correm bem, e a equipe quase sempre vai se deparar com águas agitadas em algum momento. Neste ponto, precisamos mergulhar para abaixo da linha d'água, mudando nosso foco nas tarefas para o foco na estrutura, processo e pessoas. Esta mudança permite que a equipe entenda quais são os obstáculos e como resolvê-los.

O Modelo Linha D'Água identifica quatro níveis de vida organizacional sob a linha d'água, onde a fonte dos problemas pode ser encontrada: estrutura, processo e padrões, interpessoal e intrapessoal. Quando os problemas ocorrem, a tendência humana é culpar os indivíduos, ou definir os problemas em diferenças de personalidade ou de estilos de conflito. Muitos coaches adoram usar ferramentas para identificá-los. Entretanto, a maioria dos estragos ocorre nos dois primeiros níveis do modelo Linha D'Água. O reparo começa na superfície; explorar possíveis causas de estrago requer avaliar cada nível e trabalhar na direção para baixo. Possíveis perguntas para explorar questões de cada nível são:

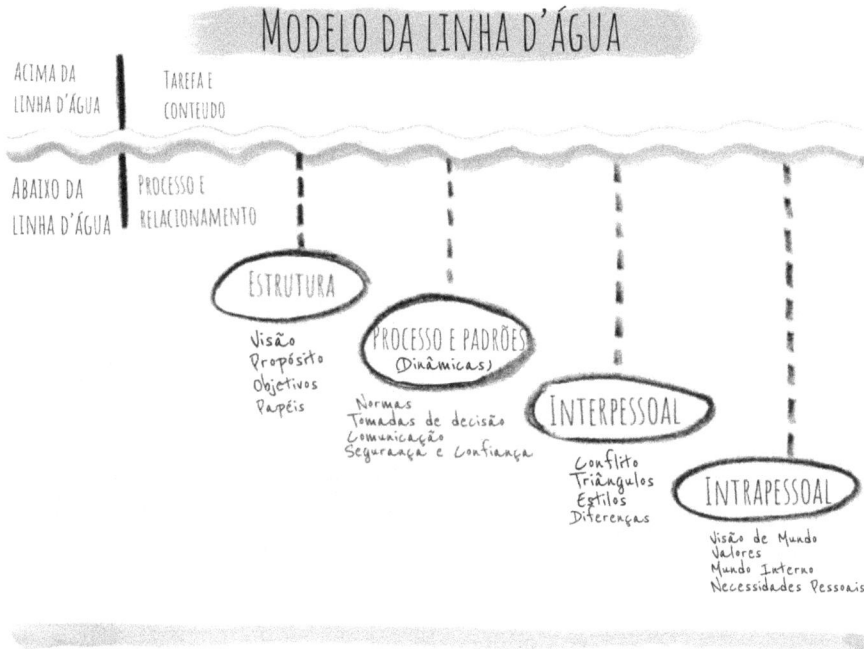

MODELO DA LINHA D'ÁGUA

ACIMA DA LINHA D'ÁGUA — TAREFA E CONTEÚDO

ABAIXO DA LINHA D'ÁGUA — PROCESSO E RELACIONAMENTO

ESTRUTURA
Visão
Propósito
Objetivos
Papéis

PROCESSO E PADRÕES (Dinâmicas)
Normas
Tomadas de decisão
Comunicação
Segurança e Confiança

INTERPESSOAL
Conflito
Triângulos
Estilos
Diferenças

INTRAPESSOAL
Visão de Mundo
Valores
Mundo Interno
Necessidades Pessoais

1. Estrutura

➤ Quais são os objetivos?

➤ Que estilo de tomada de decisão estamos usando? Quem tem a autoridade para tomar decisões?

➤ Quem está fazendo o quê, quando?

2. Processo e padrões (dinâmica)

➤ A equipe está operando de acordo com normas claras e eficazes?

➤ O processo de tomada de decisão está sendo bem conduzido?

➤ A comunicação está eficaz?

➤ Com que efetividade a equipe realiza as tarefas?

3. Interpessoal

➤ As interações estão sendo terminadas ou interrompidas?

➤ Os membros fazem um resumo e verificam a compreensão?

➤ O conflito é gerenciado de forma efetiva?

➤ O *feedback* é dado e recebido de forma efetiva?

➤ Os membros aprendem com sua experiência?

➤ Quem está participando? Quem não está participando?

4. Intrapessoal

➤ Relato minha experiência aqui e agora? (Pensamento, sentimento, vontade, sensação, ação).

➤ Outros relatam sua experiência aqui e agora?

➤ Eu triangulo ao falar com outros sobre assuntos que tenho com algum membro da equipe, ao invés de falar diretamente com o membro?

O princípio mais importante é que, quando a equipe estiver presa num padrão, pare a conversa sobre a "tarefa" e comece a conversa de "reparo". Convide-os a falar sobre o que está acontecendo nos diferentes níveis abaixo da superfície, perguntando: "O que está acontecendo no processo da equipe que podem estar levando a esta questão?". Antes que a equipe distribua culpa ou defina os problemas como conflitos de personalidade, convide-a a colocar a máscara de mergulho e a aprofundar o olhar para abaixo da linha d'água, buscando entender onde as dificuldades estão inibindo o progresso.

Ciclo de Experiência

A abordagem psicológica da Gestalt tem uma influência significativa no meu trabalho como coach. Faz sentido para mim, especialmente como coach de equipes, pois enfatiza que o todo é maior do que a soma de suas partes e, por sua própria natureza, equipes são maiores do que a soma de cada um de seus membros. *Gestalt* significa um todo, padrão ou forma. Nossas vidas estão cheias de '*gestalts* abertos', ou negócios inacabados, como projetos iniciados e não terminados, conversas sem propósito, conflitos não resolvidos e desejos não atendidos. Ao longo de nossas vidas, as experiências emergem, tomam forma, catalisam ações e, quando realizadas, experimentamos resolução e satisfação, encerrando a experiência. Em seguida, uma nova ideia se forma e seguimos o ciclo novamente. Em *gestalt*, isto é chamado de "ciclo de experiência".

Imagine que você está na cama, em um sono profundo. No filme de seus sonhos, você ouve um som distante de um cão latindo. Você continua dormindo, e por um tempo o som se torna parte do seu sonho. O latido persiste, e gradualmente você se torna consciente do barulho insistente que parecia parte de seu sonho. Você começa a acordar, percebendo que seu próprio cachorro está latindo. Por um momento, você permanece imóvel, imaginando que ele vai parar. Eventualmente você decide que precisa se levantar e ver por que ele está latindo. Você desce e o encontra na frente da porta dos fundos, precisando urgentemente de um xixi. Você o deixa sair, ele faz o que precisa e você o coloca de volta na cama. Você sobe as escadas e volta para sua própria cama, na esperança de poder voltar a dormir.

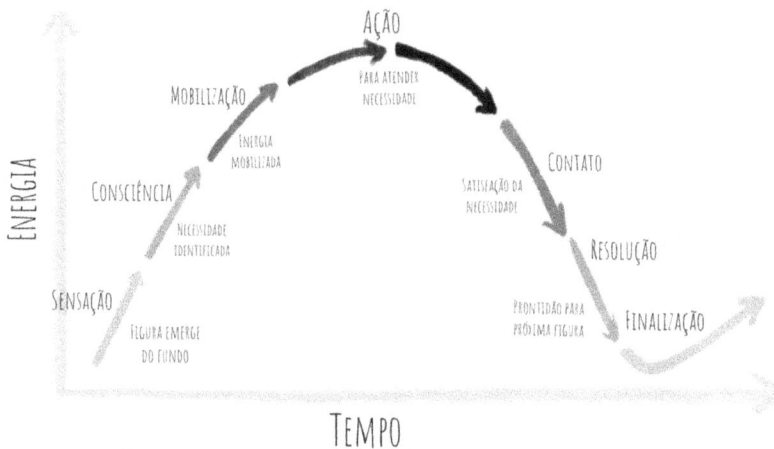

Ciclo de experiência

Outro conceito central na *gestalt* é o de *figura-fundo*. Em qualquer situação, aquilo a que cada um de nós presta atenção é diferente. Algumas coisas se destacam – a figura – e outras permanecem em segundo plano – o fundo. *Figuras de interesse* emergem do fundo, como ilustrado no ciclo da experiência acima. O latido do cão emergiu do fundo de seu sonho, até se tornar figura. Cada figura que nos chama a atenção é alicerçada por uma necessidade que a acompanha.

Conceito Gestalt de figura e fundo

Por exemplo, veja esta foto acima. Se você vê rostos ou vasos, depende de se você vê o branco como figura ou o preto como figura. Se você vê o preto como a figura, então você vê um vaso. Se você vê o branco como a figura, então você vê duas faces em perfil.

Ao trabalhar com indivíduos, o coach guia o cliente para que emerja uma figura de interesse significativa. Isto surge do 'fundo' da conversa de coaching, ganha impulso e catalisa a ação, idealmente a uma resolução satisfatória.

Em equipes, o que é figura para uma pessoa (o que se destaca) em uma reunião pode ser muito diferente do que é figura para outra. O desafio de tamanho considerável no coaching de equipes, portanto, é como a equipe irá gerar uma figura comum de interesse que seja forte o suficiente para manter o foco da equipe na direção de um resultado significativo.

Quando os membros da equipe estão em lugares diferentes no ciclo de experiência, o coach da equipe precisa diminuir a velocidade para acelerar. Em vez de pressionar por um acordo, eles devem trabalhar com a equipe para trazer à tona mais do "fundo", revelando o que estão pensando e sentindo. Pressionar por um acordo dá o alívio de ter um foco comum; no entanto, com as preocupações dos membros da equipe direcionadas para baixo do tapete, é provável que o compromisso com a conversa e com quaisquer resultados seja bastante baixo – a equipe está fazendo por fazer o trabalho de desenvolvimento.

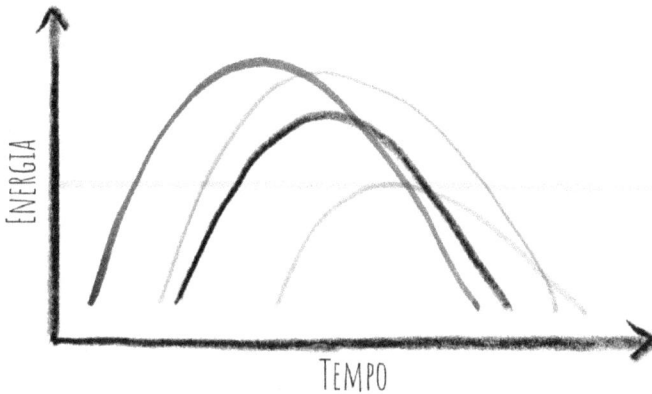

Múltiplos ciclos de experiência em coaching de equipes

O trabalho aqui é sobre a construção do contêiner, tornando mais seguro para os membros se abrirem. Então, usando as meta-habilidades de presença e uso do *self*, você ajuda a equipe a ampliar sua consciência das múltiplas figuras em jogo, o que gera um diálogo mais significativo. Por exemplo, você pode:

➤ continuar convidando a equipe a gradualmente se abrir mais;

➤ perguntar: "O que você percebe que está acontecendo neste momento?";

➤ incentivar os membros da equipe a se conectarem mais uns com os outros ("O que você ouve a Júlia dizer?" ou "O que você gostaria de entender mais da Júlia?");

➤ usar uma intervenção de modo 3, como: "Ao te escutar, tenho a sensação de que pode haver muito mais a ser dito aqui; o que mais você quer compartilhar?".

Oito Comportamentos para Equipes Extraordinárias

Roger Schwarz (2013) descreve oito comportamentos que melhoram a forma como os membros da equipe trabalham em conjunto. Ele oferece orientações mais específicas sobre bordões conhecidos, mas relativamente abstratos, como "Trate a todos com respeito".

Oito comportamentos para equipes extraordinárias

1. Ofereça perspectivas e faça perguntas genuínas.

2. Compartilhe todas as informações relevantes.

3. Use exemplos específicos que concordem sobre o significado de palavras importantes.

4. Explique o raciocínio e a intenção.

5. Concentre-se nos interesses, não nas posições.

6. Teste suposições e inferências.

7. Desenhe as próximas etapas em conjunto.

8. Discuta questões indiscutíveis.

Embora estes comportamentos sejam de senso comum, eles podem ser difíceis de colocar em prática, especialmente, quando os desafios surgem, e as opiniões diferem.

Ao trabalhar explicitamente com os oito comportamentos, os membros da equipe se tornam capazes de aplicá-los com mais consistência. Quando você os apresenta a uma equipe, explique como eles podem ajudar a equipe a ser mais efetiva, com exemplos específicos. Além disso, convide os membros da equipe a compartilharem seus pontos de vista, perguntas e preocupações sobre os comportamentos. Em última análise, é importante que as pessoas façam uma escolha consciente ao adotá-los, e pode ser melhor usar um conjunto alternativo de comportamentos do que impor estes. Cada um dos comportamentos ajuda a equipe de maneira diferente, então, funcionam melhor como um conjunto. Entretanto, é melhor usar alguns dos comportamentos do que nenhum.

⚛ *Para mais informações sobre acordos de trabalho, visite o **site** do livro.*

Estatuto da Equipe

Um estatuto de equipe é uma forma de contrato ou acordo, esclarecendo os resultados que a equipe está buscando e como seus membros irão trabalhar juntos. Trabalhe com a equipe para criar seu próprio estatuto e reproduza os resultados em um painel ou de alguma forma que faça sentido para o time. Aqui está um exemplo de quadro para o estatuto da equipe:

ESTATUTO DA EQUIPE PARA (NOME DO TIME). DATA:		
PROPÓSITO DO TIME	OBJETIVOS COMUNS	VALORES
Por que o time existe	Que rsultados específicos queremos atingir	O que nos importa?
MEMBROS	PAPÉIS	PARTES INTERESSADAS
Quem faz parte da equipe?	Que papéis são necessários?	Quem são nossas partes interessadas principais e o que precisam de nós?
ACORDOS DE TRABALHO	TOMADA DE DECISÃO	COMUNICAÇÃO
Como nos comprometemos a trabalharmos juntos?	Como tomamos decisões?	Como iremos nos comunicar com outros?

Você pode encontrar diferentes exemplos de estatutos de equipes em livros e na Internet. Aqui, vale uma nota: muitos estatutos são escritos em um documento e arquivados em alguma pasta, para nunca mais serem vistos. Então, a criação de um estatuto só tem sentido e vale a pena se ela realmente informar o foco da equipe e como trabalharão juntos. Portanto, o documento precisará ser consultado e atualizado com frequência.

Check-In

Introduzir um processo de *"check-in"* (checagem inicial) é a maneira mais simples de começar a construir um contêiner para seu trabalho como coach da equipe.

O *check-in* é uma estrutura no início de uma sessão de coaching de equipes que inclui a todos, ao dar a cada um a oportunidade de falar na sua vez. Enquanto uma pessoa está falando, todos os outros a escutam.

O objetivo do *check-in* é de:

➤ ajudar as pessoas a aterrissarem (psicologicamente), se tornarem presentes e atentas no aqui e agora;

➤ trazer todas as vozes para dentro da sala;

➤ ajudar a todos a ouvirem;

➤ emergir qualquer coisa que possa atrapalhar a presença de pessoas (como seu filho estar doente a noite toda, ou bater seu carro em uma árvore);

➤ trazer preocupações e questões para o nível público, para que não haja pensamentos ou distrações não ditas da sessão;

➤ criar energia e possibilidade;

➤ iniciar a direção da conversa.

O verdadeiro valor dos *check-ins* pode ser o senso de conexão que acontece quando as pessoas falam sua verdade e falam do coração. Portanto, incentive as pessoas a irem além do conteúdo social de seus *check-ins*, como o trânsito ou o clima, ou o que elas cozinharam na noite anterior.

Convide-as a ir por baixo da superfície e a se apresentarem em nível psicológico e emocional. Pode levar tempo para que as pessoas se sintam seguras o suficiente para fazer o *check-in* em um nível mais profundo, portanto, aceite um *check-in* mais superficial para começar a conversa.

Há várias formas de *check-in*, e cada uma tem um impacto diferente. Aqui estão algumas delas:

Variação 1: Bastão da fala

➤ Sente-se em círculo para que todos possam ver o rosto uns dos outros. Chegue a um acordo sobre o tempo que você gostaria de dedicar à atividade.

➤ Convide os membros a tomar dois ou três minutos para se centrarem e aterrarem: "Sente-se confortavelmente, em silêncio, respirando profundamente e deixando seus olhos suavizarem (ou fecharem, se preferir) enquanto você se torna consciente dos pensamentos em sua mente.". Há muitas maneiras criativas de fazer isso, incluindo música, prática de *mindfulness* ou simplesmente fazer um momento de silêncio para se acomodar.

➤ Convide qualquer pessoa para iniciar o processo. O orador pode segurar o bastão da fala, uma pedra ou algum outro objeto que simbolize fisicamente o "direito de falar".

➤ O orador toma seu tempo para dizer o que ele ou ela quiser, sem restrições. Se o orador não quiser falar, ele ou ela pode simplesmente dizer 'eu passo', reservando-se o direito de falar no final do círculo ou de não falar em absoluto.

➤ Enquanto o orador estiver segurando o objeto da fala, ninguém interrompe ou responde seus comentários. Alguém pode, entretanto, optar por dizer algo relacionado ao que já foi dito, quando for a sua vez.

➤ Quando o orador termina, ele ou ela diz: "Estou dentro.".

➤ O orador passa o objeto da fala para a pessoa à sua esquerda. O processo se repete até que todos tenham tido a oportunidade de falar.

Check-out

O *check-out* segue o mesmo processo. A única diferença é que cada pessoa termina dizendo: "Estou fora.".

Variação 2: Fazer uma pergunta

Fazer uma pergunta que busca respostas nas emoções ou questões não ditas. Exemplos:

➤ Descreva sua semana em termos do clima (por exemplo: tempestuoso, nublado, ensolarado etc.)

➤ Qual foi o ponto alto desta semana, e por quê?

➤ Qual tem sido o aspecto mais desafiador do trabalho desta semana?

➤ Se você fosse qualquer animal, qual você seria?

➤ Se você pudesse livrar o mundo de uma coisa, do que seria?

➤ Qual é uma coisa que te entusiasma em relação à reunião de hoje? E algo com que te preocupas?

Variação 3: Cartões com imagens

➤ Traga uma seleção de cartões com imagens e espalhe-os no chão para que todas as imagens possam ser vistas.

➤ Convide a equipe a caminhar pela coleção de imagens e selecionar uma que ressoe com ela agora mesmo.

➤ Convide cada pessoa a falar sobre o que o cartão significa para si.

Variação 4: Árvore "Jelly Baby"

1. Muitas versões da árvore "jelly baby" podem ser encontradas *on-line*. Certifique-se de ter uma cópia para cada membro da equipe.

2. Convide os membros da equipe a fazerem um círculo ou colorir a figura com a qual eles mais se identificam. Eles podem desenhar uma figura adicional, se quiserem.

3. Então, um a um, convide-os a compartilhar sua figura escolhida e porque a escolheram.

Modelo dos Quatro Jogadores

David Kantor, um terapeuta familiar, começou a observar como as pessoas estavam se comunicando nas famílias. Ele observou os mesmos padrões se repetirem nas organizações. Ele percebeu que existem apenas quatro atos possíveis de fala em todas as interações:

Mover é uma sugestão, ideia ou curso de ação, tal como "Vamos fazer uma viagem à praia.".

Seguir é apoiar ou concordar com o que foi dito: "Essa é uma grande ideia.".

Opor significa bloquear, dizendo: "Não, eu não gosto da praia, vamos para as montanhas.".

Observar, ao adicionar informações ou observar padrões: "Diana não disse o que gostaria de fazer.".

Cada um desses atos de fala é importante em uma equipe. Quando alguém faz um movimento, você recebe uma direção. Quando alguém segue, você recebe apoio e ação. Quando alguém se opõe, você ganha perspectiva. Quando alguém observa, você ganha consciência do que está acontecendo no grupo.

As equipes ficam presas quando os indivíduos usam em excesso uma das quatro ações, repetidas vezes. Quando os padrões interativos se tornam hábitos, eles podem se tornar arraigados, prejudicando a aprendizagem em grupo e a tomada de decisão eficaz.

O modelo é fantástico para identificar e modificar as estruturas de comunicação que acontecem "na sala" durante a conversa. Para mais informações, consulte: www.kantorinstitute.com

Diálogo

Do grego, o termo "diálogo" implica uma "fluência de significados". O objetivo do diálogo é trazer à tona ideias, percepções e compreensões que as pessoas ainda não têm. É um questionamento compartilhado, uma forma de pensar e refletir juntos. Isto é incomum, já que pessoas tendem a entrar bem-preparadas e com ideias claras nas conversas. Distintamente, no diálogo, se exploram incertezas e perguntas para as quais ainda não se tem respostas.

O diálogo em equipe lhes permite pensar novidades juntas, além de reportar as ideias antigas, aumentando, então, sua sabedoria coletiva.

O modelo dos Quatro Jogadores de Kantor pode lhe dar informações valiosas sobre a eficácia das interações de equipe. O diálogo convida um tipo diferente de conversa, que procura enriquecer e aprofundar a qualidade do intercâmbio.

Isaacs (1999) descreve quatro comportamentos para o diálogo:

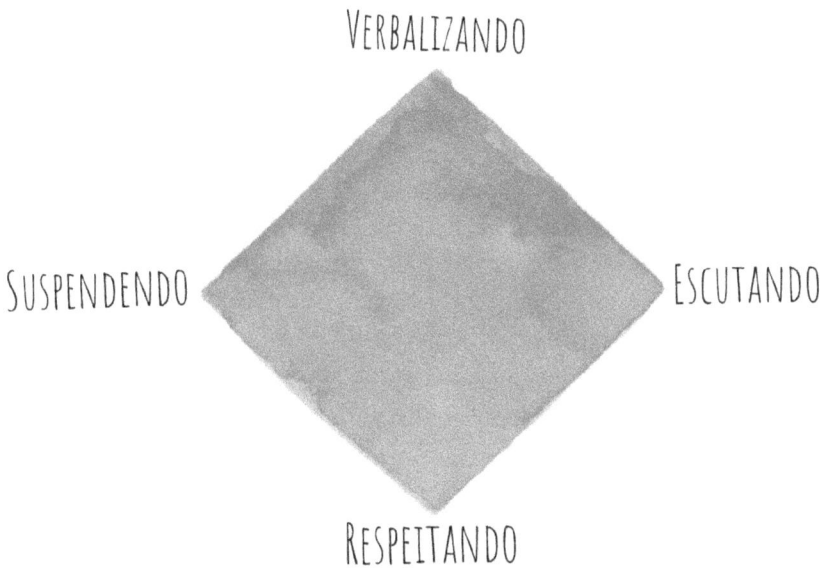

VERBALIZANDO

SUSPENDENDO

ESCUTANDO

RESPEITANDO

Quatro comportamentos para o diálogo

Escutando: Tomamos a escuta como certa, mas, na verdade, é muito difícil de fazer. Quando não escutamos, tudo o que temos é nossa própria interpretação. Também é importante ouvirmos juntos – vozes e significados estão emergindo de todos nós. O diálogo exige que escutemos sem resistência ou imposição.

Respeitando: O respeito encoraja as pessoas a buscarem sentido no que os outros estão dizendo e pensando. Requer a consciência da integridade da posição do outro e a impossibilidade de compreendê-la plenamente. O respeito reassegura e fortalece a genuinidade dos outros. Ele permite que você desafie sem evocar uma reação negativa. O verdadeiro respeito permite um questionamento genuíno.

Suspendendo: Quando ouvimos alguém falar, podemos resistir a seu ponto de vista – tentando levá-lo a aceitar a maneira 'correta' de ver as coisas. Podemos procurar evidências para apoiar nossa própria visão de que eles estão errados, e seu pensamento é falho. Esta atitude cria 'monólogos em série' em vez de diálogo. Ao suspender nossos julgamentos, suposições e opiniões, estamos suspendendo também a certeza, liberando energia criativa. Isto não significa suprimir o que pensamos; em vez disso, reconhecemos e observamos esses pensamentos e sentimentos que surgem, sem nos sentirmos compelidos a agir sobre eles.

Verbalizando: Um dos aspectos mais desafiadores do diálogo, "verbalizar" é revelar o que é verdade para nós, independentemente de todas as outras influências presentes. Verbalizar começa com escutar internamente, perguntando-se: "O que precisa ser expresso agora?". Uma equipe tem uma voz que deseja ser articulada. A verbalização é usada para criar juntas um conjunto de significados comum – as pessoas falam em direção ao centro do círculo, como uma contribuição para o todo.

Coaching de equipes – Caso de Negócios

Em seu livro *Coaching the Team at Work,* David Clutterbuck (2007) oferece algumas perguntas úteis para envolver a equipe de liderança em um diálogo e apresentar um argumento para o Coaching de uma equipe:

➤ Esta organização está pronta para o coaching de equipes?

➤ O que você espera que a equipe em questão faça pela organização?

➤ Quais são as consequências se a equipe não entregar o prometido?

➤ Como você saberia se a equipe não estiver cumprindo o prometido?

➤ Quanto esforço você está preparado para fazer para garantir que ela cumpra o prometido?

➤ Quais são as chances de isso acontecer sem o coaching?

➤ Qual tem de ser o retorno do coaching de equipe para cobrir os custos de investimento em tempo e expertise em coaching externo?

➤ Como você mediria esse retorno?

➤ Quais são os riscos, se houver, em oferecer coaching de equipes?

Prontidão para o Coaching de Equipes

No Capítulo 4, consideramos a prontidão para o coaching de equipes através da lente das Seis Condições para a Efetividade da Equipe. Abaixo está uma lista de verificação que você pode usar para avaliar a prontidão da equipe para o coaching:

Avaliação da prontidão para o coaching de equipes:

➤ A equipe se vê como "uma equipe"?

➤ Se não, ela vê valor em se tornar uma equipe?

➤ A equipe tem um objetivo claro e instigante?

➤ A equipe tem metas que exigem o esforço coletivo da equipe?

➤ É provável que o número de membros da equipe seja relativamente estável durante o coaching da equipe?

➤ A equipe tem o tamanho certo para o trabalho coletivo?

➤ Qual é o nível de adesão e motivação do líder para o coaching da equipe?

➤ Até que ponto os membros da equipe estão a bordo e motivados para se envolverem no coaching da equipe?

➤ A liderança da equipe é suficientemente eficaz para o coaching da equipe?

➤ A equipe reconhece a necessidade de mudança? O líder está disposto a passar pelo processo de coaching? Em caso afirmativo, em particular ou com a presença da equipe?

➤ Os membros estão preparados para trabalharem com os problemas abertamente?

➤ Existe um desejo genuíno de mudança?

➤ Até que ponto a equipe entende o processo de coaching?

➤ Até que ponto o coaching da equipe é patrocinado pela liderança fora da equipe?

➤ Qual será o envolvimento do(s) patrocinador(es), e quais são as suas expectativas em relação ao coaching da equipe?

➤ A equipe é capaz e está comprometida a dedicar o tempo necessário ao coaching de equipe?

➤ Que obstáculos podem atrapalhar o coaching da equipe?

➤ Quão saudável é a equipe? Há altos graus de disfunção ou toxicidade?

➤ Que ressalvas o líder/membros/patrocinadores têm sobre o coaching de equipe?

➤ Que ressalvas você como coach tem?

➤ Você, coach, tem os recursos necessários para fazer coaching com esta equipe?

Avaliação Autocriada da Equipe

Aqui está uma atividade fantástica que você pode usar com uma equipe para explorar suas experiências com grandes equipes, usando suas descobertas como modelo e autoavaliação da sua própria eficácia. Ela começa convidando os membros da equipe a compartilharem suas melhores e piores experiências de equipe e a identificarem os principais atributos de "melhor equipe" a partir de suas histórias. Em seguida, eles os transformam em um modelo de eficácia de equipe, contra o qual podem se avaliar regularmente.

Etapa 1

1. Convidar os membros da equipe a recordarem individualmente a melhor equipe que já experimentaram. O ideal é que isso seja feito a partir de um contexto profissional; caso contrário, podem escolher um contexto esportivo ou outro fora do trabalho, onde houve um verdadeiro espírito de trabalho em equipe. Peça-lhes que permaneçam lembrando da equipe por um momento, criando cenas como de um filme

em suas mentes. Relembrar como era a energia, a atmosfera e como se sentiam.

2. Agora peça a eles como grupo inteiro (ou em grupos menores, se a equipe for grande) para compartilharem suas histórias entre si. Enquanto isso, eles devem capturar em um *flipchart* os atributos que fizeram com que essas equipes lembradas fossem excelentes.

3. Repita os passos a) e b), mas com a pior equipe que já experimentaram. Dê tempo para contarem histórias, pois isso os ajudará a lembrar o impacto significativo que uma equipe ruim pode ter nas emoções e humor das pessoas.

Etapa 2

1. Dê à equipe 20 minutos para identificarem em conjunto os oito primeiros atributos das "melhores equipes". (Nota: limitando-os a oito, a equipe precisará colaborar para decidir sobre a seleção final).

2. Agora peça-lhes que escrevam cada atributo em folhas de papel individuais e depois transformem isto em um modelo de Melhores Equipes.

3. Observe calmamente este processo em ação (usando os modos 2 e 3), sem tentar "corrigir" qualquer disfunção óbvia, como uma pessoa dominando a conversa ou outros optando por não participar.

Etapa 3

1. Convide agora a equipe para se distanciar e relembrar como trabalharam juntos durante a etapa 2 da atividade. Peça-lhes que discutam isto entre si e que se avaliem em relação ao seu próprio modelo.

2. Explore quais foram seus pontos fortes, quais atributos foram menos aplicados e como estes poderiam informar as áreas potenciais de desenvolvimento da equipe.

Etapa 4

➤ Solicite permissão para compartilhar suas próprias observações a fim de desenvolver ou confirmar a autoavaliação da equipe.

Nota:

➤ Você pode usar o modelo de atributos da equipe resultante como um guia para os valores, comportamentos e acordos de trabalho da equipe.

➤ A equipe pode periodicamente se avaliar, usando seu próprio modelo para checar se está sendo a melhor equipe que pode ser.

Cadeira Vazia

Originário de abordagens alinhadas à Gestalt e à perspectiva sistêmica, a proposta da "cadeira vazia" dá voz às partes interessadas, é notavelmente simples e pode ser muito poderosa. Uma cadeira vazia é nomeada como a 'voz da equipe'. Os membros da equipe são convidados a se revezarem, sentando-se nesta cadeira e respondendo a um tópico ou pergunta como a voz da equipe. Esta cadeira atua como um meio para que os membros da equipe pensem além de sua própria voz.

O processo é o seguinte:

➤ Convide a equipe a mapear suas partes interessadas em um *flipchart*.

➤ Elenque de três a cinco partes interessadas "primárias" (por exemplo, o executivo, clientes, fornecedores, outras equipes etc.).

➤ Coloque uma cadeira vazia na sala.

➤ Convide um membro da equipe que tenha mais ressonância com o primeiro grupo de partes interessadas para sentar-se na cadeira e falar como tal (o que sentem sendo eles, como veem a equipe, o que necessitam da equipe etc.)

➤ Reveze até que todos os interessados tenham sido representados.

➤ Analise como uma equipe; convide a equipe a considerar as necessidades das partes interessadas quanto ao seu propósito e forma de trabalho.

Algumas coisas a explorar sob o ponto de vista das partes interessadas poderiam incluir:

➤ O que mais importa para suas partes interessadas (talvez nomeando cada uma delas, ou grupos de partes interessadas como 'a diretoria', 'clientes', 'pessoal', etc.)?

➤ O que significa sucesso para suas partes interessadas?

➤ O que as partes interessadas esperam de vocês como equipe?

➤ Quais poderiam ser algumas preocupações das partes interessadas em relação à equipe?

Usando figuras, desenhos ou objetos

Há um ditado bem conhecido que diz: "uma imagem vale mais que mil palavras". O desenho pode ser usado de muitas maneiras no coaching de equipes. As imagens podem revelar tantas informações, inclusive, muitas vezes o que é mantido mais no nível emocional, ou o que não está sendo dito.

Aqui estão algumas formas de utilizar desenhos e/ou figuras:

1. Convidar os membros da equipe a trazerem uma foto (ou objeto) de casa que tenha um significado pessoal importante. Então, na sessão da equipe, convide-os um a um a compartilharem o item e a falar sobre o que significa para si.

2. Convidar os membros da equipe a criarem individualmente uma imagem de sua "equipe dos sonhos". Eles podem então compartilhar elementos de sua imagem, antes de criarem em conjunto a imagem de 'uma equipe dos sonhos'.

3. Peça aos membros da equipe que criem um 'mapa de relacionamento' mostrando as relações deles entre si. Quanto mais próximo o relacionamento, mais curtas e fortes são as linhas entre si.

4. Ofereça uma coleção de objetos, tais como bonecos de pano, Lego, calculadoras ou, dependendo do que estiver disponível em seu ambiente, garrafas de água, apoios de copo ou notas adesivas. Você pode usar objetos idênticos ou uma variedade (como uma gama de figuras Playmobil). Convide os membros da equipe para selecionar vários e criar uma escultura da equipe usando os objetos. Sugiro que você não especifique o significado dos objetos, permitindo que os membros da equipe atribuam seu próprio significado.

Esculpindo

Esta é uma técnica que pode ser usada para explorar temas como relacionamentos, poder e tomada de decisões, ou alinhamento de equipes. Embora seja frequentemente ensinada como uma técnica profunda, se usada de forma flexível e leve, pode ser rápida e eficaz. Considero-a muito útil para *criar consciência* em torno da dinâmica humana. Ela pode alcançar além do sentido cognitivo da criação de significado através das palavras e linguagem, convidando a uma experiência mais espacial e emocional no trabalho.

Aqui está uma descrição simples do processo:

➤ Peça à equipe que encontre um objeto para representar "algo" e o coloque no meio da sala. O "algo" será uma figura de interesse, por exemplo, o propósito ou visão da equipe, uma decisão, ou mesmo uma palavra como "confiança" ou "conexão".

➤ Convide a equipe a se movimentar, sem conversar, e encontrar um lugar de pé que represente sua relação com o "algo".

➤ Convide cada pessoa a fazer uma declaração sobre o que ela está percebendo ou experimentando a partir de sua posição.

Você pode então desenvolver isto, por exemplo:

➤ Convide os membros da equipe a uma posição diferente. Então, explore o que esta mudança significa para eles.

➤ Convide a equipe a, coletivamente e sem conversar, dar um passo em direção ao "melhor".

Esta técnica é semelhante às 'constelações sistêmicas', que são igualmente eficazes para *criar consciência* em torno da dinâmica e das necessidades não expressas em jogo. O excelente livro de John Whittington *Systemic Coaching and Constellations* (2012) descreve princípios e processos com mais detalhes.

Quatro Cavaleiros do Apocalipse

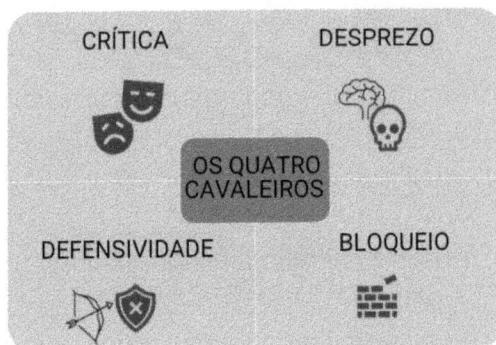

John Gottman, do Instituto Gottman, usa a metáfora dos quatro cavaleiros do apocalipse como uma metáfora para descrever quatro estilos de comunicação que são profundamente tóxicos nas relações. O trabalho deriva do aconselhamento de casais, e diz que Gottman é capaz de prever o divórcio com 90% de exatidão. Como todos os relacionamentos dependem da comunicação, as descobertas são igualmente valiosas em qualquer forma de relacionamento, incluindo as equipes.

Os quatro cavaleiros são:

➤ *Crítica* – atacar verbalmente a personalidade ou o caráter de alguém.

➤ *Desprezo* – atacar o senso de identidade de alguém com a intenção de insultar ou abusar.

➤ *Defensividade* – vitimizar-se para afastar um ataque considerado e inverter a culpa.

➤ *Bloqueio* – retirar-se para evitar conflito e transmitir desaprovação, distância e separação.

Você pode ajudar a equipe a entender os Quatro Cavaleiros e fazer coaching para que cheguem a um acordo sobre comportamentos "antídotos" aos tóxicos. Você pode ler mais sobre os quatro cavaleiros e seus antídotos, em inglês, em: www.gottman.com/blog/the-four-horsemen-the-antidotes/

Levantando questões sensíveis

COMPROMISSO COM A RESOLUÇÃO

CULPA

BODE EXPIATÓRIO

APROPRIA-SE
COM EQUIPE

COMPARTILHA
COM A EQUIPE

Uma das áreas mais comuns que os coaches de equipe trazem para a supervisão é como levantar questões sensíveis. O "elefante na sala" é uma frase que descreve as questões e dinâmicas que sabemos existir, porém não temos coragem ou capacidade de falar sobre elas. Tais questões atrapalham o desempenho e tornam o trabalho em equipe miserável. As equipes podem ficar paralisadas por segredos, questões e ressentimentos não expressos.

Portanto, é fundamental que as equipes aprendam a abordar o "indiscutível" de forma segura e honesta. Quando são nomeados com cuidado, a energia atrelada ao impedimento de expressar esses pensamentos e sentimentos é liberada.

Esta é uma abordagem para emergir os "elefantes na sala", criando um diálogo genuíno e encontrando um caminho à frente.

Nomeando elefantes

Primeiro, ajude a preparar o terreno e a construir o contêiner para a sessão, enfatizando que:

➤ Todos os assuntos serão compartilhados e de propriedade da equipe, ao invés de atribuídos a uma ou duas pessoas.

➤ O compromisso com uma resolução deve ser compartilhado e de propriedade da equipe.

➤ Não haverá culpados ou bodes expiatórios.

Materiais: canetas iguais e três notas adesivas ou cartões indexadores para cada membro da equipe.

O processo é o seguinte:

1. Introduza o exercício compartilhando os passos a serem tomados.

2. Estabeleça as regras básicas acima.

3. Dê três cartões a cada membro da equipe e peça que escrevam as três principais coisas sobre as quais a equipe precisa falar e não fala (os "indiscutíveis"). Dê duas regras básicas:

   ➤ escrever em maiúsculas;

   ➤ não nomear nenhum indivíduo, esta não é uma oportunidade para criticar outro membro da equipe.

4. Recolha os cartões e embaralhe-os.

5. Peça à equipe que trabalhe em conjunto e coloque os cartões em ordem, desde os mais discutíveis aos menos (de preferência, colocando-os na parede). Peça-lhes que agrupem quaisquer temas.

6. Em seguida, peça-lhes que escolham os três mais indiscutíveis.

7. Convide a equipe para discuti-los um de cada vez. Deixe a equipe escolher a ordem.

8. Agora, mantenha o espaço enquanto o grupo se empenha no diálogo:

   ➤ mantenha as regras básicas;

   ➤ incentive a exploração da questão a partir de diferentes perspectivas;

   ➤ intervenha utilizando os modos 2 e 3 para apoiar a nomeação de padrões e emoções;

   ➤ encoraje a expressão de sentimentos para liberar a energia limite;

   ➤ comece a incentivar gradualmente a exploração de possíveis soluções.

9. Convide a equipe a refletir sobre o processo:

   ➤ Pergunte quais foram os benefícios do diálogo.

   ➤ Peça-lhes que compartilhem entre si o que aprenderam.

   ➤ Faça coaching com os membros da equipe para se conectarem uns com os outros (por exemplo: "Imran, o que você valoriza no que Adam acabou de compartilhar?").

Há muitas maneiras de variar esta abordagem:

Variação 1

Convidar os membros da equipe a escreverem um item indiscutível em um pedaço de papel (em maiúsculas) e depois dobrá-los e colocá-los em uma tigela. Todos escolhem um papel dobrado da tigela. Um a um, leem o que está escrito em seu papel como se fosse seu.

Variação 2

Antes de organizar e priorizar os cartões, peça à equipe que liste os ganhos e perdas de não tratar os assuntos, para si mesmos, como uma equipe e para a organização. Isto pode ajudar a equipe a tomar consciência de como os indiscutíveis estão sobrecarregando a equipe.

A verdadeira habilidade aqui não está na atividade em si, está em como você usa sua presença para manter o espaço e gerar diálogo, com o uso de *intervenções do self* para emergir temas e dinâmicas. Algumas considerações fundamentais:

➤ Certifique-se de ter feito primeiro o trabalho de construção de contêineres com a equipe. Você precisará gerenciar a segurança na sala.

➤ Gerencie os limites, regulando as culpas, críticas ou ataques pessoais, lembrando a equipe das regras básicas.

➤ As emoções podem estar carregadas, e os sentimentos precisarão ser arejados antes que a resolução possa ser encontrada. Você precisará segurar o espaço muito bem.

Uma palavra final sobre ferramentas

As estruturas, ferramentas e técnicas que você traz para o coaching de equipes podem acrescentar cor e variedade ao seu trabalho. Há tantas possibilidades, que eu poderia escrever um livro inteiro só sobre isto.

*Visite o **website** deste livro para descobrir mais estruturas, ferramentas e técnicas.*

Eu o encorajo a usar ferramentas e técnicas com parcimônia, caso contrário, você se arrisca a ensinar à equipe que sempre trará conceitos e exercícios para preencher o tempo e responder à pergunta: "O que iremos *fazer* na sessão?". As equipes podem facilmente evitar assumir a responsabilidade e passarem ver o coaching da equipe como uma forma de jogo ou entretenimento em equipe. E, como seu coach, você pode cair na armadilha de permitir que a equipe evite fazer o trabalho mais desafiador, porém transformador, de um verdadeiro coaching de equipe.

Pausa para Reflexão

Como você viu, existem inúmeras ferramentas, métodos, modelos e técnicas para trabalhar de diversas maneiras com as equipes.

Pense no seu kit de ferramentas de coaching de equipes (usamos a palavra "ferramentas" para incluir todas as suas estruturas, teorias, exercícios, atividades e técnicas etc.). Pergunte a si mesmo:

➤ Quais ferramentas você já tem? Faça uma lista. Classifique a lista em uma ordem que mantenha todas as suas ferramentas visíveis, de modo a estarem prontas para usar quando houver necessidade. Por exemplo, qual(is) ferramenta(s) você pode usar para ajudar uma equipe a descobrir seu objetivo; qual(is) para nomear dinâmicas complicadas etc.?

➤ Quais ferramentas você tem usado regularmente e quais não tem usado? Você está usando demais algumas ferramentas por hábito e subutilizando (ou esquecendo completamente) outras?

➤ Quais ferramentas você precisa descartar para dar lugar a alternativas?

➤ Da mesma forma, quais ferramentas não estão mais congruentes com a sua filosofia ou postura de coaching de equipes, que se beneficiariam se fossem descartadas ou adaptadas para se encaixarem melhor o beneficiaria?

➤ O que torna você e a sua abordagem como coach de equipe únicos? Suas ferramentas estão alinhadas a isso? Por exemplo, se você diz que é um coach de equipe focado em soluções, você usa escalas (por exemplo, "em uma escala de 1 a 10, onde 10 é alto, como você avalia...", conversa positiva e "a pergunta milagrosa" (convidando a equipe a visualizar e descrever como o futuro será diferente quando o problema não estiver mais presente) pelo menos como parte da sua abordagem?)

➤ Quais ferramentas você sabe que estão faltando e gostaria de ter em seu kit de ferramentas? Acrescente-as.

O que você aprendeu sobre as diferentes estruturas conceituais, ferramentas e técnicas e como você integrará esse aprendizado à sua abordagem de coaching de equipes?

13 O Caminho para a Maestria

Não recebemos sabedoria; devemos descobri-la por nós mesmos após uma jornada que ninguém pode fazer por nós ou nos poupar.

– Marcel Proust

A regra das 10.000 horas

O que é preciso para se tornar mestre em um determinado campo? Malcolm Gladwell (2009), em seu bestseller *Fora de Série – Outliers*, diz que são necessárias 10.000 horas de prática.

No coaching de equipes, é preciso muito mais do que isso! O "mais" não se trata necessariamente de horas; requer uma certa *qualidade* de prática. Pense nos violinistas brilhantes: eles praticam por horas, todos os dias. Veja os pintores incríveis, como Matisse, Picasso ou Turner. Eles criaram milhares de obras, sua arte florescendo a cada pincelada. Mais do que horas, a melhor maneira de melhorar em algo é através da prática intencional, o que significa praticar a fim de aprender e melhorar. A prática intencional exige que você identifique o limite de sua competência. O aprendizado e o crescimento exigem que você compreenda e use seus pontos fortes – sua zona de conforto – e que você se impulsione para fora de sua zona de conforto e para dentro de águas inexploradas.

A prática intencional é ideal quando você entra na arena para praticar com colegas e um coach de equipe experiente, alguém que pode ajudá-lo a ver o que você não está vendo. Eles lhe oferecerão *feedback* sobre suas habilidades e sua maneira de ser. Este *feedback* não tem preço, já que o objetivo é ajudar você a melhorar.

A prática intencional requer uma atitude experimental. Isto significa notar uma lacuna ou uma oportunidade em sua prática como coach de equipe, e depois experimentar deliberadamente a partir de uma mentalidade de "eu me pergunto como isto poderia funcionar". Allard de Jong diz em nossos cursos: "Com esta atitude você pode dar um salto ponta ou uma barrigada, pois todos os erros são oportunidades de aprendizagem.". Se você não estiver saindo de sua zona de conforto e assumindo riscos, provavelmente você não experimentará muitas "barrigadas", e pode estar confinando sua prática de amanhã ao mesmo nível de hoje.

O caminho para a maestria é percorrido refletindo sobre sua prática e tornando-se consciente de si mesmo. Examine suas próprias crenças, julgamentos, suposições e como eles informam suas decisões e a construção de significado.

Você como coach de equipes

Por que você quer ser um coach de equipes? É porque você quer apoiar as equipes a alcançarem um melhor desempenho? Talvez você sonhe em possibilitar uma colaboração melhor no mundo. Ou talvez você queira fomentar culturas organizacionais baseadas na comunicação, compreensão e diálogo.

Agora, faça a si mesmo a mesma pergunta em um nível mais profundo, muito mais pessoal. O que se esconde sob a superfície do oceano de suas esperanças e sonhos? Mergulhe nas profundezas de sua própria psique: o que vive lá?

A maioria dos coaches são levados a trabalhar com equipes por razões tipo "mudar o mundo", que são encontradas nas respostas à primeira pergunta. Ao mesmo tempo, temos uma necessidade mais privada, muitas vezes não consciente, de curar a nós mesmos. Sua primeira equipe foi sua família de origem. A forma como você viveu o crescimento de sua família moldou quem você é hoje. Ela determina os papéis que você escolhe desempenhar em grupos, como você se relaciona com o poder e a autoridade, e como você consegue satisfazer suas próprias necessidades.

Imagine que você foi um filho do meio, passando muitas horas sendo "árbitro" entre irmãos em guerra. Isto o deixou pronto para a vida adulta, com excelentes habilidades de mediação e trabalho com conflitos. Menos bem desenvolvida é sua capacidade de cuidar de suas próprias necessidades, então, você se retira para dentro de sua casca quando perturbado ou provocado. Questões de sua família de origem, se não forem suficientemente processadas e tratadas, virão à tona quando você trabalhar com equipes. Refletir sobre sua família de origem aumentará sua consciência e o ajudará a administrar a si mesmo e a fazer intervenções mais bem escolhidas na sala.

O problema com o inconsciente é que ele está inconsciente.

– Carl Jung

É claro que há exceções à regra, e alguns coaches trabalham extensivamente em si mesmos através de coaching e da terapia. No entanto, de modo geral, nós frequentemente recriamos os mesmos padrões e comportamentos em grupos que foram estabelecidos como modelos na primeira infância. Transportamos nosso papel nos grupos para zonas de conforto conhecidas a nós. Nos engajamos repetidamente nos mesmos padrões disfuncionais que nos trouxeram problemas. Respondemos às pessoas com base na imagem que projetamos nelas, não como elas realmente são. Nosso estilo relacional e padrões mal adaptados que estão presentes em todas as outras áreas de vida também aparecerão em equipes.

É este jogo interior que precisamos explorar como coaches de equipes. Um treinamento após o outro ensina ferramentas e habilidades aplicáveis ao lidar com outros seres humanos. Mas, se você não tiver consciência destes aspectos subjacentes de si mesmo – e se eles forem renegados – você não só os projetará nos outros, como eles também provavelmente irão contra-atacá-lo. Quando você não está ciente ou não aceita suas feridas, você pode se machucar quando surgirem experiências dolorosas e, como no *Feitiço do Tempo*, há uma reencenação de um episódio em sua vida que você pensou que já havia passado há muito tempo.

Os grupos podem proporcionar experiências emocionais corretivas, dando a você a oportunidade de vivenciá-las sob uma nova luz. Entretanto, o lugar para este trabalho não é quando se trabalha com uma equipe. É o trabalho profundo e pessoal que ocorre no contexto seguro e de apoio da supervisão do grupo e, em algumas ocasiões, da terapia. É provável que você ainda seja acionado de tempos em tempos quando estiver trabalhando com equipes; acontece com todos nós. Entretanto, a presença exige que administremos nossas emoções e que permaneçamos aterrados e presentes, independentemente do que estiver acontecendo.

Para que você possa trabalhar efetivamente com outros, é dedutível que você precise trabalhar em si mesmo.

Portanto, se você quiser ampliar a efetividade da equipe, a conexão e a colaboração, então trabalhe em si mesmo. Que aspectos seus você tenta esconder? O que em sua história moldou esses aspectos de você? Quais são seus medos acerca de ter estas partes reveladas? Como você acha que as pessoas responderão a estas partes de você?

Trabalhar em si mesmo lhe permitirá escolher estar presente de forma diferente, responder de forma diferente e se relacionar de forma diferente. Você pode revisitar com segurança os negócios inacabados do passado e continuar a história com maior satisfação – pelo menos até certo ponto. Quando antes você corria para se esconder, fugindo de uma intensa experiência de grupo, agora você pode ressurgir no mundo, pronto para o momento que vier.

Helen é uma sobrevivente. Ela cresceu em uma família destruída pelo alcoolismo e pelo vício em drogas. Sua mãe se tornou alcoólatra quando ela tinha nove anos de idade. Depois de uma briga violenta, seu pai saiu de casa para nunca mais voltar. Ele morreu em menos de dois anos devido a uma overdose de drogas. Helen era a mais velha de quatro filhos e, nos meses e anos que se seguiram, tornou-se gradualmente "pai" de quatro – de sua mãe, seus irmãos gêmeos e uma irmã mais nova. De manhã, enquanto sua mãe permanecia deitada em um estupor de embriaguez, ela acordava os irmãos e os preparava para a escola. Ela se certificava de que todos tivessem uniformes limpos e almoços embalados. Depois da escola, ela limpava a casa e fazia um jantar simples a partir dos suprimentos escassos. A escola não percebeu, e as autoridades desconheciam a situação. Para Helen, a situação tinha se tornado tão normal que ela não questionava sua situação ou o papel que era obrigada a desempenhar.

Avançando este recorte dos primeiros anos de Helen, a vemos deixar a escola aos 16 anos e conseguir um emprego como "faz tudo" em um escritório. Acostumada a trabalhar duro, ser confiável e capaz, ela foi rapidamente promovida. Aos 23 anos ela era gerente de escritório, e aos 29 ela se tornou a mais jovem 'diretora executiva' da história da organização. Para continuar seu desenvolvimento, a empresa a patrocinou para participar de um programa de 'líder coach' em uma escola de negócios local. Ela rapidamente se apaixonou pelo coaching e percebeu que era sua vocação. Ela desenvolvia facilmente relacionamentos com as pessoas e gostava de ouvir e entender seus mundos. Acima de tudo, ela queria fazer a diferença.

Eventualmente, ela partiu e montou seu próprio negócio de coaching. Sua reputação cresceu e, após alguns anos, ela tinha um fluxo constante de clientes de coaching, onde, então, conheceu Diana, diretora administrativa de uma organização de saúde. Novata na organização, ela pediu a Helen para fornecer coaching de equipes à sua equipe de liderança sênior para apoiá-la a funcionar como uma única equipe, ao invés de silos, como ela herdara. O relacionamento delas começou bem, pois Diana compartilhou com Helen suas esperanças e ambições para a organização e confessou a "síndrome do impostor" que ela estava vivenciando em seu novo papel. Seu poder e vulnerabilidade eram envolventes, e Helen se viu rapidamente preocupada com Diana e a missão da organização.

O coaching inicial da equipe foi bem recebido, e a equipe sênior fez progressos reais em termos de trabalho conjunto em metas estratégicas. Diana ficou tão feliz, que passou mais e mais tempo com Helen, compartilhando seus desafios diários e pedindo o apoio e conselhos de Helen. Quando havia confrontos na equipe, ela pedia a Helen para fazer coaching com os pares em conflito. Quando havia necessidade de apresentações urgentes, ela pedia a Helen para dar seu feedback, resultando, muitas vezes, em Helen refazendo a apresentação a partir do zero.

Quando Helen estava trabalhando com Diana e a equipe havia quase um ano, ela estava completamente envolvida em todos os aspectos do negócio. Ela havia recusado novos negócios e estava trabalhando cada vez mais horas para Diana, que começou a ligar para ela de manhã cedo a caminho do trabalho, à noite e durante os fins de semana. A equipe contava com ela quando estava confusa ou travada. Helen estava se esgotando rapidamente, mental e emocionalmente. De algum jeito, ela havia conseguido se sentir responsável pelo desempenho da equipe e por todos os desafios da organização.

Felizmente, Helen contratou uma supervisão, onde veio a perceber que precisava sentir-se necessária e saber que ela era essencial para a sobrevivência de sua nova "família de trabalho". Munida dessa consciência, Helen pôde recontratar com Diana e a organização para se afastar do papel no qual ela havia se incorporado. Ela também começou a criar conscientemente uma família de trabalho, na forma de uma pequena comunidade de coaches que formaram fortes laços e se apoiavam mutuamente. Helen aprendeu a administrar sua necessidade de assumir o comando e ser excessivamente responsável por todos e por tudo. Seus colegas conheciam seu script e a ajudaram a regular este aspecto de si mesma.

Como você pode ver, a infância de Helen havia lhe ensinado que ela era responsável pela sobrevivência de sua própria família e que seu papel na vida era cuidar de todos e tudo. Em termos de análise transacional, isto havia se tornado seu 'script', funcionando como um sistema operacional de computador, determinando suas decisões e seu comportamento. Sua extraordinária capacidade de ser engenhosa, mesmo em face das situações mais problemáticas, era uma força tremenda. No entanto, o lado sombra era sua necessidade de ser necessária. De fato, ela quase sentia que não existia sem estar continuamente em demanda para ajudar os outros. Através da supervisão, ela percebeu que estava criando uma forma de codependência que era tanto sobre suas próprias necessidades, quanto sobre as de seu cliente e, pela confiança que tinham nela, eles estavam rejeitando sua própria autonomia como equipe para lidar com as situações sozinhos.

Infelizmente, nós coaches podemos prestar mais atenção à equipe e às ferramentas que usamos do que a nós mesmos. Isto é um raciocínio falho. Trazemos maneiras de olhar para o mundo; histórias que determinam como olhamos e agimos no mundo que vemos.

Peço-lhe que saiba tanto sobre si mesmo que possa prever, compreender e regular suas intervenções. É um pedido enorme.

> Este é um círculo virtuoso em que a mudança interna altera os comportamentos externos. Por exemplo, à medida que uma pessoa amadurece, lida com mais de sua sombra e situações inacabadas, geralmente vemos menos defensividade e volatilidade, necessidade de controlar e ter razão, ou de oferecer opiniões e conselhos não convidados.
>
> – Peter Bluckert (2019)

Desenvolvimento vertical

Todos nós sabemos que mudar a nós mesmos é extremamente difícil. Ao longo das últimas décadas, as organizações têm executado inúmeros programas de desenvolvimento de liderança, repletos de ferramentas e técnicas para ser um líder melhor. No final de cada programa, os participantes se comprometem a fazer grandes mudanças; no entanto, dentro de algumas semanas, dias ou mesmo algumas horas, os velhos hábitos retornam. Por que isto acontece?

➤ Sabemos o que *deveríamos estar fazendo;* **mas** *não o fazemos*!

➤ Nos esforçamos para traduzir o aprendizado no "mundo real".

➤ Passamos muito tempo aprendendo conteúdo e não o suficiente trabalhando em nós mesmos.

A maestria do coaching de times tem mais a ver com seu próprio desenvolvimento do que com o conteúdo aprendido. É mais sobre horas de prática na arena, e prática reflexiva fora da arena, do que digerir um catálogo de ferramentas e técnicas. Não é um evento; é uma jornada de crescimento que acontece ao longo do tempo.

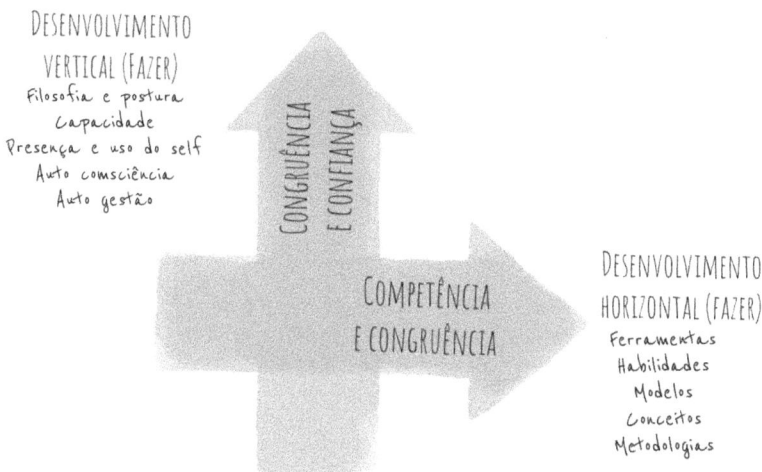

Desenvolvimento vertical e horizontal no Coaching de equipes

A noção de *desenvolvimento vertical* (2014) de Nick Petrie belamente encapsula isso e convida a nos perguntarmos: "E se o problema não for o que você sabe, mas quem você é?".

Uma metáfora frequentemente usada para descrever o desenvolvimento *horizontal* é um copo de água. O copo se enche com mais 'água' – conhecimento, habilidades, modelos. As pessoas que estão buscando novas ferramentas e técnicas estão procurando encher seu copo. Desta perspectiva, a excelência é alcançada enchendo o copo com o máximo de conteúdo possível. Por fim, seu copo fica cheio e você *sabe* tudo isso. Você simplesmente não pode *ser* tudo isso. O problema não é o conteúdo, é o copo. Os coaches de times bem-sucedidos prestam mais atenção ao copo do que ao conteúdo. O copo é sua filosofia e postura – a mentalidade e as capacidades internas que você desenvolve como coach de equipes. O objetivo não é acrescentar mais conteúdo ao copo, mas fazer crescer o próprio copo.

O desenvolvimento horizontal de ferramentas e habilidades de aprendizagem ainda é importante. Mas o "Santo Graal" vem quando estas são integradas em quem você é como coach de equipes – horizontal e verticalmente ao mesmo tempo. À medida que você se desenvolve, sua forma de pensar e atuar nas competências de coaching de equipes se expande. Ao invés de encher sua mochila com um monte de ferramentas e técnicas aleatórias jogadas juntas, desenvolva uma abordagem coerente que se funde ao redor de um conjunto de princípios orientadores. Encontre seu ponto de equilíbrio no diagrama Venn de *quem você é, o que você pensa* e *como você trabalha.*

QUEM
Você é

O QUE
Você pensa

COMO
Você trabalha

A maestria como coach de times exige que você se engaje em um profundo desenvolvimento pessoal, aumentando sua percepção e consciência. Requer que você flexione sua presença, contenha o espaço, se auto gerencie autenticamente e intervenha intencionalmente, mesmo nos ambientes mais conflituosos. A jornada é de integração contínua de sua prática em quem você é como um coach de equipe:

➤ sua filosofia sobre mudança e desenvolvimento humano

➤ como você vê seu papel como coach de equipe

➤ uma metodologia coerente

um estilo e presença que seja congruente com a forma com que você fala sobre coaching de equipes e como você comparece.

O desenvolvimento vertical é de dentro para fora e envolve um processo baseado na reflexão, conscientização e geração de *insight*. Isto requer uma autoanálise mais profunda, podendo levar à automaestria como coach de equipe.

Trata-se tanto de desaprender quanto de aprender; pode envolver o desprendimento (de crenças e suposições redundantes, esperanças, julgamentos, vieses pessoais, nossa narrativa ou algo mais). Pode ser uma experiência vulnerável, nem sempre fácil, mas é libertadora e profundamente gratificante.

O entendimento intelectual raramente transforma algo. A transformação acontece quando nos libertamos das restrições de antigas experiências e histórias que estão impactando a forma como comparecemos no dia a dia. Para desenvolver alcance e presença como um coach de equipe, precisamos estar energeticamente disponíveis e fluidamente receptivos ao que quer que esteja ocorrendo no momento presente, o que requer o mais alto grau de autoconsciência, coragem e autocuidado.

Shuhari

守破離

Shuhari em kanji

O Dr. Krister Lowe foi o anfitrião de uma brilhante série de *podcasts* chamada Team Coaching Zone, na qual ele entrevistou habilidosa e sensivelmente coaches de equipes de todo o mundo, procurando entender mais sobre sua prática. Os coaches vêm de diferentes geografias, escolas e abordagens, e a diversidade de mentalidades e estilos é verdadeiramente inspiradora. Há alguns anos, Krister me apresentou o conceito japonês de artes marciais da *Shuhari*. Ele descreve as etapas de aprendizado do neófito ao mestre: *Shu* é sobre aprender a 'forma' do mestre; em *Ha*, o estudante aprende mais profundamente sobre os princípios e filosofia subjacentes, e aprende com os outros; em *Ri*, o estudante se liberta, criando sua própria abordagem, e adapta o que aprendeu à sua própria visão de mundo e circunstâncias.

Este conceito mágico conversa poderosamente comigo. O aprendizado do coaching de times começa aprendendo a 'forma'– ou seja, as competências, habilidades e comportamentos definidos pela profissão – enraizando isto na alma da sua prática. Então, você explora mais profundamente o que constitui a forma, ideias e crenças que moldam as habilidades. Além disso, amplie seu aprendizado buscando outros professores e escolas, ou elaborando de campos mais amplos, mas relacionados. Por fim, você notará uma nova criatividade, chamando você a se libertar e apropriar-se de seu trabalho. Não há atalhos para a maestria: é preciso tempo e coragem. Você terá sucessos e fracassos ao longo do caminho. Às vezes, você vai querer desistir. Encontre pessoas em sua vida que o apoiarão a continuar – pessoas que vejam a grandeza em você.

Supervisão no coaching de equipes

Somos coaches precisamente porque reconhecemos que a mudança é melhor apoiada através de um relacionamento ao longo do tempo

– Thornton (2016)

"Não sei se ainda consigo isso", supliquei ao meu supervisor. "Comecei a temer ir a sessões de coaching de equipe. Não entendo o que está acontecendo, mas acabo me sentindo exausta e contando o tempo até poder ir para casa."

Alguns momentos no coaching de equipes têm sido os destaques da minha carreira de coach até agora. Alguns foram os momentos mais sombrios, quando eu só queria rastejar sob meu edredom e permanecer lá pelo resto da vida. O coaching de equipes pode ser estimulante e profundamente gratificante. Também pode ser drenante e desmoralizante. Se isto ressoar com você, você não está sozinho. Em seu artigo *Fear Factor*", a pesquisa do meu colega Declan Woods (2014) identificou uma prevalência de ansiedade de desempenho nos coaches de equipe que "se manifesta através de dúvidas internas ou em preocupações externas sobre o valor entregue ao time". Ele continua dizendo que "mesmo coaches altamente treinados e experientes se tornam ansiosos ao fazer coaching com equipes, de uma forma que não acontece quando fazem coaching com indivíduos".

Este trabalho pode nos deixar à flor da pele, como nenhum outro. Quando você trabalha como coach de times, você está dentro do sistema, não do lado de fora, atrás de algum campo de força imaginário. Quando você está dentro do sistema, ele está causando impacto em você e você está causando impacto nele. Se você é um membro do sistema que vai mudar, então você deve ser capaz de mudar e se flexibilizar. Este é um pedido desafiador. Você precisa saber muito sobre si mesmo, até as profundezas do seu ser, pois cada aspecto de você pode entrar no espaço do coaching, e o espaço de coaching pode entrar em você.

Como diz Woods, "Isto coloca um prêmio na capacidade do coach de reconhecer sua própria ansiedade, ser capaz de discernir o que a está causando, e autogerenciá-la para evitar que se espalhe para a equipe ou usá-la produtivamente a serviço da equipe.". A supervisão pode proporcionar um espaço seguro e de apoio para a reflexão e o diálogo. Você olha para seu trabalho desde outras perspectivas, a fim de pintar um quadro mais rico do sistema e da dinâmica em jogo. Juntos, vocês exploram o contexto e a cultura onde a equipe está localizada, examinando as estruturas de poder e autoridade que puxam e empurram as possibilidades. Você mergulha na dinâmica relacional, aumentando a consciência do impacto que a equipe está tendo em você, reduzindo a ansiedade e vergonha. Através do processo de supervisão, você encontra uma nova perspectiva, gera novas ideias, ganha maior clareza e intencionalidade em seu trabalho. Acima de tudo, você pode recuperar seu centro de gravidade quando a ansiedade o desestabilizar.

"Eu noto que você parece jovem e assustada quando está falando", disse seu supervisor. Foi assim que Sandra se sentiu. Como uma criança, com medo de falar alto e sem saber o que fazer. Ela estava presa na lama de suas emoções.

A equipe com a qual ela estava fazendo coaching estava mergulhada em conflito. Ela descreveu um membro da equipe, Peter, que estava particularmente agitado, frequentemente se sentando na borda de seu assento e batendo com a caneta bem alto na mesa. Sandra tinha aberto uma conversa, perguntando o que, em sua própria experiência, contribuía para um clima de confiança. Quando chegou a vez de Peter, ele se levantou e disse: "Eu não confio em ninguém; não é assim que sou feito. As pessoas precisam ganhar confiança.". Sandra pediu que compartilhasse como as pessoas poderiam ganhar sua confiança, ao que ele respondeu: "Elas só precisam saber que eu estou certo. Eu estou sempre certo!". Ele então se levantou e saiu da sala, dizendo que precisava do banheiro.

Durante as duas sessões seguintes, o comportamento de Peter só piorou. Chegando uma hora atrasado, então ia buscar café. Ele se recusava a responder qualquer pergunta que Sandra ou qualquer outra pessoa fizesse, desviando-a de volta para a equipe. Quando outros falavam, ele ria ou zombava e ainda complementava com críticas ao trabalho deles, culpando-os por várias falhas de desempenho.

Na supervisão entre as sessões, Sandra e seu supervisor exploraram a dinâmica e ensaiaram algumas respostas. Agora, com sua terceira sessão se aproximando, Sandra estava se sentindo bloqueada, e seu crítico interior lhe dizendo que era uma coach de times inútil. Através de um processo gentil, de manutenção do espaço e exploração das suas emoções, ela foi gradualmente capaz de redescobrir sua bússola interior. A direção que ela escolheu seguir foi a de ter uma conversa individual com o líder da equipe. Ela pediu que ele pensasse, quando contratou Peter, qual poderia ter sido a compreensão de seu papel. O que emergiu lançou luz sobre a situação. Novo na organização, Dave tinha grandes preocupações a respeito do desempenho da equipe. Ao contratar Peter, ele lhe disse que seu papel seria de um "disruptor", desafiando o status quo e encontrando melhores maneiras de trabalhar. Era exatamente o que Peter estava fazendo! Ele estava desafiando tudo à vista, dizendo que ele sabia melhor. Sandra então foi capaz de ajudar Dave a ver que Peter estava executando a tarefa que lhe foi dada literalmente, e trabalhou com o líder para recontratar as expectativas do papel em questão.

Muitas vezes realizadas individualmente, acredito que a supervisão em grupo seja preferível para coaches de equipe, pois o grupo muitas vezes espelha diferentes aspectos do sistema da equipe. Isto significa que o supervisor se beneficia das diferentes perspectivas que informam o processo de construção de significado e das diferentes ideias geradas pelo grupo. O ideal é que seu supervisor seja um coach de equipe experiente. O coaching de equipes é muito mais complexo do que o coaching individual, e um supervisor que não tenha tido experiência pessoal de trabalhar com dinâmicas organizacionais desafiadoras provavelmente terá menos recursos do que alguém experiente.

Os convites que o coach de equipes recebe

Quando um papel está faltando ou não é executado, há um vazio. Quando a equipe precisa deste papel para funcionar, o vazio se torna um vácuo, que pode atrair o coach da equipe. Antes que você se dê conta, você se tornou involuntariamente o detentor do papel.

Chamamos este fenômeno de "convites ao coach de equipe". Pense nas equipes com as quais você trabalhou: que papéis você assumiu, muitas vezes de forma inconsciente. Fazemos esta pergunta aos participantes de nosso treinamento de coaching de equipes, e algumas respostas típicas são: organizador(a) de agenda, administrador(a), salvador(a), socorrista, pai/mãe, mediador(a), monitor(a) de responsabilidade, policial e muito mais.

Observe o impacto em você ao ler o exemplo abaixo. O que você percebe em seu corpo? Como você se sente?

> Tendo sido despedida pela terceira vez em sua carreira, Holly estava cada vez mais desanimada em sua busca por um novo papel. Ela era uma diretora de design experiente, mas o mercado era inundado a cada ano por jovens graduados brilhantes e seus portfólios impressionantes, com o dobro da energia de Holly e dispostos a trabalhar por um terço do seu salário habitual. Ela adorava design, mas sabia que era hora de desistir. Por enquanto, ela poderia muito bem conseguir um emprego no supermercado local. Como sua coach, você está sentindo o peso do desânimo de Holly. Ela olha para você com lágrimas correndo pelas bochechas e diz: "O que devo fazer?".

Você sente um aperto no peito, no estômago ou em qualquer outro lugar? Você se sente protetora dela, com uma forte vontade de ajudar ou mesmo de consertar sua situação? Você quer perguntar pelo CV dela, dizendo que o divulgará à sua rede?

Os "convites" acontecem com frequência em qualquer relação de coaching. Nós nos sentimos literalmente puxados a desempenhar um papel específico. Na situação de Holly, talvez você sinta a necessidade de resgatá-la. Na situação de equipe, talvez você esteja sendo puxado para o papel de trazer ordem, como de policial de trânsito. Estas situações acontecem em grande escala, como a situação da equipe acima. Elas também se desenrolam em micromomentos, como quando um membro da equipe treme de frio, puxando um lenço em volta de si enquanto olha para você, apelando para que *você* feche a janela.

As equipes são sistemas complexos, e sua dinâmica está sempre se movimentando sob a superfície, em maior ou menor grau. No coaching de equipes, os sentimentos que os membros da equipe são incapazes de expressar são deslocados ou transferidos para você, o(a) coach. Por exemplo, uma equipe está ficando cada vez mais frustrada à medida em que lutam para chegar a um acordo sobre uma decisão crítica para os negócios. Você sente a frustração deles e tenta resolvê-la, facilitando através de um processo de votação? Ou você reconhece que o convite que você sente para remediar a situação é de fato o sistema da equipe que se revela? É criar consciência de que a equipe não tem um processo eficiente para tomar decisões quando todos eles não estão de acordo. Não está certo nem errado, é simplesmente um ponto de escolha para o coach, dependendo do STS (self, time e situação).

O significado dos convites que o coach recebe da equipe é que eles são uma poderosa fonte de percepção das necessidades não expressas e das formas não verbais que os membros têm de atendê-las. Ao tomar consciência das necessidades em diferentes níveis do sistema – individual, de time ou organizacional – você pode ficar curioso sobre elas e convidar a equipe a experimentar maneiras de satisfazê-las.

Quanto mais tempo você trabalhar com uma equipe, mais você será capaz de ver padrões de emoções e dinâmicas interpessoais se expressando.

Desenvolvendo-se como um coach de equipes

Ao aproximar-se do final deste livro, espero que você tenha ganhado alguma percepção e se sinta inspirado a continuar sua jornada para se tornar um coach de equipe mais competente e bem-sucedido. Essa foi a minha razão para escrevê-lo. Mas estou ciente de que a forma linear e sequencial de descrever o processo fica aquém da experiência vivida. A realidade raramente é uma jornada de A a B; em vez disso, é uma expedição repleta de paradas, reinícios, desvios, reviravoltas e becos sem saída.

Há tanto que ainda não tive espaço ou não encontrei as palavras para dizer. Sei que muitas vezes me encontro expressando coisas em palestras, *masterclasses* e *workshops* que surgem de uma veia profunda de experiência, boa e má. Talvez, como resultado da conclusão deste livro, eu encontre maneiras de identificar e articular estes componentes em falta.

Certamente, não se pode aprender coaching de equipe lendo um livro. Assim como não se pode aprender a falar uma língua lendo sobre a língua: é preciso pronunciar as palavras, praticar os sons, a entonação e absorver o idioma em seu ser para que, quando forem necessárias na conversa, as palavras surjam sem a necessidade de um dicionário ou de um livro de frases.

Desenvolver-se como coach de equipes é um processo de aprendizado através de coaching de alta qualidade (em coaching de equipes como diferente de facilitação, treinamento de equipes, mentoria ou consultoria), reflexão contínua, supervisão (por um coach de equipes experiente), apoio e diálogo entre pares e, acima de tudo, prática, prática, prática, prática.

Se você gostaria de saber mais sobre nosso trabalho na *Team Coaching Studio*, incluindo cursos de Coaching de equipes, supervisão, comunidade de prática e a Arena de Coaching de Equipes (um clube *online* onde os coaches *entram na arena* e aperfeiçoam suas habilidades), então visite www.teamcoachingstudio.com ou www.teamcoachingstudio.com.br ou entre direto na nossa comunidade no Brasil via: https://community.teamcoachingstudio.com/share/nVNxgwM_3lfhgey-?utm_source=manual

Georgina Woudstra

Pausa para Reflexão

Vamos começar dizendo que não existe coaching ou um coach de equipes perfeito. Essa é uma expectativa totalmente irrealista e um caminho para muita ansiedade e sofrimento, pois é uma meta inatingível. Isso não quer dizer que não possamos nos esforçar para nos tornarmos mestres na arte do coaching de equipes. Comece buscando dominar a si mesmo.

O autodomínio começa com o "conhece-te a ti mesmo", de acordo com o antigo aforismo grego. Considere:

➤ reflexão pessoal e reflexividade;

➤ supervisão (com foco em si mesmo como coach de equipe), de preferência com um supervisor com experiência em coaching de equipes;

➤ terapia, individual ou em grupo, que também lhe dê a experiência de ser um membro do grupo;

➤ obter feedback de outras pessoas, inclusive de coaches de equipes parceiros e das equipes com as quais você trabalha.

Dê a si mesmo a chance de fazer o seu melhor trabalho. Comece cuidando de si mesmo. Se não o fizer, é improvável que consiga cuidar muito bem das equipes. O autocuidado pode assumir muitas formas, incluindo:

➤ noções básicas, como garantir que tenhamos sono, descanso, férias, alimentação suficientes etc.;

➤ desligar (ou pelo menos diminuir) nossa crítica interna e a conversa interna negativa;

➤ reenquadrar o coaching de equipe "ruim" como uma oportunidade de aprender, inclusive, tirando os pontos positivos de uma experiência e aprendendo com as coisas que podem ter dado menos certo.

A qualidade de sua prática é mais importante do que a quantidade. Pergunte a si mesmo:

➤ O que eu quero praticar nessa sessão de coaching de equipe? O que quero começar/parar/continuar a fazer ou fazer mais/menos desta vez? Concentre-se tanto no "ser" de um coach de equipe quanto nos aspectos do "fazer".

➤ Quem pode me dar feedback sobre o coaching da minha equipe e como? Você pode gravá-lo (com permissão) para reproduzir e aprender com ele mais tarde?

➤ - Refletir após o coaching da equipe: o que funcionou bem no meu coaching da equipe? Onde eu poderia ser ainda melhor da próxima vez? Qual é a minha meta de desenvolvimento na próxima vez que fizer o coaching da equipe?

➤ - Mude da reflexão após o coaching da equipe para a reflexão em ação – durante o coaching. Tente desenvolver sua capacidade de fazer isso e observe a diferença que isso faz.

➤ - Como posso aumentar as oportunidades de praticar o coaching de equipes? Pergunte a uma equipe! Não precisa ser um compromisso longo ou formal. Você pode chegar a um acordo recíproco para oferecer coaching de equipe pro bono em troca de algum feedback e uma referência e/ou estudo de caso.

GLOSSÁRIO

Arena	Quando mencionada neste livro, me refiro a prática do coaching real de equipes através de dramatizações ou do trabalho com uma equipe real, inspirado no trabalho de Brené Brown (2012) sobre vulnerabilidade e vergonha. O verdadeiro coaching de equipes exige coragem para ser vulnerável.
Armadura	Uso este termo para definir os mecanismos de defesa psicológica e emocional que usamos para nos "proteger" e evitar mostrar quem realmente somos e como estamos sendo impactados. Por exemplo, talvez você tenha medo de ser julgado para retratar uma imagem que você acha que os outros esperam de você.
Check-in	Para participar do coaching e do diálogo em equipe, precisamos estar presentes. As pessoas chegam ao coaching de equipes "carregando sua bagagem" de seus mundos externos, e isto pode distraí-las de estarem presentes. O *check-in* permite que os membros da equipe se tornem mais presentes. Outra função é que ele leva a voz de todos para dentro da sala no início. As pessoas estão mais presentes uma vez que tenham falado. Isso também ajuda os membros da equipe a se conectarem mais uns com os outros como seres humanos. Um terceiro aspecto do check-in é emergir qualquer coisa que possa estar no campo

	implícito que possa impedir a sessão se não for compartilhada.
Sessão de Química	Uma prática padrão no coaching individual, uma sessão de química é uma reunião preliminar onde o coach e o cliente discutem os objetivos do coaching, analisam 'encaixe' e se podem trabalhar juntos.
Contêiner	Este é o "espaço psicológico" no qual se realiza o coaching. É o papel do coach ajudar a equipe a cocriar o espaço no qual o conhecimento, a compreensão, a aprendizagem, a energia, as ideias, as tensões e as dissonâncias podem ser contidas. Com o tempo, o coach transfere este papel para a própria equipe, que então mantém seu próprio contêiner.
Conteúdo e Processo	*Conteúdo* refere-se a nossos pensamentos e palavras. Como coach, muitas vezes é fácil sentir-se atraído a flutuar com eles. *Processo* refere-se a como o cliente (equipe) realiza seus negócios, incluindo padrões de interação e comportamento. A principal razão para mal-entendidos e tensões muitas vezes tem menos a ver com o conteúdo e mais com o processo.
Contratransferência	Estou usando isto no sentido relacional contemporâneo, significando os sentimentos e a atitude do coach em resposta às transferências do cliente (individual ou em equipe). Juntas, a transferência (*ver abaixo*) e a contratransferência criam um ciclo contínuo de influência recíproca mútua.
Felt Sense	Gendlin (2003) descreve a sensação percebida como um *conhecimento interior* ou "um tipo especial de consciência

corporal interna... um sentido corporal de significado". Embora tenha um aspecto emocional, é frequentemente somático e é evocado no coach na presença da equipe.

Teoria de campo/campo	Uma "visão do mundo" (*ver abaixo*) que vê a realidade como holística e inter-relacionada. Tudo ocorre em algum contexto. Um peixe na água significa algo diferente de um peixe em um prato. O significado de qualquer situação é determinado pela relação entre o que estamos focalizando (figura) e o contexto (fundo) (*veja abaixo*). Portanto, o comportamento é função de uma pessoa em um ambiente.
Figura-fundo	Um princípio da psicologia Gestalt que afirma que as pessoas instintivamente percebem os objetos como estando em primeiro plano ou em segundo plano. Eles ou se destacam na frente (a figura) ou recuam para trás (o fundo).
Figura de interesse	As figuras surgem e se tornam objetos de interesse para nós, e apontam onde nossos interesses estão. As necessidades influenciam a formação de figuras.
Quadro de Referência	*Ver "Visão do mundo".*
Gestalt	Uma abordagem psicológica utilizada em terapia, coaching e desenvolvimento organizacional. Em sua essência está a relação cocriada entre cliente e praticante como um método para explorar e aumentar a consciência, convidando à experimentação e a maior escolha. Esta consciência ampliada pode ajudar indivíduos e equipes a encontrar novas perspectivas, e novas maneiras de ser e interagir.

Pensamento Grupal	Um fenômeno psicológico onde os membros do grupo colocam de lado suas próprias crenças e adotam a opinião ou as escolhas do resto do grupo no desejo de harmonia ou conformidade.
Aqui e agora	Trabalhar aqui e agora significa permanecer na experiência real que se desdobra em cada momento do coaching, como as palavras reais usadas, a linguagem corporal, o humor, a energia, a emoção e os padrões intencionais. Ao focar no que está aparecendo no aqui e agora, os clientes podem se experimentar e incorporar mudanças que podem ser levadas adiante na vida cotidiana.
Processo paralelo	Um fenômeno que ocorre entre o coach e o supervisor pelo qual as experiências ou dinâmicas do cliente são recriadas na relação de supervisão.
Projeção	Um processo inconsciente onde atribuímos partes renegadas de nós mesmos aos outros. Essas partes geralmente são características que não gostamos e preferimos não estar cientes. Por exemplo: Eu não gosto de pensar em mim como arrogante, então eu projeto (considero) outra pessoa como arrogante.
Silos	De acordo com Lencioni (2006), os silos são "as barreiras invisíveis que separam equipes de trabalho, departamentos e divisões, fazendo com que pessoas que supostamente estão na mesma equipe trabalhem umas contra as outras".
Seating in the Fire	Trata-se da capacidade do coach de manter e conter um espaço que é intenso. Metaforicamente, pode ser "quente demais para manusear". Envolve autogestão ativa

	por parte do coach para encontrar os momentos que surgem com o coração e a mente abertos, sem dar-lhes poder. Em vez disso, você respira, se aterra, percebe, deixa os momentos darem *insight*, e depois os deixa ir.
Olhos suaves	Cunhado pelo Centro Internacional de Estudos Gestalt, "olhos suaves" significa ouvir e ver o que está acontecendo, em vez de procurar ativamente por algo. Envolve a capacidade de se concentrar no processo interativo da equipe, em vez de se concentrar em indivíduos ou no conteúdo.
Supervisão	A supervisão de coaching é uma prática de aprendizagem colaborativa para construir continuamente a capacidade do coach através do diálogo reflexivo para o benefício tanto dos coaches quanto dos clientes. (Ver https://coachingfederation. org/coaching-supervision)
Sustentando o espaço	Este é o processo de conter as tensões e intensidades que surgem sem reagir a elas. Normalmente, quando confrontadas com conflitos, as pessoas têm a tendência de se alinharem com a pessoa que sentem "certa". Isto limita o espaço no qual novos entendimentos podem surgir, portanto 'segurar o espaço' significa portanto 'sustentar o espaço' significa suspender suposições e demonstrar respeito por todas as perspectivas. A manutenção dos limites também é um componente essencial de sustenção, para que as pessoas saibam que estão em boas mãos.
Taylorismo	Frederick Taylor iniciou o movimento de gestão científica no início dos anos 1900, também referido como o movimento do

"homem como máquina". Ele propôs que, ao impulsionar a eficiência através da otimização e simplificação dos empregos, a produtividade aumentaria. O taylorismo está em oposição ao trabalho em equipe, que vê a colaboração e a inteligência coletiva como motores da produtividade.

"Timear"	Um termo cunhado por Amy Edmondson (2010) que significa construir e desenvolver ativamente equipes enquanto um projeto está em andamento, em reconhecimento ao fato de que a composição da equipe pode mudar a qualquer momento. "A 'formação de equipes' é um verbo. É uma atividade dinâmica, não uma entidade limitada e estática.".
Transferência	Neste livro, estou adotando o uso *relacional* contemporâneo do termo, o que significa que o cliente (individual ou equipe) se relaciona com o coach (ou outro membro da equipe) de forma a ajudar o coach a entender o que é necessário. (*Veja também Contratransferência*).
Triangulação	Originária da terapia familiar, a triangulação está mais intimamente associada ao trabalho de Murray Bowen (1985). Ele afirmou que qualquer sistema de relacionamento com duas ou mais pessoas é instável e que, sob estresse, ele se forma em um sistema ou triângulo. A "terceira" pessoa é frequentemente usada como um substituto para a comunicação direta ou como um mensageiro para entregar missivas ao partido principal.
Visão do mundo	A visão do mundo de uma pessoa é sua filosofia de vida e a maneira como ela vê e compreende o mundo.

BIBLIOGRAFIA

Asay, T., & Lambert, M. (1999). O caso empírico para os fatores comuns na terapia: resultados quantitativos. Em M. Hubble, B. Duncan, & S. Miller (Eds.), *The Heart and Soul of Change: O que funciona na terapia.* Washington: Associação Psicológica Americana.

B, M. (2012). *Voz da Razão.* Sarasota: Paper Lyon Publishing.

Berne, E. (1963). *The Structure and Dynamics of Organizations and Groups (Estrutura e dinâmica de organizações e grupos).* Nova York: Grove Press, Inc. (1963).

Berne, E. (1964). *Games People Play: The Psychology of Human Relationships* (1ª ed.). Nova York: Grove Press.

Bluckert, P. (2015). *Gestalt Coaching.* Maidenhead: Open University Press, McGraw-Hill Education.

Bluckert, P. (2019). *Um guia abrangente para o desenvolvimento vertical.* Peter Bluckert.

Brown, B. (2012). *Ousando Muito: Como a Coragem para Ser Vulnerável Transforma o Nosso Modo de Viver, Amar, Ser Pai e Liderar.* Nova Iorque: Casa do Pinguim Randon.

Clutterbuck, D. (2007). *Coaching the Team at Work.* Londres: Nicholas Brealy International.

Collins, J., & Porras, J. (1994). *Construído para durar: Hábitos bem-sucedidos de empresas visionárias.* Harper Collins.

Critchley, B. (2010). Coaching Relacional: Tomando a Estrada Alta. *Journal of Management Development, 29*(10), 851-863.

de Haan, E. (2008). *Coaching Relacional.* Chichester: John Wiley & Sons Ltd.

de Jong, A. (2006). Coaching Ethics: Integridade no momento da escolha. Em J. Passmore, & J. Passmore (Ed.), *Excellence in Coaching.* Londres: Página Kogan.

de Jong, A. (2020, dezembro). *Coaching de equipes em um mundo virtual.* Obtido de www.MasteringTheArtOfTeamCoaching.com

Denham-Vaughan, S. &. (2013). SOS: uma orientação relacional para a inclusão social. *Menatl Health & Inclusion, 17*(2), 100-107.

Edmondson, A. (1999). Segurança Psicológica e Comportamento de Aprendizagem nas Equipes de Trabalho. *Administrative Science Quarterly, 44*(2), 350-383.

Edmondson, A. (2010). *Formação de equipes.* São Francisco: Jossey Bass.

Gallwey, W. T. (2000). *O Jogo Interior do Trabalho.* Toronto: Random House.

Gardner, H. (1984). *Molduras da mente: A teoria das inteligências múltiplas.* BBooks básicos.

Gendlin, E. (2003). *Focalização: Como obter acesso direto ao conhecimento do seu corpo.* Londres: Randon House.

Gersick, C. J. (1988). Tempo e transição nas equipes de trabalho: Rumo a um novo modelo de desenvolvimento em grupo. *The Academy of Management Journal, 31*(1), 9-41.

Gladwell, M. (2009). *Outliers: A História de Sucesso.* Londres: Penguin Books.

Gregersen, H. (2018, março-abril). Melhor Brainstorming: Foco nas perguntas, não nas respostas, para obter insights revolucionários. *Harvard Business Review,* pp. 64-71. Obtido da Harvard Business Review.

Gregersen, H. (2018). *As perguntas são a resposta: Uma abordagem revolucionária para seus problemas mais incômodos no trabalho e na vida.* Nova York: Harper Collins Publishers.

Hackman, R. (2002). *Equipes líderes: Preparando o palco para grandes desempenhos.* Boston: Harvard Business School Publishing.

Harrison, R. (1970). Escolhendo a Profundidade da Intervenção Organizacional. *The Journal of Applied Behavioral Science,* 181-202.

Hawkins, P. (2011). *Coaching de Equipes de Liderança: Líderes Transformacionais Coletivos Develooing.* Londres: Página Kogan.

Hogan, C. (2002). *Entendendo a Facilitação: Teoria e Princípios.* Londres: Página Kogan.

Isaacs, W. (1999). *Diálogo e a Arte de Pensar Juntos.* Nova York: Duplo dia.

Karpman, S. B. (1968). Contos de fadas e análise de drama de roteiro. *Transactional Analysis Bulletin, 26*(7), 39-43.

Katzenbach, J., & Smith, D. (1993b, 1999). *The Wisdomof Teams: Criando a organização de alto desempenho.* Harvard: Harvard Business School Press.

Kegan, R. (1983). *Evolving Self: Problem and Process in Human Development (Evolução do Eu: Problema e Processo no Desenvolvimento Humano).* Imprensa da Universidade de Harvard.

Kets De Vries, M. F. (2018, 13 de junho). *Uma vez que você tem tudo, qual é o próximo passo?* Obtido do Conhecimento: https://knowledge.insead.edu/blog/insead-blog-once-you-have-it-all-whats-next-9356

Lawrence, P. (2019, junho-dezembro). *The Systems Coach (partes 1 a 4).* Obtido do Centre for Coaching in Organisations: https://www.ccorgs.com.au/thought-leadership/white-papers/

Lencioni, P. (2006). *Silos, Política e Guerra da Relva: Uma fábula de liderança sobre a destruição das barreiras que transformam os colegas em competidores.* São Francisco: Jossey-Bass.

Meadows, D. &. (2008). *Pensando em sistemas.* Chelsea Green Publishing Company.

Meier, D. (2005). *Meier, D. (2005). Coaching de equipes com o Círculo de Soluções: Um Guia Prático para o Desenvolvimento de Equipe Focada em Soluções.* Cheltenham: Livros de Soluções.

Mindell, A. (1995). *Meta habilidades: A Arte Espiritual da Terapia.* Novas Publicações Falcon.

Nevis, E. (1992). Gestalt Therapy and Organizational Development (Terapia Gestalt e Desenvolvimento Organizacional): A Historical Perspective, 1930-1996". *Gestalt Review, 1*(2), 110-130.

Nevis, E. C. (1987). *Consultoria organizacional: Uma abordagem Gestalt.* Nova York: Gardner Press.

Oshry, B. (2007). *Sistemas de visualização: Desbloqueando os Mistérios da Vida Organizacional.* Berrett-Koehler Publishers.

Petrie, N. (2014). *Desenvolvimento de liderança vertical: Parte 1: Desenvolvimento de Líderes para um mundo complexo.* Obtido em http://insights.ccl.org/articles/white-paper/vertical-leadership-developmentpart-1-developing-leaders-for-a-complex-world/

R, H. (1970). Escolhendo a Profundidade da Intervenção Organizacional. *The Journal of Applied Behavioral Science*, 181-202.

Robson, M., & Beary, C. (1995). *Facilitador.* Aldershot: Gower Publishing Ltd.

Scharmer, C. O. (2018). *The Essentials of Theory U: Princípios e Aplicações Essenciais.* Oakland: Berrett-Koehler Publications, Inc. (2018).

Schein, E. (2013). *Humble Inquiry: A delicada arte de perguntar ao invés de dizer.* São Francisco: Berrett-Koehler Publishers, Inc.

Schwarz, R. (2013). *Líderes inteligentes, Equipes mais inteligentes: Como você e sua equipe se desencantam para obter resultados.* São Francisco: Jossey-Bass.

Senge, P. (2006). *A Quinta Disciplina: A arte e a prática da organização do aprendizado: A segunda edição.* Londres: Random House.

Senge, P. M. (1999). *Dialogue and the Art of Thinking Toegther (Diálogo e Arte de Pensar Toegther).* Nova York: Duplo dia.

Siminovitch, D. &. (2008). The Power of Presence and Intentional Use of Self: Coaching for Awarness, Choice and Change. *The International Journal of Coaching in Organizations.*

Siminovitch, D. (2017). *Cartilha de Coaching Gestalt.* Gestalt Coaching Works, LLC.

Stewart, M. K. (2019, 18 de junho). *Porque a segurança psicológica é mais importante do que a confiança.* Obtido de The Modern Manager: https://www.mamieks.com/post/why-psychological-safety-is-more-important-than-trust

Thornton, C. (2016). *Coaching de grupos e equipes: A vida secreta dos grupos.* Abingdon: Routledge.

Tuckman, B. (1965). *Boletim Psicológico*, 384-399.

Wageman, R., Nunes, D. A., Burruss, J., & Hackman, R. (2008). *Equipes de Liderança Sênior: O que é preciso para torná-los grandes.* Boston: Harvard Business Review Press.

Wheatley, M. J. (2006). *Liderança e a Nova Ciência: Descobrindo a Ordem em um Mundo Caótico.* São Francisco: Berrett-Koehler Publishers, Inc. (2006).

Whitmore, J. (1992). *Coaching for Performance.* Reino Unido/Londres: Nicholas Brealey Publishing.

Whittington, J. (2012). *Coaching Sistêmico e Constelações.* Londres: Página Kogan.

Woods, D. (2011). Uso de Revistas Reflexivas para Aprendizagem pelos Coaches. Em J. (. Passmore, *Supervisão em Coaching: Supervisão, Ética e Desenvolvimento Profissional Contínuo.* Londres: Kogan Page Ltd.

Woods, D. (2014, Set/Out). Fator Medo. *Coaching at Work.*

Na Team Coaching Studio, nós desenvolvemos coaches de equipes extraordinários. Nós oferecemos treinamento, desenvolvimento e cursos para todos os níveis, incluindo:

Introdução ao Coaching de Equipes;

Fundamentos em Coaching de Equipes;

Certificado em Coaching de Equipes;

Diploma na Arte de Coaching de Equipes;

Supervisão, alinhada a ICF, em Coaching de Equipes;

Mentoria;

Arenas de Prática.

Para saber mais e se juntar a nossa comunidade gratuita de coaches de equipes, acesse:

www.teamcoachingstudio.com

www.teamcoachingstudiobrasil.com.br

EU Safety Representative: euComply OÜ Pärnu mnt 139b-14 11317 Tallinn
Estonia hello@eucompliancepartner.com +33 756 90241

www.ingramcontent.com/pod-product-compliance
Lightning Source LLC
Chambersburg PA
CBHW050041220326
41599CB00045B/7243